KB253208

아름다운 삶

아름다운 삶

초판 1쇄 찍은 날 · 2006년 10월 9일 | 초판 2쇄 펴낸 날 · 2006년 11월 10일

지은이 · 이정화 | **펴낸이** · 김승태

편집장 · 김은주 | **편집** · 방현주, 이덕희, 최선혜 | **디자인** · 이은희, 정혜정, 이훈혜
영업 · 변미영, 장완철, 김성환 | **물류** · 조용환, 엄인휘 | **드림빌더스** · 고종원, 이민지

등록번호 · 제2-1349호(1992. 3. 31.) | **펴낸 곳** · 예영커뮤니케이션
주소 · (110-616) 서울 광화문우체국 사서함 1661호 | **홈페이지** www.jeyoung.com
출판사업부 · T. (02)766-8931 F. (02)766-8934 e-mail: jeyoungedit@chol.com
출판유통사업부 · T. (02)766-7912 F. (02)766-8934 e-mail: jeyoung@chol.com

copyright©2006, 이정화

ISBN 89-8350-413-7 (03230)

값 12,000원

아름다운 삶

이정화 지음

예영커뮤니케이션

들어가는 글

"주 여호와의 신이 내게 임하셨으니 이는 여호와께서 내게 기름을 부으사 가난한 자에게 아름다운 소식을 전하게 하려 하심이라 나를 보내사 마음이 상한 자를 고치며 포로된 자에게 자유를, 갇힌 자에게 놓임을 전하며 여호와의 은혜의 해와 우리 하나님의 신원의 날을 전파하여 모든 슬픈 자를 위로하되 무릇 시온에서 슬퍼하는 자에게 화관을 주어 그 재를 대신하며 희락의 기름으로 그 슬픔을 대신하며 찬송의 옷으로 그 근심을 대신하시고 그들로 의의 나무 곧 여호와의 심으신 바 그 영광을 나타낼 자라 일컬음을 얻게 하려 하심이니라"(사 61:1~3)

우리는 하나님 보시기에 아름다운 사람이 되어야 합니다.

저는 하나님의 사역을 하면서 저와는 전혀 상관없는 모함을 받으며 마음이 많이 아팠고 고통의 시간들을 지나 왔습니다.

세상은 시기, 질투에 눈이 멀어 남이 잘 되는 것을 눈 뜨고 못 보게 되었습니다. 그러므로 거짓을 말하는 망령된 증인이 생기는 것입니다.

"여호와의 미워하시는 것 곧 그 마음에 싫어하시는 것이 육칠가지니 곧 교만한 눈과 거짓된 혀와 무죄한 자의 피를 흘리는 손과 악한 계교를 꾀하는 마음과 빨리 악으로 달려가는 발과 거짓을 말하

하나님께서는 가장 정확하게 그 중심을 보시고 신실하고 선한 사람의 마음을 미리 아시고 오른손을 들어 주시는 것입니다.

하나님을 두려워할 줄 알아야 합니다. 하나님은 사랑의 하나님이시기도 하지만 공의의 하나님이시기도 합니다. 하나님의 성품을 잘 알고 하나님을 진노하게 하지 마시기 바랍니다.

"웰컴투 동막골"이란 영화에서 순수한 소녀의 해맑은 얼굴을 기억하십니까?

하나님 나라에 쓰임 받는 사람도 순수함이 있어야 하고 주님 안에서 자유함이 있어야 하며 또한 사랑이 있어야 합니다.

그리고 할 일을 행동으로 옮기되 희생이 있는 헌신과 겸손으로 행해야 합니다.

저는 어릴 때부터 고등학교 졸업할 때까지 19년 동안 인심 좋은 시골에서 살았습니다. 제가 자랄 때 저희 고향은 먹을 것 하나라도 동네 사람들 하고 나눠 먹는 순수한 사랑이 있었습니다.

저는 항상 나눠주고, 도와주고, 공부 가르쳐 주고, 글 모르는 할머니가 군대 간 손자에게 편지 쓸 때 대신 받아 써주는 등 제가 도와줄 수 있는 범위 안에서 선한 일을 하면서 살았습니다.

어릴 때 겨울에 장갑을 낀 아이는 저희 동네에서 저 하나 뿐이었습니다. 학교 갈 때 친구들이 손이 시려 호호 부는 것을 보고 제 장갑을 여러 명에게 돌려가면서 조금씩 끼고 손을 녹이며 학교에 갔던 생각이 납니다.

저의 집에서 고기반찬을 마련하면 동네 사람들을 모셔서 밥상을 자주 차려드렸던 기억이 납니다. 자랄 때부터 작은 것이라도 항상 베풀며 사는 삶이 저의 습관이 되었습니다. 지금도 저는 무엇이든 두 개 있으면 한 개는 나눠주는 습관이 자연스레 생겼습니다.

남에게 대접을 조금이라도 받으면 부담스럽고 공짜는 좋아하지 않습니다. 밥 한 그릇 대접받으면 나도 다시 대접해서 갚아 주어야 속이 시원한 성격입니다. 어린 시절부터 지금까지 아주 순수하게 살아왔습니다.

인생을 착하고 순수하게 살아왔음을 고백 드립니다. 저는 혈액형이 A형입니다. 이 혈액형을 가진 사람은 섬세하고 순수하며 학자형입니다. 또 헌신적이고 차분하며 사랑이 많습니다. 남에게 나눠주는 것을 좋아합니다. 받는 것 보다 주는 것을 더 좋아합니다. 그리고 현실적이지 못하고 매우 낭만적입니다. 어려서부터 지금까지 인생을 착하고 순수하게 살아왔는데 악한 말로 거짓 증언하여 모함하고 말도 안되는 소리로 중상 모략하는 말들을 하다니 정말 기가 막힙니다. 하나님이 두렵지 않습니까? 가증스러운 거짓말을 해서 사람을 억울하게 하여 하나님께서 세운 주의 여종의 사명을 감당하지 못하도록 짓밟는 일이 이 땅에 다시는 없어야 될 것입니다.

"인생들아 어느 때까지 나의 영광을 변하여 욕되게 하며 허사를 좋아하고 궤휼을 구하겠는고 여호와께서 자기를 위하여 경건한 자를 택하신 줄 너희가 알지어다 내가 부를 때에 여호와께서 들으시리로다, 너희는 떨며 범죄치 말지어다"(시 4:2~4상)

인간이 아무리 지어내서 협박하고, 무너뜨리려 해도 저는 마음
이 편안합니다. 하나님을 찬양합니다. 하나님이 나와 함께 하시기
때문입니다. 하나님은 정직하고 진실한자 편이기 때문에 승리는
제것입니다. 정의가 살아있고 하나님이 살아계시기 때문에 결국은
진실이 승리하게 되어있습니다. 영분별을 잘 하시기 바랍니다. 저
는 그 고통을 하나님 앞에 가지고 나아와 기도하며 연단을 잘 통과
할 수 있었고 그 가운데 하나님께서 주시는 비전을 품게 되었습니
다. 이 책은 그냥 저의 지식으로 쓴 것이 아닙니다. 하나님 앞에서
간절한 기도를 드렸을 때 소망을 주셨고 해산의 고통으로 얻은 귀
한 자식처럼 전도책을 쓸 수 있는 지혜와 능력을 주셨습니다.

저는 하나님이 함께 하시고 하나님이 기뻐하시는 주의 여종입니
다. 하나님께서 저에게 이런 말씀들을 주셨습니다.

"여호와께서 너를 기뻐하사 네게 복을 주시리라"(신 30:8~10)

"하나님은 측량할 수 없는 큰 일을 행하시느니라"(욥 9:10)

"여호와께서 환난에서 너를 구하시리라"(삼상 26:24)

"여호와께서 물을 흘음 같이 내 앞에서 내 대적을 흘으시리라"
(삼하 5:20)

"주께서 복을 주셨사오니 이 복을 영원히 누리리이다"(대상 17:27)

"존귀한 자는 존귀한 일을 계획하느니라"(사 32:8)

"기도할 때 무엇이든지 믿고 구하는 것은 다 받으리라"(마 21:22)

"아버지께서 나와 함께 계시느니라"(요 16:32)

"새벽에 하나님이 도우시리로다"(시 46:5)

고난 가운데 누가복음 18장에 나오는 과부의 끈질긴 기도처럼 기도하고 잠을 잤을 때 꿈에 주님이 나타나셔서 구체적인 비전을 주셨습니다.

결과는 순간이지만 결과를 이루는 과정은 깁니다. 분명히 사단의 방해가 만만치 않을 것입니다. 제가 복음을 전할 때에도 복음을 못 전하게 하는 방해가 늘 있었습니다.

그 과정이 힘들지라도, 고난이 오고 시험과 환란이 와도 예수님을 깊이 생각함으로 참습니다.

마태복음 4장에서 예수님도 사십일 금식 후에 성령에게 이끌리어 광야에서 사단의 시험을 세 번씩이나 크게 받았습니다. 하물며 우리에게 그런 시험이 없겠습니까?

믿음으로 승리할 것입니다. 현장에서 복음을 전하는 사람에게는 사단의 방해가 더 심합니다. 연단을 끝까지 잘 참고 기도하여 승리하는 저처럼 여러분들도 시련이 오면 잘 참고 기도하여 승리하시기 바랍니다.

저는 복음을 전하라는 주님의 명령을 받았기에 절대로 포기할 수 없습니다. 아니 하나님이 포기하시지 않습니다, "주가 쓰시겠다" 하셨습니다. 이 세상에 죄악이 다 없어져서 정화되도록 기도하면서 이 책을 내놓습니다.

하나님 앞에, 사람 앞에 정직하게 내놓습니다. 누구든지 이 책을 읽는 분은 잘 깨달아서 회개하고 예수 믿고 행복한 인생이 되길 바랍니다. 천국 백성이 되기를 기대합니다.

저는 고난 가운데 평소에 생각지도 못했던 낮은 곳을 생각하게 되었습니다. 신학생들에게 상담심리학을 가르치면서 상담에 대한 수많은 책을 읽어보면서 세상 어두운 곳들을 아름다운 세상으로 변화시키는 길이 무엇일까 생각해보았습니다. 전도와 심방, 상담을 약 10년간 해 오면서 많은 할 일을 생각하게 되었고 기도하는 가운데 주님께서 전도용 책을 쓰도록 하는 비전을 주셨습니다. 오직 복음만이 세상을 변화시킬 수 있을 것입니다.

저는 병원 전도사로 오랫동안 사역하면서 죽어서 검은 관에 실려 나가는 사람을 수없이 많이 봅니다. 인생을 깊이 생각하게 만듭니다. 주님의 심판대 앞에 설 나이가 자꾸만 가까워 옵니다. 심판대 앞에서 참과 거짓이 숨김없이 드러날 것입니다. 책망 받지 않도록 제 진실한 생각과 할 일을 조금도 거짓 없이 정직하게 책 속에 담고자 노력했습니다.

제 마음에는 아무런 사심이 없습니다. 단지 이 세상이 복음으로 새롭게 되기를 바라는 마음, 죄악이 없는 아름다운 세상이 되기를 바라는 마음, 저의 안 믿는 친척이 다 예수님 믿기를 바라는 마음, 온 국민이 예수님 믿고 구원받기를 소원하는 순수한 마음뿐입니다.

월드컵 출전 축구선수에게 가장 많이 태클이 들어오는 선수는 골을 가장 잘 넣는 선수입니다. 마찬가지로 죄를 짓는 시시한 사람에게는 안티(반대)가 안 생깁니다. 왜냐하면 가만히 두어도 사단의 밥이 되니까요. 그러나 진실한 마음으로 하나님의 일을 충성되게 하는 사람에게 사단이 거짓말로 태클을 겁니다. 사단의 영역을 하나님의 영역으로 빼앗기기 싫기 때문입니다. 하나님의 큰일(복음)을 하려고 하는 주의 종을 사단이 방해하여 못하게 막아 버리려는 속임수에 속지 마십시오. 기도 많이 하여 영분별을 잘 하시기 바랍니다.

"웰컴투 동막골"이란 영화에서 옥수수가 터져서 된 팝콘이 온 하늘을 하얗게 수놓은 것처럼 복음이 온 세상에 전파되기를 기대합니다. 복음을 못 전하도록 방해하는 큰 산 같아 보이는 사단의 세력도 하나님 앞에서는 지극히 낮은 평지가 될 뿐입니다.

"큰 산아 네가 무엇이냐 네가 스룹바벨 앞에서 평지가 되리라"

(슥 4:7상)

부족한 글이지만 성령이 역사하시면 은총이 우리에게 있을 것입니다. 마음이 순수하다면 구원의 폭발을 이루어 갈 수 있고 그 날은 꼭 올 것입니다. 꿈이 현실이 될 것입니다. 하나님께 감사와 영광을 올려드리면서 전국 복음화, 북한선교, 세계복음화가 이루어지기를 기도하고 기대합니다.

푸른 그리스도의 계절이 되게 하옵소서!

"심령이 가난한 자는 복이 있나니 천국이 저희 것임이요
애통하는 자는 복이 있나니 저희가 위로를 받을 것임이요
온유한 자는 복이 있나니 저희가 땅을 기업으로 받을 것임이요
의에 주리고 목 마른 자는 복이 있나니 저희가 배부를 것임이요
긍휼히 여기는 자는 복이 있나니 저희가 긍휼히 여김을 받을 것임이요
마음이 청결한 자는 복이 있나니 저희가 하나님을 볼 것임이요
화평케 하는 자는 복이 있나니 저희가 하나님의 아들이라 일컬음을 받을 것임이요

의를 위하여 핍박을 받은 자는 복이 있나니 천국이 저희 것임이라

나를 인하여 너희를 욕하고 핍박하고 거짓으로 너희를 거스려

모든 악한 말을 할 때에는 너희에게 복이 있나니

기뻐하고 즐거워하라 하늘에서 너희의 상이 큼이라

너희 전에 있던 선지자들을 이 같이 핍박하였느니라"(마 5:3~12)

"너희는 온천하에 다니며 만민에게 복음을 전파하라"(막 16:15)

추천의 글

오늘 우리 시대를 흔히 정보화 사회라고 합니다. 그래서 정보가 넘치고 넘칩니다. 사람들은 정보를 쉽고 빠르게 얻으면 더욱 편해지고 더욱 행복해지리라고 생각했습니다. 그런데 웬일인지 우리는 웰빙의 시대에 살고 더욱 편하게 살아가고 있지만 우리 주변에는 참으로 불행하고 억울하고 가슴 아픈 사람이 너무나 많습니다. 기가 막힌 좋은 약이 많이 개발되고 있지만 인간의 병은 더욱 깊어만 가고 있습니다. 더구나 병 중에도 가장 심각한 것은 영혼의 병입니다. 육신의 병보다 영혼의 병을 치료하는 것이 시급한 문제입니다.

이 글의 저자 이정화님은 따뜻한 가슴으로 상한 심령을 치유하고 위로하면서 힘겨워하는 사람에게 다가가고 있습니다. 그는 그동안 병원사역을 하면서 체험했던 것, 그리고 못다한 말들을 책으로 엮었습니다. 그는 연극과 영문학과 신학, 목회상담학을 두루 섭렵하면서 받은 바 소명을 위해서 소리없이 성실하게 일하고 있습니다. 바라기는 이 책을 읽는 모든 이들에게 하나님의 은혜와 축복이 있기를 기원하며 몇 자 적어 추천합니다.

2006년 4월 15일
대신대학원장 정 성 구

목 차

제2부_ 아름다운 세상을 위하여

제1부

아름다운 신앙을 위하여

우리가 흔히 생각하는 사랑의 의미는 서로를 아끼며 위해주고 따뜻한 인정을 베푸는 일입니다. 또한 마음에 드는 이성을 따르고 그리워하는 일이고 어떤 사물에 대해 몹시 즐기거나 좋아하는 마음입니다.

사랑의 종류는 참으로 다양합니다. 그 가운데 우리를 향한 하나님의 사랑은 특별합니다.

하나님은 사랑이십니다.(요일 4:8) 하나님의 사랑은 희생의 사랑이며 변하지 않는 사랑입니다.(고전 13:13) 그 하나님의 사랑은 예수 그리스도를 통하여 이 세상에 오셨고 구원을 이루셨습니다. 기독교의 근본사상은 바로 사랑입니다.(요 3:16, 아가페 사랑)

일반적인 사랑은 히브리어인 '아하바'로 표기하며 남녀나 가족의 정신적인 사랑을 의미합니다.(창 25:28) 그 외에 '에로스'는 동물적인 성애를 말합니다.

이러한 여러 사랑 중에서 하나님은 우리에게 마음과 뜻과 정성을 다하여 네 하나님을 사랑하고 네 이웃을 네 몸과 같이 사랑하라고 말씀하십니다. 그런데 우리는 하나님과의 관계에서 흠잡을 것이 없는 것 같아 보여도 이웃과의 관계에서 사랑이 결여된 경우가 너무 많습니다. 그런데 성경은 눈에 보이는 형제를 사랑하지 못하면서 하나님을 사랑한다는 것은 거짓말이라고 말씀하고 있습니다.

쉽지 않은 사랑의 문제, 그러나 기독교에서 가장 위대하게 다루는 내용이기도 합니다. 믿음, 소망, 사랑 그 중에 제일은 사랑입니다. 따라서 어떻게 사랑할 것인가 고민하며 깊이 생각해 보아야 합니다. 사랑은 희생입니다. 사랑은 명사가 아니라 동사(doing)입니다. 주님은 자기 생명을 버리기까지 우리를 사랑하셨습니다. 우리도 자신을 희생하는 아픔을 가지고 사랑해야 합니다. 끝까지 인내하면서 사랑해야 합니다.

사랑을 크게 두 가지로 나눠보면 적극적인 사랑과 소극적인 사랑이 있습니다.

적극적인 사랑은 많은 영혼들을 구원시키는 주님의 지상명령입니다. 소극적인 사랑은 구제와 돌봄, 상담, 함께 있어주는 것 등입니다.

어떤 걸인이 있습니다. 이 걸인에게 매일 돈만 1만원씩 준다면 그는 그 돈으로 하루 세끼는 해결할 수 있을 것입니다. 그렇지만 그의 정체성은 여전히 거지일 뿐입니다. 그러나 그에게 "당신은 하나님의 형상을 닮은 존귀한 사람입니다. 예수님 믿고 구원받아 이 비참한 생활에서 벗어나 목욕을 하고 옷을 정갈하게 세탁해서 입고 무엇인가 일을 해 보십시오."라는 비전을 심어 주었을 때 그는 힘을 내서 예수님 믿고 구원도 받고 노동의 가치도 알 것입니다. 그리고 인격이 온전한 인간으로 다시 회복되어 정신적으로 건강해질 것입니다. 일을 해서 번 돈으로 생계도 유지하며 아름다운 형상으로 회복되어 사람답게 살아갈 수 있을 것입니다.

우리의 사랑이 남녀를 그리워하는 수준의 이성 사랑에만 머물 것이 아니라 또는 "사랑합니다"라는 구호에만 그치는 형식적인 소리의 사랑이 아니라 실천하는 사랑, 희생의 가치가 있는 사랑, 죽어가는 영혼을 살리는 신실한 사랑이 되어야 합니다. 또한 필요한 자에게는 소극적인 사랑인 구제와 돌봄도 있어야 합니다.

이제 우리 크리스천들은 내 관점에서가 아니라 하나님이 요구하시는 관점에서 사랑을 실천하는 것이 마땅합니다. 하나님의 사랑은 끝이 없습니다. 하나님의 사랑은 무한하십니다. 우리도 끝이 없는 무한한 사랑으로 이웃을 사랑해야 합니다.

사랑은 인내요, 기다림입니다. 사랑은 오래참고 온유한 것입니다. 예수님도 사람을 끝까지 사랑하셨습니다.(요 13:1)

사랑은 상대방의 아픈 상처에 민감하게 반응하여 싸매어 주고 보살펴 주는 것입니다. 또한 사랑은 관심입니다. 상대방의 감추인 보화, 재능과 은사를 발견하여 바나바가 사울을 '바울'로 만든 것처럼 양육하고, 키워주고, 세워주는 것입니다.

존 폴웰은 "사랑이란 뿌리와 날개를 주는 것이다."라고 했습니다. 사랑한다는 것은 서로 소속이 되면서도 자유롭게 날 수 있도록 날개를 달아주는 것입니다. 스스로는 마음대로 표현할 수 있는 자유, 자기 속에 내재해 있는 잠재력을 발휘할 수 있는 자유, 모험을 해 볼 수 있는 자유, 하나님과 함께 하는 소속감 속에서 자유롭게 뭔가를 할 수 있는 도전을 가지도록, 다시 말해 비전을 가지도록 날개를 달아주어야 합니다.

제자들은 예수님의 그 무한한 사랑 안에서 마음껏 성장하고 발전했습니다. 주님을 세 번이나 부인한 베드로도 회개하고 "내 양을 먹이라"는 사랑의 말을 듣고 일어설 수 있었습니다.

사람은 장점과 단점이 있습니다. 그러나 예수님은 장, 단점을 잘 아시면서도 장점에 초점을 두고 계발시키고 키워서 단점도 아름답게 하셨습니다.

우리 그리스도인은 예수님처럼 사랑하는 법을 배워야 합니다. 누구든지 사랑하면 그 사람 안에 있는 고상함과 선함과 하면 된다는 가능성을 볼 수 있습니다.

거리의 걸인도 사랑하면 새로운 인생이 되게 하고, 죄인도 사랑하면 복음이 들어가서 예수 믿고 새로운 인생이 될 것입니다.

마크 트웨인(Mark Twain)은 "당신의 꿈을 하찮은 것으로 만들려는 사람들은 가까이 하지 말라. 소인배들은 언제나 그렇게 한다."라고 했습니다.

자기와 가까이 있는 사람들을 시기질투하지 마십시오. 상대의 꿈과 비전을 짓밟는 언어를 사용하지 마십시오. 그렇게 하면 할수록 당신은 스스로 작은 자가 되는 것입니다. 진정으로 사랑이 많은 위대한 인물은 상대방 역시 위대해질 수 있다는 것을 인정해 주는 것입니다.

그것이 주님 안에서 진정한 인격적인 사랑입니다. 자신 안에 내재된 훌륭한 잠재력을 발견하십시오. 그리고 개발하십시오. 그래서 능력 있는 삶을 살아 하나님을 사랑하고 이웃을 내 몸과 같이 사랑하는 도구로 영원히 쓰임 받으십시오.

사랑이란 모든 것 중에서 가장 위대하며 가장 아름다운 자산입니다.

그리스도의 사랑은 자신의 정체성을 찾으며 생명력이 넘치는 삶을 살게 됩니다. 또한 자기 존재 가치를 느끼며 사명을 깨닫게 되는 것입니다. 새로운 피조물이 되는 것입니다.

이 사랑을 입은 우리가 그 구원의 위대한 사랑을 증거합시다. 그리고 나눕시다.

부드러운 사랑이 기적을 일으킵니다.

사랑은 섬김과 나눔입니다.

우리는 진정한 사랑의 의미를 주님 안에서 깨달아 그 사랑을 실천하는 그리스도인이 되어야 합니다.

이제는 하나님이 불합격시키는 사랑의 수준에서 벗어나 하나님께 합격 받는 사랑을 많이 합시다.

사랑은 영원하고 위대한 것입니다.

하나님의 아들 예수님은 인류의 모든 죄인들을 위해 십자가에서 못 박혀 죽으시고 그 보혈의 값으로 우리들을 구원해 주셨습니다. 이것이 가장 위대한 사랑입니다.

이 위대한 하나님의 사랑 안에 포근히 안기고 싶지 않으십니까? 당신을 초대합니다.

사랑이란 모든 것 중에서 가장 위대하며 가장 아름다운 자산입니다. 그리스도의 사랑은 자신의 정체성을 찾으며 생명력이 넘치는 삶을 살게 됩니다. 또한 자기 존재 가치를 느끼며 사명을 깨닫게 되는 것입니다. 새로운 피조물이 되는 것입니다.

"사랑은 오래참고 사랑은 온유하며 투기하는 자가 되지 아니하며 사랑은 자랑하지 아니하며 자기의 유익을 구치 아니하며 성내지 아니하며 악한 것을 생각지 아니하며 불의를 기뻐하지 아니하고 진리와 함께 기뻐하고 모든 것을 참으며 모든 것을 믿으며 모든 것을 바라며 모든 것을 견디느니라"(고전 13:4~7)

토론...

- 그리스도의 사랑에 대해 얘기해 봅시다.
- 당신은 어떤 사랑을 해 왔습니까?
- 당신은 앞으로 어떤 사랑을 하기로 결정하였습니까?

"믿음은 바라는 것들의 실상이요 보지 못하는 것들의 증거니"

(히 11:1)

믿음(faith)이란 신앙이며, 믿는 마음이며 받아들이고 맡기는 것입니다. 그리고 강한 의지라고 할 수 있습니다. 예수 그리스도를 나의 죄를 사하시고 구원을 주시는 나의 구주로 시인하며 믿는 것이 믿음입니다. 이 믿음에 손상이 온다면 아무것도 할 수 없습니다.

예수 그리스도를 나의 죄를 씻어줄 구주로 믿지 못하고 조금이라도 의심한다면 믿음이 없는 것입니다. 믿음이 없으면 한 발자국도 전진할 수 없습니다. 최대한의 신뢰와 믿음으로 살아야 합니다.

리더는 믿음이 있는 사람이어야 합니다. 아브라함은 믿음의 사람이었습니다.

지금은 보이는 것이 없어도 언젠가는 보인다는 믿음으로 나가야 합니다. 이 믿음이 크면 큰 데로 이루어지고 작으면 작은 데로 이루어지며 없으면 아무것도 이루어지지 않습니다.

영적인 세계는 믿음이 없으면 보이지 않습니다.

인간은 영혼이 있기 때문에 영혼을 만족시키는 믿음이 없으면 살아가기가 힘이 듭니다.

사람과 사람 사이에도 믿음이 없고 신뢰가 깨어지면 아무 일도 할 수 없습니다. 아무리 외적으로 모든 것이 갖추어져 있어도 믿을 수 없는 사람하고는 어떤 일도 같이 할 수 없을 것입니다. 인생은 잠시 있다 사라지는 안개와 같고 풀잎에 맺힌 이슬처럼 짧습니다.

많은 사람들은 이런 세상에 소망을 두고 미련하게 살면서 삶을 허비합니다. 천국의 영원한 면류관을 바라보지 못한 채 보이는 것만 추구하다가 보이지 않는 아름답고 위대한 영생을 놓치고 마는 안타까운 사람들이 많습니다. 회개하고 새 믿음을 가져서 천국시민이 다 되기를 바랍니다. 믿음은 바라는 것들의 실상이고 보지 못하는 것들의 증거입니다. 실상으로 믿는 믿음이 위대합니다. 믿음은 보이지도 않는 것 같고 이해되지도 않는 것 같고 합리적이지도 못한 것 같지만 그것을 믿고 신뢰하는 것입니다.

믿음은 말씀에 반응하는 것입니다.

또한 믿음은 하나님께 모든 것을 맡기고 의탁하고 잠잠히 하나님을 바라보며 기다리는 것입니다. 작은 겨자씨 한 알을 심고 바라보며 기다리던 때가 되매 새들이 깃들 만큼 큰 나무가 됩니다. 이처럼 믿음은 큰 폭발적인 힘이 내재해 있습니다.

"그러므로 내가 너희에게 말하노니 무엇이든지 기도하고 구하는 것

은 받은 줄로 믿으라 그리하면 **너희에게 그대로 되리라**"(막 11:24)

우리는 이처럼 무엇을 하든지 긍정적인 믿음으로 살아가야 합니다.

믿음은 창조의 신앙이며 십자가 신앙이며 부활의 신앙이며 임마누엘 신앙입니다.

믿음은 입술의 고백으로 찬양 드리며 기도하며 하나님을 바라보고 하나님을 경배하는 것입니다.

믿음의 선진 아브라함의 믿음, 욥의 인내를 생각하십시오.

이런 믿음은 공짜로 오는 것이 아니라 성령 충만해야 오는 것입니다. 진실하게 살면서 기도를 많이 해야 합니다. 하나님 앞에 신실하게 드린 기도는 성령 충만이라는 선물을 받습니다. 어떤 시련과 환란이 와도 능히 이길 담대한 믿음을 가지십시오.

진정한 믿음은 행함이 있는 믿음입니다.

야고보 기자는 행함이 없는 믿음은 죽은 믿음이라고 했습니다. 우리 모두 실천하는 믿음을 가집시다. 우리의 신앙은 더 나아가서 '그리 아니하실지라도'의 믿음까지 성장해야 합니다. 특별한 축복이 없어도 '하나님 한 분만으로 만족하겠습니다' 라는 신앙을 가져야 합니다.

우리에게 축복을 주셔도 좋지만 그리 아니하실지라도 예수님을 믿어 구원받은 그 은혜에 감사하여 늘 기뻐하며 살겠다는 믿음을 가져야 합니다.

조건 없는 사랑으로 그리 아니하실지라도, 구원을 인하여 기뻐하는 굳건한 믿음을 가져야겠습니다. 이러한 믿음이 바로 성숙한 믿음입니다. 신실한 믿음을 가지시길 바랍니다. 아름다운 믿음으로 늘 승리하십시오.

토론...

- 믿음에 대해 얘기해 봅시다.
- 당신은 어떠한 믿음을 가졌습니까?
- 성숙한 믿음으로 가려면 어떻게 해야 합니까?

"주여 내가 무엇을 바라리요 나의 소망은 주께 있나이다"(시 39:7)

인간은 구원을 소망합니다.(롬 8:24) 우리의 소망은 하나님께 있습니다.

저 천국을 바라보는 소원, 바람, 이것이 우리의 소망입니다. 우리는 저 천국 소망이 있기에 이 땅에서 어렵고 힘들어도 모든 것을 이기며 견딜 수 있고 참을 수가 있습니다.

천국 소망이 참 소망이며 그 소망이 있기에 우리의 발걸음에도 힘이 있습니다. 매사에 기쁨의 환희로 살 수 있는 것입니다.

그러나 많은 사람들이 이 세상에 소망을 두고 살아갑니다. 이 세상 것은 소망이 아니라 희망사항이며 그 희망사항조차도 때로는 썩어 없어질 것에 불과합니다.

보이는 세상 것에 너무 마음을 쏟지 마십시오.

수많은 사람들은 육안으로 보이는 것에만 집착하여 돈, 명예, 권력, 이성 등 이러한 것들을 소망하며 살아갑니다. 그러다가 그중에 하나라도 없어지면 어깨가 쳐지고 힘이 없고 낙심하며, 좌절하고 나아가 타락하기도 하고 심지어 자살까지 하기도 합니다.

진정한 소망은 이 땅에 있는 것이 아니라 저 천국, 아름다운 하늘나라에 있는 것입니다.

그 나라의 환희를 꿈꾸며 아름다운 면류관을 쓸 것을 상상하면서 미소 지어보는 기분이 꽤 상쾌합니다.

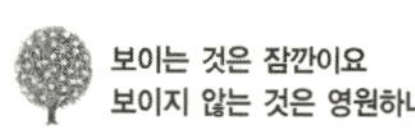

진정한 소망은 이 땅에 있는 것이 아니라 저 천국, 아름다운 하늘나라에 있는 것입니다.

여름날 소낙비가 내린 후의 상쾌해진 날씨처럼 때로는 시련이 오고, 핍박이 오고, 힘들게 해도 천국의 소망이 있기에 참을 수 있고 기뻐할 수 있고 행복해 할 수 있습니다.

저는 가끔 이런 생각을 해 봅니다.

천국에 온 수많은 영혼들이 모인 4차원의 세계에서 예수님 옆에 서서 깨끗한 순백의 드레스를 입고 머리에 아름답게 빛나는 생명의 면류관, 기쁨의 면류관을 쓰고 활짝 웃으면서 많은 영혼들과 함께 찬양을 부르는 모습을 상상해 봅니다. 상급받기 위해 봉사하는 것은 아니지만 영혼을 사랑해서 전도를 하고 환자를 돌보지만 가끔은 그런 환희에 미소를 지어보기도 합니다.

거룩한 삶으로, 최선을 다하는 성실로 이웃을 섬기며 사랑합시다.

갈렙처럼 '이 산지를 내게 주소서' 라는 고백을 하며 험악한 이방의 땅에 소망의 십자가로 아름답게 수놓고 싶습니다.

그 소망은 오직 예수 그리스도이십니다.

사람은 소망을 갖고 있는 존재이어야 합니다. 절망 속에 있는 사람은 스트레스가 쌓입니다. 소망이 있는 사람은 긍정적으로 새롭게 보는 눈이 열립니다. 그러나 절망의 사람에게는 좋은 것도 좋아 보이지 않습니다.

키에르케고르는 "절망은 죽음에 이르는 병이다"라고 했습니다.

희망 속에 꽃을 피우는 사람은 한 걸음 나아가 소망으로 나아가게 됩니다. 죽음 후에 천국에서 살아가는 소망을 가집니다. 소망을 하나님께 두십시오.

예수 그리스도라는 배를 타고 요단강을 건너 천국으로 가는 소망을 가지십시오.

"주 여호와여 주는 나의 소망이시요 나의 어릴 때부터 의지시라 내가 모태에서부터 주의 붙드신 바 되었으며 내 어미 배에서 주의 취하여 내신 바 되었사오니 나는 항상 주를 찬송하리이다"(시 71:5~6)

"나의 영혼아 잠잠히 하나님만 바라라 대저 나의 소망이 저로 좇아 나는도다 오직 저만 나의 반석이시요 나의 구원이시요 나의 산성이시니 내가 요동치 아니하리로다"(시 62:5~6)

토론...

- 하늘나라 소망에 대해 얘기해 봅시다.
- 당신의 소망은 땅에 있습니까? 하늘에 있습니까?
- 당신의 소망은 보이는 것에 있습니까? 보이지 않는 영생에 있습니까?

"주의 말씀은 내 발에 등이요 내 길에 빛이니이다"(시 119:105)

"사람이 떡으로만 살 것이 아니요 하나님의 입으로 나오는 모든 말
씀으로 살 것이니라"(마 4:4)

말씀은 '로고스' (λόγος)이며 자신의 말은 '레마' 라고 합니다.
하나님의 말씀은 진리입니다. 또한 예수 그리스도입니다.(요 1:1)
말씀은 하나님께서 역사하시는 능력이며 성경(The Bible)입니다.
우리가 육신의 생명을 보존하기 위해서 숨도 쉬고 잠도 자야겠
지만 음식(밥)을 먹어야 살 수 있습니다. 음식을 41일 이상만 안
먹으면 사람은 대부분 죽습니다.

마찬가지로 말씀을 먹지 않으면 영적으로 죽습니다. 영혼이 갈
하며 힘이 없어지고 죄를 이기지 못하고 사단의 밥이 됩니다. 사
람들은 육신만 잘 되기 위하여 온갖 수단방법을 가리지 않고 정력
을 쏟고 있습니다.

　　그러나 성경은 "사랑하는 자여 네 영혼이 잘 됨같이 네가 범사가 잘되고 강건하기를 내가 간구하노라"(요삼 1:2), "너희는 먼저 그의 나라와 그의 의를 구하라 그리하면 이 모든 것을 더하시리라"(마 6:33)라고 말씀하고 있습니다.

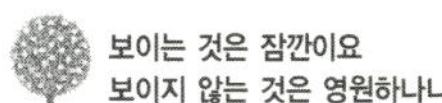

　　우리의 영혼이 먼저 잘 되어야 덤으로 육체가 잘 되며, 그의 의와 그의 나라를 먼저 구하여야 이 땅의 필요한 것도 더하여 주신다고 우선순위를 알려 주십니다.

　　반대로 생각하는 미련함을 버리기 바랍니다.

　　말씀을 먹어야 영혼이 소생됩니다.

　　말씀을 들어야 믿음이 생깁니다.

> "그러므로 믿음은 들음에서 나며 들음은 그리스도의 말씀으로 말미암았느니라"(롬 10:17)

　　말씀을 자꾸 들어야 영혼이 살아나서 생활의 활력을 가질 수 있습니다. 성경말씀을 읽고 설교말씀을 들어야 우리의 인생좌표가 바르게 설정됩니다. 항상 말씀을 가까이 하고 예배를 경히 여기지 말아야 합니다. 경건하게 예배를 드려야 합니다. 말씀을 경청해야 합니다.

> "하나님의 말씀은 살았고 운동력이 있어 좌우에 날선 어떤 검보다도 예리하여 혼과 영과 및 관절과 골수를 찔러 쪼개기까지 하며 또 마음의 생각과 뜻을 감찰하나니"(히 4:12)

하나님의 말씀은 아주 심도 있게 소중하게 다루어져야 할 부분입니다. 하나님의 종으로 쓰임 받는 목사님들은 기도를 많이 하시고 성령 충만을 받아 말씀을 연구하고 정확하게 잘 풀어서 성도들에게 먹여야 합니다.

목자가 양떼들에게 거친 풀이나 먹인다면 양들이 잘 자랄 수가 없고 거친 염소가 됩니다. 시편 23편에 푸른 초장은 양이 먹기에 아주 연한 풀이 있는 초장입니다.

목자가 거친 풀이 아닌 양이 먹기에 아주 좋은 연한 풀을 찾아 푸른 초장에서 먹이는 것처럼 말씀을 아주 연하게 나긋나긋하게 맛있게 해서 성도들에게 골고루 잘 먹여야 합니다. 또한 성도들은 이 말씀을 잘 받아먹고 영혼의 갈증을 풀어 영혼이 소생되는 힘을 얻어야 합니다. 그리고 세상으로 나아가 사단을 이기고 담대하게 살아가며 주님이 원하시는 일을 잘 해내야 합니다. 그리고 말씀을 잘 먹여주는 신실한 목사님들께 성도들은 존경심을 가져야 하며 말씀을 가르치는 자와 좋은 것을 함께 해야 합니다.(갈 6:6)

"내가 교회 일꾼된 것은 하나님이 너희를 위하여 내게 주신 경륜을 따라 하나님의 말씀을 이루려 함이니라"(골 1:25)

하나님께서는 하나님의 말씀을 사랑하는 자를 축복해 주십니다.

하나님을 가장 기쁘시게 하는 길은 말씀에 순종하며 사는 길입니다. 예수님도 40일 금식 후에 사단의 시험을 받으실 때에 말씀으로 시험을 이기셨습니다.

또한 하나님은 천지를 창조하실 때 말씀으로 창조하셨습니다.

"믿음으로 모든 세계가 **하나님**의 말씀으로 지어진 줄을 우리가 아나니 보이는 것은 나타난 것으로 말미암아 된 것이 아니니라(히 11:3)"

예수님도 말씀이 육신이 되어 오셨습니다.

믿음의 기초를 든든하게 하려면 말씀에 기초를 두고 신앙생활을 하십시오. 성경의 모든 인물들은 말씀 따라 살았습니다. 우리의 심령과 인격은 말씀으로 가득 채워지고 다듬어져야 합니다.

말씀 속에서 자유함과 평안함이 옵니다.

하나님의 말씀으로 뼈가 살아나고 살이 붙어 온전하게 되는 것입니다.(겔 37:1~14)

이 말씀은 하나님이 직접 말씀하신 것입니다. 이 말씀은 사도들에 의해서 "파피루스"라는 나뭇잎에 적혀서 박물관에 보관되었다가 후에 성령의 충만함을 입은 신학자들에 의해 쓰인 후 사본으로 발간되었습니다. 지금은 원본은 없습니다.

구약은 히브리어로 신약은 헬라어와 라틴어로 쓰인 사본을 다시 영어나 각 나라 언어로 번역된 역본이 사람들의 손에 들어와 읽을 수 있게 되었습니다. 이것이 우리가 읽는 성경(The Bible)입니다.

그러므로 성경은 하나님의 직접적인 말씀을 기록한 책입니다. 하나님의 살아있는 형상이며 능력이며 말씀 그 자체입니다. 그러므로 우리는 성경말씀을 통하여 하나님의 선하신 뜻을 알고, 깨닫고, 세미한 음성을 듣고 하나님의 형상을 보며 하나님의 위대하신 능력과 기적을 체험하는 것입니다.

성경은 1500년에 걸쳐서 약 40여명의 성령 충만한 사람들에 의해 쓰여졌고 이 성경을 정경(Canon, 正經)이라고 합니다. 이 정경은 AD. 397년 카르타고 회의에서 최종적으로 확정되었습니다. 이 성경은 구약 39권과 신약 27권으로 모두 66권으로 되어 있습니다.

구약은 율법서(모세오경), 역사서, 시가서, 선지서(대선지서, 소선지서)로 구분되어 있습니다. 신약은 4복음서, 역사서, 서신서, 예언서로 구분되어 있습니다.

말씀은 능력이고 권세입니다. 말씀은 살아 움직입니다.

이 영원한 말씀을 꼭 붙잡으십시오. 그것만이 우리가 영원히 살 길입니다. 이 성경을 사랑합시다.

"너는 배우고 확실한 일에 거하라 네가 뉘게서 배운 것을 알며 또 네가 어려서부터 성경을 알았나니 성경은 능히 너로 하여금 그리스도 예수 안에 있는 믿음으로 말미암아 구원에 이르는 지혜가 있게 하느니라. 모든 성경은 하나님의 감동으로 된 것으로 교훈과 책망과 바르게 함과 의로 교육하기에 유익하니 이는 하나님의 사람으로 온전케 하며 모든 선한 일을 행하기에 온전케 하려 함이니라"(딤후 3:14~17)

- 성경(The Bible)은 하나님의 말씀입니다.

- 당신은 믿습니까? 혹은 믿지 않습니까?

- 그리고 성경통독을 많이 하십니까?

기도는 호흡이고 하나님과의 대화입니다.

기도는 주의 음성을 듣는 영적인 안테나입니다.

보통의 사람은 8분만 숨을 쉬지 않아도 죽습니다. 물 속에 5분 동안 빠진 사람을 건져 내어도 뇌사상태가 됩니다. 마찬가지로 하나님께 드리는 기도가 끊어지면 숨이 끊어져 죽는 것처럼 영적으로 죽게 됩니다.

기도는 하나님께 예수님의 이름으로 감사와 회개와 소망을 간구하면서 기도의 응답을 기다리는 것입니다. 또한 기도는 하나님께 헌신을 약속드리는 것입니다.

기도의 응답은 하나님의 주권으로 이루어지는 것입니다.

기도의 응답에는 yes, no, 그리고 waiting 3가지로 이루어집니다. 이 3가지 모두가 우리에게 주시는 하나님의 응답입니다. 왜냐하면 기도한 사람에게 합당하면 주실 것이고 그렇지 않으면 주시지 않을 것이기 때문입니다. 때로는 하나님의 때가 찰 때까지 기다리라는 것도 있습니다. 우리는 이 모든 하나님의 지시에 순종해야 합니다. 정확하신 하나님은 실수가 없으십니다.

모든 것은 합력하여 선을 이루기 때문에 우리의 태도는 어떠한 상황에서도 항상 감사해야 합니다.

기도는 시간과는 무관하다고 생각하는 사람이 많은 것 같습니다. 단지 진실하고 진지한 기도가 중요하다고들 합니다. 그러나 진지하게, 오랜 시간을 두고 기도하는 것이 좋습니다. 무릎으로 세워지는 일들이 많기 때문입니다. 그래서 기도는 노동이라고 합니다.

결혼을 하신 분은 알겠지만 사랑하는 사람과는 오랫동안 함께 있기를 원합니다. 가정에 늦게 귀가하면서 좋은 선물을 사서 던져 주는 것보다 빈손으로 들어와도 일찍 와서 가족들과 함께 식사하고 오순도순 대화하며 사랑을 나누는 남편을 아내들은 더 좋아할 것입니다.

마찬가지로 오랫동안 기도한다는 것은 주님과 깊이 교제하며 대화하는 것을 뜻합니다.

주님을 사랑하기 때문에 오랫동안 대화하고 싶은 것입니다. 가끔 자신의 이기심으로 기도응답을 받기 위해 오랫동안 기도하는 사람도 혹 있습니다(그렇다고 다 응답받는 것은 아닙니다). 그러나 대부분 시간 가는 줄 모르고 기도하는 것은 주님과 깊은 사랑관계에 빠져있기 때문입니다. 주님을 사랑하는 만큼 주님도 우리를 사랑해 주십니다. 기도의 중요성과 기도응답의 기쁨과 기도의 환희로 인생을 행복하게 살아갑시다.

또한 기도는 하나님께 헌신을 약속드리는 것입니다.

'해 주시옵소서'의 기도에서 '드리고 싶습니다, 받으시옵소서' 의 기도로 바뀌어야 합니다. 감사의 기도로 바뀌어야 합니다.

나와 내 가족의 기도에서 직장과 학교, 군대와 소외되고 가난하고 병든 자, 장애인을 위하여, 교회를 위하여, 우리들을 가르치는 목회자들을 위하여, 국가의 지도자들을 위하여 기도해야 합니다. 또한 내가 사는 도시의 성시화를 위하여, 민족복음화를 위하여, 북한선교를 위하여, 세계선교를 위하여, 우리의 거룩을 위하여 기도해야 합니다.

사무엘 선지자는 '기도하다 쉬는 죄를 범치 마소서'라고 했으며 사도 바울 선생님은 '쉬지 말고 기도하라'고 기도의 중요성을 가르쳐 줍니다. 사도행전 2장 42절에는 "저희가 사도의 가르침을 받아 서로 교제하며 떡을 떼며 전혀 기도에 힘쓰니라"라고 기록되어 있습니다.

기도의 맛을 잊어버리지 말라고 권면합니다. 기도의 효력은 대단합니다. 능력이 있습니다. 기도는 기적을 일으킵니다. 귀신을 쫓아냅니다. 병든 자를 고칩니다.

"기사와 표적이 많이 나타나니라"(행 2:43)

"기도 외에는 이런 유가 나갈 수 없느니라 하시니라"(막 9:29)

기도는 미사여구가 아니라 우리의 마음과 진실을 하나님께 고백 드리는 것입니다.

기도하면 홍수가 범람할지라도 미치지 못하고 기도하는 사람은 모든 환란에서 보호를 받습니다. 또한 그 갈 길을 인도받는다고

했습니다.(시 32:6~8)

　기도하는 사람이 됩시다.

　새벽기도 역시 대단히 중요합니다. 새벽에 하나님께서 도우신다
고 했습니다.(시 46:1~5) 예수님도 새벽 미명에 한적한 곳으로 기
도하러 가셨습니다.

> "새벽 오히려 미명에 예수께서 일어나 나가 한적한 곳으로 가사 거
> 기서 기도하시더니"(막 1:35)

　새벽기도는 누가 만들었냐고요? 예수님이 만드셨습니다.

　새벽을 깨우십시오. 그리고 주님을 만나십시오.

　날마다 하나님 나라의 확장을 위해 하나님께 영광 돌리는 기도
를 우리 함께 드립시다.

주기도문

하늘에 계신 우리 아버지여,
이름이 거룩이 여김을 받으시오며,
나라이 임하옵시며,
뜻이 하늘에서 이룬 것 같이
땅에서도 이루어지이다.
오늘날 우리에게 일용할 양식을 주옵시고,
우리가 우리에게 죄 지은 자를 사하여 준 것 같이

우리 죄를 사하여 주옵시고,
우리를 시험에 들게 하지 마옵시고,
다만 악에서 구하옵소서.
대개 나라와 권세와 영광이
아버지께 영원히 있사옵나이다 아멘.

(마 6:9~13)

토론...

- 기도에 대해 얘기해 봅시다.
- 당신은 얼마나 기도하십니까?
- 당신은 무엇을 위해 기도하십니까?
- 기도의 응답을 서로 나누어 봅시다.

우리는 흔히 하나님께 은혜를 받았다고 말합니다.

은혜라는 말은 베풀어 주는 혜택, 고마움, 이런 의미가 있는데 참 은혜는 하나님만이 주십니다. 은혜로운 것은 법을 준행하는 것입니다.

우리가 일상생활 가운데서 어렵고 힘들 때 다른 사람에게 은혜를 받았다면 그 고마움을 알고 그 은혜에 보답해야 합니다. 그 은혜를 잊어버리고 배은망덕해진다면 사람답지 못한 행동에 굉장히 서글퍼질 것입니다.

은혜를 원수로 갚는 일이 없도록, 또는 잊어버리지 않도록 각별이 유의해야 될 것입니다. 그러나 더 중요한 것은 우리는 하나님께 큰 은혜를 받은 자들입니다. 아담과 하와의 불순종이란 죄의 결과로 지옥에 갈 수밖에 없는 모든 인생들을 예수 그리스도를 통하여 인류의 모든 죄가 청산되었고 그리스도를 믿기만 하면 구원을 얻는 큰 은혜를 받게 되었습니다.

그러면 가장 큰 은혜는 바로 하나님의 자녀가 되는 것입니다.

또한 은혜에는 일반은혜(general grace)와 특별은혜(special grace)가 있습니다.

일반은혜는 예수님을 믿지 않아도 비나 햇빛이나 공기, 물, 이런 것들을 모든 사람에게 내려주시는 것을 말합니다. 또한 열심히 공부하면 공부한 대가만큼, 노력하면 노력한 대가만큼 누구나에게 주어지는 것을 말합니다.

그러나 특별은혜는 그리스도를 믿는 자만이 죄사함 받아서 구원을 얻는 것을 말합니다.

사람의 유형을 4가지로 분류해 보겠습니다.

첫째, 예수님을 잘 믿어서 이 땅에서도 범사가 잘 되고 건강의 축복을 받고 죽음 후에도 영혼이 천국에 가는 현세관, 내세관 둘 다 축복을 받은 사람입니다.

둘째, 나사로처럼 이 땅에서는 건강도 없이 물질도 어렵게, 여러 면에서 안 좋은 형태로 살았지만 죽음 후에는 천국 가는 사람입니다. 영원한 천국에 가는 복을 받은 유형입니다.

셋째, 부자와 거지 나사로에서 이 땅에 80~90년 사는 동안에는 좋은 것 다 누리고 부자로 살았지만 예수님 믿지 않아 죽어서는 지옥으로 가 버리는 사람입니다. 현세관에서는 복을 받은 것 같았지만 내세관에서는 복을 받지 못하고 지옥에 떨어지는 유형입니다.

넷째, 이 땅에 사는 동안도 거지처럼 모든 것이 박탈당하고 예수님을 안 믿어 죽어서도 지옥 가는 유형입니다. 현세관, 내세관 둘 다 복을 받지 못한 사람입니다.

이 네 가지 유형 중 어느 것을 선택하고 싶습니까?

이 땅에 길어야 80~90년, 천국은 영원, 80 대 영원, 90 대 영원으로 계산이 됩니다. 게임이 되지 않는 것입니다. 천국은 떡이고 이 세상은 떡 부스러기입니다.

떡을 먹어야지 떡 부스러기를 서로 먹으려고 싸우며 미련하게 살지는 말아야겠습니다.

그리스도를 잘 믿어서 하나님의 은혜를 듬뿍 받아야 할 것입니다. 우리가 잘 나서, 잘 해서가 아니라 하나님의 은혜를 받아야만 모든 것을 잘 할 수 있는 능력이 공급되어서 인생을 행복하게 살아갈 수 있는 것입니다.

하나님의 능력을 받으려면 우리가 먼저·능력 받을 만한 그릇을 준비해야 합니다. 죄를 멀리하고 신앙생활을 잘 해서 하나님이 원하시는 기준치에 도달했을 때 크신 하나님의 능력을 받을 수 있습니다.

하나님의 능력을 사모하십시오. 그리고 그 능력 받을 그릇을 잘 준비하십시오. 풍성한 하나님의 은혜가 당신을 기다리고 있습니다. 그리고 받은 은혜를 모든 이에게 나누어 주십시오.

"너희가 그 은혜를 인하여 믿음으로 말미암아 구원을 얻었나니 이것이 너희에게서 난 것이 아니요 하나님의 선물이라"(엡 2:8)

은혜는 우리를 자라게 하고 양육하게 합니다.

은혜를 받은 사람은 버릴 것은 버리고 붙잡을 것은 붙잡게 됩니다. 은혜를 받은 사람에게는 어려운 모든 문제가 다 해결됩니다. 핍박 중에도, 고난 중에도 넉넉히 이깁니다. 근신함과 경건함과

의로움을 가집니다.

하나님께서 사명을 맡길 때 들려주는 약속의 말씀, '주께서 너와 함께 하신다'는 임마누엘의 약속은 사명감을 불타오르게 하는 하나님의 은혜입니다.

모든 은사도 하나님께서 주신 은혜입니다.

하나님의 일을 더 잘할 수 있도록 주시는 은혜입니다. 입술을 삼가고 생각하십시오, 그리고 기도하십시오. 무엇인가 하나님의 계획이 있겠지, 하나님의 섭리를 기대하면서 주어진 모든 여건을 자신의 사명으로 생각하고 기쁘게 생활해야 합니다.

> "모든 성도 중에 지극히 작은 자보다 더 작은 나에게 이 은혜를 주신 것은 측량할 수 없는 그리스도의 풍성을 이방인에게 전하게 하시고 영원부터 만물을 창조하신 하나님 속에 감취었던 비밀의 경륜이 어떠한 것을 드러내게 하려 하심이라"(엡 3:8~9)

하나님께서 주신 은혜에 감사하며 겸손히 예수님을 잘 믿고 이웃을 잘 섬깁시다.

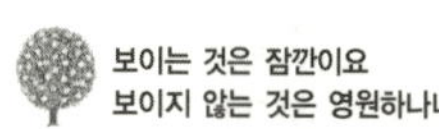

하나님께서 사명을 맡길 때 들려주는 약속의 말씀, '주께서 너와 함께 하신다'는 임마누엘의 약속은 사명감을 불타오르게 하는 하나님의 은혜입니다.

토론...

■ 하나님의 은혜에 대해 얘기를 나누어 봅시다.

■ 당신은 하나님의 은혜를 받았습니까?

■ 받았다면 그 은혜를 누리며 또 나누고 사십니까?

"충성된 사자는 그를 보낸 이에게 마치 추수하는 날에 얼음 냉수 같아서 능히 그 주인의 마음을 시원케 하느니라"(잠 25:13)

충성이란 말은 마음에서 우러나는 정성, 남을 위하여 버리는 마음입니다. 또한 신뢰할 만한 인격이 된다는 것을 의미합니다.

"내 종 모세와는 그렇지 아니하니 그는 나의 온 집에 충성됨이라"

(민 12:7)

우리는 자기가 소속되어 있는 직장이나 그 직장의 상사, 국가에 대해 다방면으로 충성할 때가 많습니다. 이런 일상생활 속에서 자신의 위치 또는 지위 확보, 사람에게 잘 보이려는 의도가 담긴 충성이 아니라 진심에서 우러나오는 정성을 드리는 충성이 되어야 합니다. 군인들도 마찬가지로 억지로 끌려가서 군복무를 해야 한다는 그런 경직된 마음이 아니라, 이 국가의 국민으로서 내가 한 자리에서 충성을 하면 이 나라가 안전하게 지켜진다는 자부심과 애국심을 가지고 최선을 다해 군의 임무를 수행하며 충성해야 할 것입니다.

또한 충성은 하나님께 해야 합니다.

"네가 죽도록 충성하라 그리하면 내가 생명의 면류관을 네게 주리라"(계 2:10)

하나님께서 원하시는 충성은 대충 하는 것이 아니라 죽도록 충성하는 것입니다. 이 말씀은 충성하다가 죽는 한이 있어도 옳은 일이라면 생명을 아끼지 않고 끝까지 충성하라는 뜻입니다. 그렇게 하면 죽는 것이 아니라 오히려 살아서 축복을 받을 것입니다.

죽도록 충성하는 것은 인생을 가장 가치 있게 사는 비결이므로 그 말씀에 순종해야 합니다.

"의인은 그 죽음에도 소망이 있느니라"(잠 14:32) 이것이 스데반 집사의 죽음(순교)입니다.

마음과 정성을 다해 하나님을 기쁘게 하는 일이라면 죽도록 충성합시다. 생명의 면류관이 우리를 기다리고 있습니다.

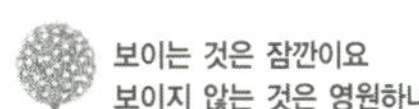

하나님께서 원하시는 충성은 대충 하는 것이 아니라 죽도록 충성하는 것입니다. 이 말씀은 충성하다가 죽는 한이 있어도 옳은 일이라면 생명을 아끼지 않고 끝까지 충성하라는 뜻입니다.

토론...

- 충성에 대해 얘기해 봅시다.

- 당신은 당신이 머무는 곳에서 충성합니까?

- 당신은 하나님께 죽도록 충성하고 있습니까?

> "형제들아 내가 우리 주 예수 그리스도의 이름으로 너희를 권하노니 다 같은 말을 하고 너희 가운데 분쟁이 없이 같은 마음과 같은 뜻으로 온전히 합하라"(고전 1:10)

> "모든 것이 하나님께로 났나니 저가 그리스도로 말미암아 우리를 자기와 화목하게 하시고 또 우리에게 화목하게 하는 직책을 주셨으니"(고후 5:18)

화평에는 하나님을 향한 화평과 사람을 향한 화평 그리고 양심과의 화목이 있습니다. 화평이란 단어의 뜻은 온화하고 태평함입니다. 영어로는 Peace입니다.

우리는 사람과 사람 사이에도 peacemaker가 되어 항상 어디에 소속되어 있든지 화평해야 합니다. 관계유지를 잘 해야 삶을 잘 살아간다고 얘기를 합니다. 특별히 하나님과의 관계에서는 더욱 화평을 이뤄야 할 것입니다. 하나님과의 화평관계는 죄가 없어야 지속적으로 유지될 수 있습니다. 하나님과 우리 사이에 '죄'라는 이물질이 끼어들면 화평이 깨어지고 맙니다. 이 화평을 잘 유지해야만 심판대 앞에서 탈락되지 않고 유유히 천국에 들어가는 넉넉한 구원을 받습니다. 나는 하나님과 화평을 잘 유지하고 있는가를 늘 세심하게 살펴야 합니다. 도자기공이 멋진 고려청자나 이조백자를 만들어 놓고 혹시나 금이 가지 않았나 순간순간 살펴보는 것처럼 우리의 삶이 하나님과의 관계에서 화평에 금이 가지 않나 자나 깨나 살피면서 유의하며 살아가야 합니다.

하나님과 우리 사이에 '죄'라는 이물질이 끼어들면 화평이 깨어지고 맙니다. 이 화평을 잘 유지해야만 심판대 앞에서 탈락되지 않고 유유히 천국에 들어가는 넉넉한 구원을 받습니다.

온화하고 따뜻한 전쟁이 없는 태평성대처럼 하나님과의 관계에서 항상 온화한 화평관계가 잘 유지되도록 힘쓰고 애써야 합니다.

사람과 사람 사이에도 싸움 없이 웃고 지내는 모습이 얼마나 아름다워 보입니까? 하물며 하나님과 사람 사이의 화평한 관계는 얼마나 아름다울까요?

"화평케 하는 자는 복이 있나니 저희가 하나님의 아들이라 일컬음을 받을 것임이요"(마 5:9)

"그러므로 우리가 믿음으로 의롭다 하심을 얻었은즉 우리 주 예수 그리스도로 말미암아 하나님으로 더불어 화평을 누리자"(롬 5:1)

하나님과 화평을 누리고 사람과도 화평합시다.
그리고 양심과 화목해야 합니다.

"자기 양심이 화인 맞아서 외식함으로 거짓말 하는 자들이라"

(딤전 4:2)

여기서는 화인 맞는다는 것은 '마비시키다'의 뜻입니다. 모든 죄의 뿌리는 마음에서 시작되기 때문입니다. 양심은 중요합니다.

"경계의 목적은 청결한 마음과 선한 양심과 거짓이 없는 믿음으로 나는 사랑이거늘"(딤전 1:5)

양심이 살아있는 사람이 되어서 자기 양심과 늘 화목합시다. 하나님은 우리의 중심을 보십니다. 그 양심에 거리낌이 없는 삶은 늘 행복합니다. 우리는 하나님과 화평하고 이웃과 화평하며 양심과 화목을 이루어 하나님을 기쁘시게 해 드리는 선한 일꾼들이 되어야겠습니다.

"그의 십자가의 피로 화평을 이루사 만물 곧 땅에 있는 것들이나 하늘에 있는 것들을 그로 말미암아 자기와 화목케 되기를 기뻐하심이라"(골 1:20)

 토론...

- 화평에 대해 얘기해 봅시다.

- 당신은 화평케 하는 자입니까?

- 화평을 깨뜨리는 자입니까?

- 당신은 하나님과 화평합니까?

"내 영혼아 잠잠히 하나님만 바라라"(시 62:5)

"이 사람 모세는 온유함이 지면의 모든 사람보다 승(勝)하더라"

(민 12:3)

온유라는 것은 아주 온화하고 따뜻한 부드러움을 말하며 온유한 자는 외모로는 유순하지만 죄나 불의에 대해서는 강경한 사람이며 땅을 기업으로 받을 그리스도인이라고 말씀합니다.(마 5:5)

그리고 온유는 "자기 힘을 다스려 통제하는 것"을 의미합니다. 원래 이 말은 희랍어 '프레이 테스'에서 온 말인데 '펄쩍펄쩍 뛰는 야생마를 데려다가 잘 길들여 놓은 상태'라는 의미가 있습니다. 힘이 있어도 마음대로 쓰지 않고 잘 다스려서 부드럽게 행동하는 것입니다. 세상에는 들판의 야생마처럼 화를 잘 내면서 따뜻함이라곤 찾아볼 수 없고 온유하지 못한 제멋대로의 사람들이 많습니다.

사사기 때처럼 자기 소견에 옳은 대로 행하는 사람들이 너무 많습니다. 이런 사람과는 지나치면서 인사정도는 하겠지만 친하게 지내고 싶지는 않을 것입니다.

그런 성품은 인격의 한 부분이 결여되어 있는 것입니다. 살다가 보면 펄펄 뛰면서 화를 내아 할 부분들도 삶의 여정 속에 있습니다.

말도 되지 않는 억울한 소리를 들었을 때, 재산상의 손해가 주어졌을 때 등 그러나 이럴 때일수록 하나님께 맡기고 기도를 하면서 하나님이 숙제를 풀어주도록 기다리며 온유한 심령이 되어야 할 것입니다.

자기 자신이 문제를 해결하려고 펄펄 뛰고 소리쳐도 억울한 심정을 알아주지 않습니다. 사람에게 하소연 하지 말고 하나님을 바라보십시오.

믿음을 가지고 온유한 마음으로 하나님께 아뢰며 기도했을 때 하나님이 매듭을 풀어줄 것이며 해결해 준다는 것을 기억하십시오.

믿음을 가지고 온유한 마음으로 하나님께 아뢰며 기도했을 때 하나님이 매듭을 풀어줄 것이며 해결해 준다는 것을 기억하십시오.

"아무것도 염려하지 말고 오직 모든 일에 기도와 간구로, 너희 구할 것을 감사함으로 하나님께 아뢰라 그리하면 모든 지각에 뛰어난 하나님의 평강이 그리스도 예수 안에서 너희 마음과 생각을 지키시리라"(빌 4:6~7)

"너희 염려를 주께 맡겨버리라 이는 저가 너희를 권고하심이니라"

(벧전 5:7)

항상 어떤 상황에서든지 모든 염려를 주님께 맡깁시다. 그리고 온유함을 잃지 말고 생활하는 지혜로운 자가 되어서 땅을 기업으로 받는 그리스도인이 되길 바랍니다.

"온유한 자는 복이 있나니 저희가 땅을 기업으로 받을 것임이요"

(마 5:5)

 토 론...

■ 온유에 대해 얘기해 봅시다. 당신의 성품은 온유합니까?

■ 그렇지 않다면 온유해지기를 힘씁니까?

자비 · 양선
Mercy · Goodness

양선(good)은 어질고 착하다는 뜻이며, 자비(mercy)는 사랑하고 불쌍히 여김을 말합니다. 신앙생활을 하면서 우리들은 하나님과의 관계에서는 사랑을 한다면서 예배생활, 기도생활, 성경읽기, 성경공부 등 이런 분야는 열심히 잘 하는 성도들이 많습니다. 그러나 이웃과의 관계에서는 사랑이 없어 행함이 없는 것을 자주 봅니다. 우리는 자비와 양선을 잊어서는 안 될 것입니다. 자비란 본래 '아주 오래 묵은 포도주를 준다' 라는 말에서 나온 단어인데, 다시 말해서 '가장 좋은 것을 베풀어 준다' 는 것을 의미합니다. 이웃에게 가장 좋은 것을 구체적인 행동으로 나타내 보이는 것, 베풀어 주는 것을 의미합니다. 즉 행동 그 자체를 말하는 것입니다.

또한 "양선"이라는 것은 어질고 착한 성품을 가진 좋은 사람으로서 이웃을 유익하게 하기 위해, 따뜻한 격려, 배려, 상담, 그 인격이 잘 되도록 도와주는 이 모든 것이 양선입니다.

우리는 어려운 이웃을 불쌍히 여기는 마음을 가져 먹을 것과 입을 것을 주는 행동과 속마음의 진정한 따뜻함을 주는 정신적인 돌봄이 합쳐진 "자비와 양선"이 이웃에게 필요한 것입니다. 하나님과의 수직관계는 잘 하면서 이웃과의 수평관계가 엉망이면 진정한 크리스천의 태도가 아닐 것입니다.

우리의 신앙생활의 완전의 극치도 하나님 사랑과 이웃사랑 둘 다 잘하는 것이 균형 잡힌 아름다운 신앙인 것입니다.

눈에 보이는 이웃은 사랑하지 못하면서 보이지 않는 하나님을 잘 경외한다는 말은 거짓말이라고 성경은 말합니다. 예수님께서 세금에 대한 질문을 바리새인에게 받았을 때 '하나님의 것은 하나님께, 가이사의 것은 가이사에게' 라는 말씀으로 둘 다 잘하라는 말씀을 하셨습니다. 우리의 신앙생활의 완전의 극치도 하나님 사랑과 이웃사랑 둘 다 잘하는 것이 균형 잡힌 아름다운 신앙인 것입니다.

"마음을 다하고 뜻을 다하고 정성을 다하여 네 하나님을 사랑하고 네 이웃을 네 몸과 같이 사랑하라"(막 12:30~31)는 계명을 잘 지켜 하나님의 마음에 합한 사람들이 되어서 하나님께 영광을 돌려드리고 이웃에게는 사랑을 베푸는 멋있는 크리스천이 되시기 바랍니다.

"그 몸을 가릴 것이 이뿐이라 이는 그 살의 옷인즉 그가 무엇을 입고 자겠느냐 그가 내게 부르짖으면 내가 들으리니 나는 자비한 자임이니라"(출 22:27)

토론...

- 자비와 양선에 대해 얘기해 보십시오.

- 당신은 자비와 양선을 베푸는 자입니까?

- 못 베풀었다면 원인이 무엇인지 토론해 보십시오.

　절제란 말은 알맞게 조절한다거나 방종하지 않도록 욕망을 제어한다는 뜻입니다.

　성령의 아홉 가지 열매 중에서 절제가 포함되어 있습니다. 우리의 삶에서 절제라는 단어는 매우 중요합니다. 일을 하거나 음식을 먹을 때 알맞게 조절하는 것이 굉장히 중요합니다.

　먹고 싶다고, 혹은 맛있다고 조절하지 못하고 과식을 하게 되면 분명히 위장에 탈이 나게 되어 있습니다. 언젠가 TV 채널을 돌리다가 우연히 "세상에 이런 일이"라는 프로그램을 잠깐 본 적이 있었습니다. 어떤 남자가 한 끼 식사로 밥을 열다섯 공기를 먹는다는 것입니다. 저는 깜짝 놀랐습니다.

　위험한 일입니다. 사람들이 신기하게 여기며 극찬을 하자 놀랄 만한 칭찬거리가 되는 줄 알고 끝없이 "아줌마, 밥 한 공기 더 주세요"를 연발하면서 계속 먹는 것이었습니다. 절제해야 합니다. 위가 늘어나는 위하수증에 걸려 죽을 수도 있습니다. 건강을 생각하십시오.

　일도 마찬가지입니다. 잠을 자지 않고 밤새도록 일을 하거나 게임을 하거나 공부를 하는 것은 건강을 앗아가는 사단입니다. 사람의 하루 수면은 8시간이 적량이지만 적어도 5~6시간 정도는 자야 합니다. 이렇게 우리의 일상생활 가운데 절제는 건강하게 살 수 있는 보약입니다.

　절제는 자기 자신의 감정을 잘 통제할 수 있는 인간의 이상적인 힘입니다. 절제는 가장 아름다운 열매이며 고뇌입니다. 성령이 살아 역사하는 삶 속에서 절제라는 성령의 열매가 맺히는 것은 기쁨입니다.

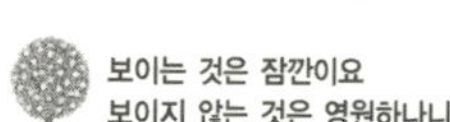

절제란 단어는 얼핏, 별 거 아닌 것처럼 단순하게 생각되기도 하지만 이것을 잘 하느냐 못 하느냐의 차이는 대단히 큽니다.

　또한 절제는 방종하지 않도록 욕망을 제어하는 것입니다. 이 욕망을 제어하지 못하면 정상적이 아닌 비정상적인 방법이라도 동원해서 재물을 얻으려고 하거나 노력 없이 돈을 주고 박사학위를 사려고 하는 일이 생기게 됩니다.

　또한 사기를 치거나 도둑질을 해서라도 재산을 늘려보려는 악마 같은 욕망, 무엇이든지 자기가 해보고 싶은 것은 다 해보려는 욕망, 이런 것들이 다 죄인데, 이것을 절제하지 못해서 생겨나는 비극입니다. 성경 인물중에서도 절제에 실패한 삼손과 솔로몬왕이 있습니다. 절제를 잘 하는 사람이 사단을 이기고 승리할 수 있습니다. 절제란 단어는 얼핏, 별 거 아닌 것처럼 단순하게 생각되기도 하지만 이것을 잘 하느냐 못 하느냐의 차이는 대단히 큽니다.

　건강하게 사느냐, 그렇지 못하게 사느냐, 성공이냐 실패냐, 승리냐 패배냐를 가리는 중요한 단어입니다. 소홀하게 생각하지 마십시오.

그럼 이 절제는 어떻게 하면 잘 할 수 있을까요? 자기의 의지로 쉬운 사람도 있겠지만 어려운 사람도 많습니다. 성경말씀을 읽고 묵상하며 기도해서 성령의 충만을 받아야 합니다. 성령님의 간섭으로 방종하지 않고 욕망을 제어하며 매사에 알맞게 조절할 수 있는 능력이 생길 수 있습니다.

자신과의 관계에서 이루어지는 이러한 덕성을 잘 길러 절제하는 삶을 통해 하나님을 기쁘시게 합시다. 그래서 자기 자신도 복 받고 타인에게도 축복을 전달하는 빛의 사람들이 되기를 바랍니다.

> "오직 성령의 열매는 사랑과 희락과 화평과 오래 참음과 자비와 양
> 선과 충성과 온유와 절제니 이같은 것을 금지할 법이 없느니라"
>
> (갈 5:22~23)

토론…

- 절제에 대해 얘기해 봅시다.
- 당신은 삶 속에서 절제를 잘 하십니까?
- 당신은 욕망에 대한 절제를 잘 하십니까?
- 어떻게 하면 절제를 잘 할 수 있을까요?

인내
Patience

우리의 삶 속에서는 인내를 이뤄야 될 때가 너무 많습니다. 인내란 이웃이 잘못했을 때, 끝까지 견디면서 그 변화를 기다리는 것입니다.

부도가 나서 경제적인 어려움이 닥쳤을 때, 자살하거나 방탕하지 않고 끝까지 오래 참으면서 하나님의 도움을 구하는 것입니다.

질병이 생겼을 때, 전능하신 하나님을 의지하고 치료하시는 여호와 라파, 치유의 능력을 믿고 기도하는 것입니다. 예수님도 가장 오래 참으셨던 분입니다.

우리가 그 주님을 믿었을 때 성령님이 우리 안에 임재하시고 역사하셔서서 우리에게 온전한 인내를 이룰 수 있도록 도와주십니다.

오래 참음의 덕이 이루어지는 것입니다. 가장 어렵고 힘들 때 하나님을 바라보고 하나님을 신뢰하십시오.

"하나님은 너를 지키시는 자라 여호와께서 네 우편에서 네 그늘이

되시나니"(시 121:5)

모든 것이 합력하여 선을 이룰 것을 기대하면서 온전한 인내를 이루십시오. 끝까지 인내하십시오.

> "그러므로 형제들아 주의 강림하시기까지 길이 참으라. 보라 농부가 땅에서 나는 귀한 열매를 바라고 길이 참아 이른 비와 늦은 비를 기다리나니 너희도 길이 참고 마음을 굳게 하라 주의 강림이 가까우니라"(약 5:7~8)

> "보라 인내하는 자를 우리가 복되다 하나니 너희가 욥의 인내를 들었고 주께서 주신 결말을 보았거니와 주는 가장 자비하시고 긍휼히 여기는 자시니라"(약 5:11)

인내는 우리에게 인생공부를 하게 합니다. 모든 힘든 일에 분노와 좌절과 절망, 부정적인 생각들은 다 버리고 믿음과 소망의 인내를 가지십시오. 끝까지 인내하는 자에게 하나님의 은총이 충만히 내립니다.

어려움과 힘든 문제 앞에서 중간에 포기하고 싶은 생각이 드십니까? 그것은 사단이 주는 생각입니다. 포기는 한 포기, 두 포기, 배추를 셀 때만 쓰십시오. 하나님의 백성에게는 포기가 없습니다. 끝까지 잘 참는 인내를 가지십시오. 어떻게 그럴 수 있냐고요?

기도하십시오. 보혜사 성령께서 우리를 도와주셔서 인내할 힘을

인내는 우리에게 인생공부를 하게 합니다. 모든 힘든 일에 분노와 좌절과 절망, 부정적인 생각들은 다 버리고 믿음과 소망의 인내를 가지십시오. 끝까지 인내하는 자에게 하나님의 은총이 충만히 내립니다.

주실 것입니다.

그 결과로 우리는 승리할 수 있습니다. 우리가 아무리 힘들고 어려워도 욥과 같지 않고, 예수님과 같지 않고, 사도 바울과 같지 않습니다. 그리고 요셉, 다니엘과 같이 힘이 들지는 않을 것입니다.

그래도 내 짐이 더 무겁다고요? 누구나 자기 앞의 산이 가장 높아 보이는 법입니다. 믿음의 선진들이 하나님과 동행하며 어떻게 형통의 삶을 살았는지 교훈을 얻을 수 있기 바랍니다. 약속의 말씀을 붙잡고 잘 헤쳐 나가는 승리의 사람들이 됩시다.

"인내를 온전히 이루라 이는 너희로 온전하고 구비하여 조금도 부족함이 없게 하려 함이라"(약 1:4)

 토론...

■ 인내에 대해 얘기해 봅시다.

■ 당신은 어려운 일을 만났을 때 온전한 인내를 이룹니까?

■ 아니면 인내를 이루지 못하는 이유는 무엇입니까?

"아무 일에든지 다툼이나 허영으로 하지 말고 오직 겸손한 마음으로 각각 자기보다 남을 낫게 여기고 각각 자기 일을 돌아볼뿐더러 또한 각각 다른 사람들의 일을 돌아보아 나의 기쁨을 충만케 하라"(빌 2:3~4)

겸손은 자기를 낮추고 남을 높이는 것이며 영어로는 modesty입니다.(잠 15:33) 겸손한 자는 남을 높이고 스스로 자기를 낮추는 사람, 자기가 죄인임을 깨닫는 사람이라고 성경은 말씀합니다.(욥 22:29)

우리의 삶 속에서 겸손은 미덕입니다. 모든 사람이 너무나도 잘 알면서도 잘 안 되는 것이 겸손이라고 말합니다. 이스라엘 초대 왕 사울도 교만죄로 인하여 왕의 자격이 박탈당하고 죽음을 초래했습니다. 시편 10편 7절에는 교만한 자는 그 입에서 저주와 궤휼과 포학이 충만하며 혀 밑에는 잔해와 죄악이 있다고 말씀합니다.

교만한 자는 악인이 되어서 마음이 바른 자를 어두운 데서 쏘려 한다고 시편 11편 2절에 말씀하고 있습니다.

또 시편 10편 2절에는 교만한 자는 가련한 자를 심히 군박하고 자기의 베푼 꾀에 빠진다고 했습니다.

"교만은 패망의 선봉이요 거만한 마음은 넘어짐의 앞잡이니라"(잠 16:18)고 했습니다.

성경 여러 곳에서는 교만해서는 안 될 말씀들이 너무나 많고 반대로 겸손함으로 받는 축복의 말씀들도 많습니다. 다윗, 요셉, 다니엘, 룻, 모세 등 특별히 빌립보서 2장은 그리스도의 겸손을 말씀하고 있습니다.

> "너희 안에 이 마음을 품으라 그리스도 예수의 마음이니 그는 근본 하나님의 본체시나 하나님과 동등됨을 취할 것으로 여기지 아니하시고 오히려 자기를 비어 종의 형체를 가져 사람들과 같이 되었고 사람의 모양으로 나타나셨으매 자기를 낮추시고 죽기까지 복종하셨으니(그리스도의 비하) 곧 십자가에 죽으심이라 이러므로 하나님이 그를 지극히 높여(그리스도의 승귀) 모든 이름 위에 뛰어난 이름을 주사 하늘에 있는 자들과 땅에 있는 자들과 땅 아래 있는 자들로 모든 무릎을 예수의 이름에 꿇게 하시고 모든 입으로 예수 그리스도를 주라 시인하여 하나님 아버지께 영광을 돌리게 하셨느니라"(빌 2:5~11)

그러므로 우리가 내 힘으로 내 지혜로 산다고 교만하여 죽음을 맞을 때 영혼이 구원을 받지 못하고 지옥에 떨어지는 비극을 초래

해서는 안 될 것입니다. 그러므로 겸손한 자가 되어서 하나님을 인정하고 예수 그리스도를 믿어 항상 복종하여 두렵고 떨림으로 구원을 이루어가야 할 것입니다.

사람과의 관계에서도 남을 나보다 낮게 여기는 마음을 진정으로 가져서 겸손한 자가 누리고 받는 약속의 말씀으로 복을 받기 바랍니다.

첫째도 겸손, 둘째도 겸손, 셋째도 겸손을 잊지 마십시오.

> "젊은 자들아 이와 같이 장로들에게 순복하고 다 서로 겸손으로 허리를 동이라 하나님이 교만한 자를 대적하시되 겸손한 자들에게는 은혜를 주시느니라 그러므로 하나님의 능하신 손 아래서 겸손하라 때가 되면 너희를 높이시리라"(벧전 5:5~6)

겸손한 사람은 감사하는 사람입니다.

오늘 주어진 상황을 감사합니까?

그러면 여러분은 겸손한 자입니다. 겸손한 사람은 기도하는 사람입니다. 필요한 것을 주님께 구하는 기도의 행위는 상대자를 전능자로 인정하는 것입니다. 그러므로 주님을 인정하고 대접하는 것이 겸손입니다. 절대자이신 주님을 인정하는 행위입니다. 순종은 바로 겸손입니다. 그러므로 하나님의 은혜가 임하는 것입니다.

> "사무엘이 가로되 여호와께서 번제와 다른 제사를 그 목소리 순종하는 것을 좋아하심같이 좋아하시겠나이까 순종이 제사보다 낫고 듣는 것이 숫양의 기름보다 나으니"(삼상 15:22)

우리 모두 남을 나보다 낮게 여기는 겸손한 사람이 되어서 하나님께 영광 돌리는 삶을 삽시다. 우리의 가장 큰 감격은 하나님의 위대한 계획을 이루시는 데 우리를 사용했다는 사실을 깨닫는 겸손입니다. 당신이 겸손으로 허리를 동이기만 한다면 하나님의 도구로 위대하게 쓰임 받을 것입니다.

토론...

- 겸손에 대해서 얘기해 봅시다.
- 당신은 겸손과 교만, 어느 쪽에 가까우십니까?
- 겸손하기를 기도합시다.

"하나님이 일곱째 날을 복 주사 거룩하게 하셨으니 이는 하나님이 그 창조하시며 만드시던 모든 일을 마치시고 이 날에 안식하셨음 이더라"(창 2:3)

거룩하다는 뜻은 '구별되다' 는 것입니다. 거룩(holy)은 하나님과의 관계에서만 성립되는 말입니다. 종교생활의 완벽한 삶을 의미합니다. 성경에서는 거룩한 자는(잠 9:10) 하나님(God)이며, 거룩한 땅은(골 3:5) 시내산, 가나안 땅, 벧엘, 예루살렘이라고 가리킵니다. 또한 거룩한 백성은 이스라엘, 구속받은 성도를 말합니다. 우리는 거룩한 땅, 곧 천국에 들어가는 백성이기에 삶을 구별되게 살아야 하며 또 구원받은 백성으로서 하나님의 자녀이기 때문에 구별되게 살아야 합니다.

믿음으로 구원받는 로마서 말씀 때문에 거룩이 약화될 우려가 있습니다. 구원은 예수님을 믿어 죄사함을 받아야 이루어지겠지만 야고보 기자는 행함이 없는 믿음은 죽은 믿음이라고 했습니다. 만약 신분이 높은 분의 자녀가 그 높으신 분 자녀답게 살아야지 잘못하여 감옥에 들어가는 일이 생긴다면 본인도 불행이요 아버지도 가슴 아픈 날을 지낼 것입니다.

마찬가지로 우리 역시 하나님의 자녀로서 하나님 자녀답게 살아야지 그렇게 살지 못한다면 자신이 불행한 것은 물론 영적 아버지인 하나님께서도 얼마나 마음 아파하시겠습니까?

하나님의 성품은 거룩입니다. 거룩과 죄는 화평을 이룰 수가 없습니다. 우리가 구별된 삶을 살지 못하고 죄를 지으면 거룩한 하나님과 화평을 이루지 못할 것입니다.

죄와 구별된 삶을 살려고 애쓰고 힘써야 합니다. 그러나 구별된 삶이 인간의 의지나 힘으로는 안 된다고 성경은 말씀합니다. 오직 기도해서 성령 충만을 받아야 죄를 이기고 구별된 삶을 살 수 있습니다. 거룩하신 성령님과 온전히 연합될 때 말씀에 전적 순종함이 일어나서 거룩에 더 가까이 나아가게 됩니다.

그리스도인의 비전은 하나님께 쓰임 받는 것입니다. 하나님께 잘 쓰임받기를 열망한다면 거룩을 추구해야 합니다.

하나님은 깨끗한 그릇을 소중하게 생각하고 귀히 쓰시기 때문입니다.

하나님은 모든 사람을 사랑하시지만 하나님이 쓰시는 사람은 거룩한 사람입니다. 하나님은 깨끗하고 거룩한 사람을 기쁘게 쓰시는 데 그 이유는 하나님의 성품이 거룩(Holy)하시기 때문입니다. 하나님은 고난을 통해 우리를 정금같이 하셔서 정결한 신부로 단장하여 쓰십니다. 우리를 정결케 하기 위한 방편으로 그리스도의 보혈로 죄사함 받게 하고, 말씀을 읽게 하고 믿음을 갖게 합니다.
그리고 기도를 하게 해서 성령 충만을 주시며 고난을 통과하게 하
시는 것입니다.

그렇게 해서 흠도 티도 없는 순결한 그리스도의
신부로 단장하여 구원받고 하나님의 뜻을 이루는
일꾼으로 훌륭하게 쓰임 받는 것입니다. 우리는
거룩을 위해 늘 기도해야 합니다. 말씀에 순종하
며 슬기로운 신부로 단장해야 합니다. 성령 충만함 받아 깨끗한
심령으로 하나님의 거룩한 성품에 참예해야 할 것입니다.

"내가 거룩하니 너희도 거룩하라"(벧전 1:16)

"오직 너희를 부르신 거룩한 자처럼 너희도 모든 행실에 거룩한 자
가 되라"(벧전 1:15)

"큰 집에는 금과 은의 그릇이 있을 뿐 아니요 나무와 질그릇도 있
어 귀히 쓰는 것도 있고 천히 쓰는 것도 있나니 그러므로 누구든
지 이런 것에서 자기를 깨끗하게 하면 귀히 쓰는 그릇이 되어 거
룩하고 주인의 쓰심에 합당하며 모든 선한 일은 예비함이 되리
라"(딤후 2:20~21)

- 거룩에 대해서 얘기해 봅시다.

- 당신은 거룩한 백성이 되어 주님께 쓰임받기를 원하십니까?

- 당신은 당신의 "거룩"을 위해 어떻게 하십니까?

은사

Gifts & Talents

　은사는 하나님께서 내려주시는 재능, 소질, 선물입니다. 영어로는 'God's gift' 입니다. 더 구체적으로 얘기하자면 gifts는 기도해서 받은 은사이고 talents는 타고나는 재능입니다. 하나님께서 주시는 은사에는 지혜의 말씀, 지식의 말씀, 믿음, 병 고치는 은사, 능력 행함, 예언함, 영분별함, 각종 방언 말함, 방언 통역함, 그 외에도 섬김의 은사, 구제의 은사 등 많은 은사들이 있습니다. 이 은사들은 기도를 많이 하면 성령으로 말미암아 받는 은사인데 바로 이 은사들을 가지고 하나님께 헌신할 수 있는 것입니다.

　예수님은 이웃에게 냉수 한 그릇 대접한 것이 곧 내게 한 것이라고 말씀하셨기 때문에 우리가 이웃을 위해 섬기는 것이 궁극적으로는 하나님께 헌신하는 것입니다.

　세상에는 태어날 때부터 타고난 재능으로 빛을 발하는 사람들이 많습니다. 주일학교에서 학생들에게 말씀을 가르치고, 성가대에서 찬양으로 섬기고, 꽃꽂이를 잘해서 강단을 아름답게 장식하고,

요리를 잘 해서 맛있는 음식으로 이웃을 섬깁니다. 이런 다양한 은사로 하나님을 영화롭게 해 드리고 사람들에게는 즐거움을 안겨다 주는 것입니다.

이 외에도 다양한 섬김의 봉사들이 많습니다. 청소를 깨끗하게 해서 쾌적한 분위기를 연출하고 추위와 더위에 상관없이 바깥에서 차량봉사를 하는 등 각자에게 주어진 아름다운 은사를 잘 사용하는 작은 섬김의 모습들이 교회를 아름답게 합니다.

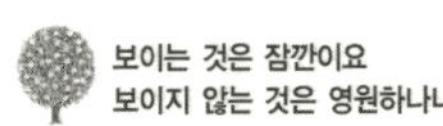

우리는 하나님께 헌신을 드리고 이웃에게 사랑을 베푸는 이 은사들을 잘 사용해야 합니다. 베풀고, 헌신하는 섬김의 봉사가 우리의 삶에 얼마나 큰 의미를 주고 벅찬 기쁨이 되는지 모릅니다.

각자 가진 은사를 가지고 자원하여 기쁨으로, 감사함으로 헌신합시다. 이 모든 섬김은 사람에게 보이려는 봉사가 아니라 하나님을 위해서 해야 합니다.

모든 일에 진정한 사랑으로 섬깁시다. 내게 맡겨진 것을 감사함으로 행합시다. 이 모든 것들 위에 더해진 사랑의 은사의 섬김은 더욱 위대한 것입니다.

"무슨 일을 하든지 사람에게 하지 말고 주께 하듯 하라"(골 3:23)

"자기 아들을 아끼지 아니하시고 우리 모든 사람을 위하여 내어 주신 이가 어찌 그 아들과 함께 모든 것을 우리에게 은사로 주지 아니하시겠느뇨"(롬 8:32)

토 론...

- 은사에 대해 얘기해 봅시다.

- 당신은 어떤 재능과 은사가 있습니까?

- 받은 은사로 잘 봉사하고 있습니까?

"형제들아 지혜에는 아이가 되지 말고 악에는 어린아이가 되라 지
혜에는 장성한 사람이 되라"(고전 14:20)

지혜는(창 3:6) 슬기, 영어로 wisdom입니다.

지혜자는 슬기로운 사람, wiseman을 가리킵니다. 우리의 인
생에서 지식은 좀 부족해도 어쩔 수 없지만 지혜는 꼭 있어야 합
니다.

이 지혜는 주어진 삶을 슬기롭게 살아가는 방법을 잘 아는 것이
며 또 잘 실천하는 것입니다. 우리는 매사에 선택해야 할 일들이
많습니다. 지혜가 부족하여 참된 삶을 영위하지 못하고 엉뚱한 길
을 선택하는 경우가 많습니다. 성경에도 너희는 뱀같이 지혜로우
며 비둘기같이 순결하라고 했습니다. 솔로몬 왕은 두 여인의 재판
장으로 섰을 때 아이의 진짜 어머니를 찾아주는 지혜를 보여줍니
다. 아이를 토막 내서라도 나눠 갖자고 하는 여인과 내가 안 키워

도 좋으니 제발 죽이지는 말고 상대방 여자에게 주라는 여인 앞에서 솔로몬은 어머니의 사랑을 통하여 진짜를 가려내는 지혜를 통쾌하게 보여주고 있습니다.

지혜야말로 삶을 개척해 나가는 신선한 도구입니다. 그러면 이 지혜는 어디서 날까요?

그것은 바로 하나님에게서 오는 것입니다.

지혜를 가지려면 기도해야 합니다. 그러면 어리석은 사람도 이상하리만큼 영리해지면서 무슨 일이든지 아주 지혜롭게 척척 해 내는 걸 볼 수 있을 것입니다.

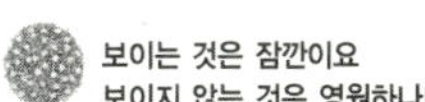

이 지혜는 주어진 삶을 슬기롭게 살아가는 방법을 잘 아는 것이며 또 잘 실천하는 것입니다.

솔로몬 왕은 꿈에 하나님의 천사가 나타나서 '내가 너에게 무엇을 줄꼬' 라고 물었을 때 지혜를 달라고 대답합니다. 그 결과 지혜는 물론 부도 많이 얻은 것을 볼 수 있습니다. 아무리 구하여도 꾸짖지 아니하시는 하나님께 지혜를 구하십시오. 특별히 학업 중에 있는 학생들은 지혜와 총명, 명철을 달라고 기도하십시오. 하나님께서 풍성한 은혜를 내려주셔서 공부를 잘 할 수 있는 은사는 물론 지혜를 주십니다. 그 결과로 현명한 자가 되어 모든 주어진 삶을 아름답게 잘 영위할 수 있게 됩니다.

"너희 중에 누구든지 지혜가 부족하거든 모든 사람에게 후히 주시고 꾸짖지 아니하시는 하나님께 구하라 그리하면 주시리라"

(약 1:5)

■ 지혜에 대해 얘기해 봅시다.

■ 당신은 지혜로운 사람입니까?

■ 어떤 일을 만났을 때 지혜롭게 처신하십니까? 또는 그렇지 못합니까?

■ 어떻게 하면 지혜로운 사람이 될 수 있을까요?

"이는 아브라함이 내 말을 순종하고 내 명령과 내 계명과 내 율례
와 내 법도를 지켰음이니라 하시니라"(창 26:5)

순종은 시키는 대로 복종한다는 것입니다. 영어로는 Submi-
ssion입니다. 하나님께서는 하나님 말씀을 아는 자가 아니라 하나
님 말씀을 듣고 순종하는 자에게 복을 줍니다. 젖과 꿀이 흐르는
가나안 땅에 들어간 여호수아, 갈렙도 순종한 사람입니다.

반대로 순종하지 않고 불평, 원망했던 이스라엘 백성들은 가나
안 땅에 들어가는 복을 받지 못하고 광야에서 다 죽어 버렸습니다.

사울 왕이 아말렉과의 전쟁에서 승리했을 때 모든 사람과 물건,
짐승들을 다 멸하라고 했는데 순종하지 않고 흠 없는 짐승이 아까
워 그 짐승을 죽이지 않고 취했습니다. 하나님께서는 사무엘 선지
자를 통하여 순종하지 않은 죄를 책망하셨습니다.

또 블레셋과의 전쟁 전에 사무엘 선지자가 와서 하나님께 번제

를 드리고 전쟁에 나가야 하는데 일주일이나 기다려도 사무엘 선지자가 오질 않습니다. 그래서 마음이 급한 나머지 왕직과 제사장직을 겸하여 할 수 없는 왕국시대에서 사울 왕은 제사를 지내는 월권행위를 했습니다. 결국, 그 후에 오신 사무엘 선지자를 무척이나 화나게 했습니다. "순종이 제사보다 낫다"라는 말씀으로 사울 왕의 교만을 책망하시고 왕직을 폐할 것을 말씀하시고 다시는 사울 왕을 보지 않았습니다. 하나님께서 왕을 버렸다고 말씀하셨던 것입니다.

하나님께서는 하나님 말씀을 아는 자가 아니라 하나님 말씀을 듣고 순종하는 자에게 복을 줍니다.

또한 성경에는 여자는 남편에게 복종하고 남자는 아내를 사랑하라고 하셨습니다. 또한 직장인은 상사에게 순종할 것을 요구하셨습니다.

주님은 나아가서 전도와 선교를 하라는 지상명령을 하셨습니다. 우리 크리스천은 이 모든 주님의 말씀에 순종해야 합니다. 순종은 아름다운 것입니다. 순종할 때 하나님의 능력이 나타나고 순종할 때 하나님의 기적을 체험합니다. 우리는 하나님의 모든 말씀에 순종해야 합니다. 하지 말라는 것은 하지 말고 하라는 것은 하는 것이 순종입니다.

아담과 하와는 선악과를 따 먹지 말라는 하나님의 말씀에 순종하지 않고 선악과를 따 먹음으로 불순종이란 죄의 대가로 인류에 죄가 생긴 것입니다. 그 죄가 온 세상에 유전되었던 것입니다. 이처럼 불순종의 대가가 큽니다.

온 인류가 죄악으로 가득하게 되어 예수님의 생명까지 요구하게 되었습니다. 온 인류의 죄값을 피값으로 구속하기 위해 하나님의 아들을 이 땅에 보내어 죽이셔야 했습니다.

　이제 그 구속함을 받은 우리가 절대로 불순종하면 안 됩니다. 하나님의 말씀에 순종하십시오. 순종하는 그것이 그 무엇보다도 아름답습니다. 순종은 힘이 있고 생명력이 있습니다. 기적을 나타냅니다. 아직도 늦지 않았습니다. 순종하십시오. 순종의 원리에 대해 어느 목사님께서 방송설교에서 말씀하신 것을 들은 것을 한 번 적어보겠습니다.

　　[순종의 원리]
　　1. 적절한 상황에 있지 않더라도 순종하라.
　　2. 문제점이 있어도 순종하라.
　　3. 격려 받지 못하고 있을지라도 순종하라.
　　4. 신앙생활의 연륜이 짧을지라도 순종하라.
　　5. 영적 체험이 없더라도 순종하라.
　　6. 전 과정을 충분히 이해하지 못하더라도 순종하라.

　희생과 봉사가 따르는 사랑, 순종이 있는 신앙, 그 사랑과 순종으로 인생을 살아가는 그리스도인이 됩시다.

토론...

■ 순종에 대해 얘기해 봅시다.

■ 당신은 잘 순종하십니까?

■ 아니면 그 이유는 무엇입니까?

■ 순종하기로 지금 결단하십시오.

Victory

> "우리의 싸움은 혈과 육에 대한 것이 아니요 정사와 권세와 이 어
> 두움의 세상 주관자들과 하늘에 있는 악의 영들에게 대함이라"
>
> (엡 6:12)

승리는 싸움에서 이김, 혹은 경쟁에서 이김의 뜻으로 영어로는 Victory입니다.

그러나 그리스도인은 사람과 싸워서 이기고 라이벌과 싸워 경쟁에서 이기는 의미가 아니라 사단과 이겨서 승리하는 것을 의미하는 것입니다.

우리의 삶에서 싸워서 이겨야 할 부분들이 많은데 바로 패배와 싸워서 이겨야 하며 사단과 싸워서 이겨야 합니다. 그런데 많은 사람들은 진정으로 싸워야 할 대상과의 싸움에서는 패배하고 싸우지 말아야 할 사람과의 경쟁에서는 늘 승리를 강조합니다. 사람은 경쟁자가 아니라 사랑해야 할 자이며 도와주고 이해해 주어야 할 대상입니다.

그러나 어떤 스포츠를 목적으로 게임을 할 경우는 예외입니다. 져도 상관은 없지만 될 수 있으면 이겨서 우승자가 되어야 통쾌할 것입니다. 그것이 바로 월드컵 경기이며 올림픽 경기입니다.

이런 경기에서 승자가 되면 개인도 축복이요 그 선수가 소속된 나라의 이미지 개선에 도움이 되어 국가 간의 무역거래 상승효과는 물론 그 나라의 훌륭한 스포츠 정신이 많이 알려짐으로써 좋은 국가 홍보의 기회가 될 수 있을 것입니다.

대한민국이 전 세계적으로 좋은 이미지가 구축된다면 세계선교에도 큰 도움이 될 것입니다. 그러나 그 외 직장이나 학교 등 여러 사회 속에서 나타나는 살벌한 경쟁이나 라이벌 의식의 난무 등은 시기질투와 함께 상대에게 심한 상처를 주고, 짓밟고, 다치게 하면서까지 승리를 하겠다는 승부근성으로 나타나 이 사회를 좀먹게 됩니다. 이런 것은 없어져야 합니다.

우리는 사단과 싸워서 이겨야 합니다. 좌절과 패배와 부정적인 것에 싸워서 이겨야 합니다. 이런 승리는 아름답고 가치가 있는 것입니다. 항상 근신하여 깨어 기도해서 여호와 닛시, 승리의 깃발을 꽂읍시다.

우리의 삶 속에서 승리의 깃발을 꽂고 사십니까? 아니면 패배 속에서 허덕이며 헤매고 있습니까? 염려와 근심으로, 절망과 좌절로, 두려움과 죄에서, 술·담배, 마약·도박, 컴퓨터 게임 중독 등 이 모든 무서운 나쁜 습관들과 싸워서 승리하시기 바랍니다.

주님을 만남으로 사단을 이겨 승리의 삶을 살아가시기 바랍니다.

"승리는 내 것일세 승리는 내 것일세

구세주의 보혈로 승리는 내 것일세”

가스펠송의 가사 중 일부입니다. 승리는 여러분의 것입니다. 할렐루야!

“나는 늘 승리만을 생각합니다”라는 한 농구선수의 구호처럼, “예수 이름으로 예수 이름으로 승리를 얻었네” 예수 안에서의 승리가 우리 인생의 외침이 되시기를 바랍니다.

부정적인 생각을 버리고 긍정적이고 창조적인 마음으로 승리를 생각하십시오.

주님이 우리와 함께 하심으로 승리의 편에 서 있음을 기억하십시오.

승리를 믿고 말하는 습관을 가지십시오.

생각과 믿음과 꿈과 말 모두가 승리의 편에 서는 여러분이 다 되시기를 바랍니다.

주어진 현실에서 최선을 다하여 성실하게 살며 쉬지 않고 기도했을 때 하나님은 우리에게 승리를 안겨 주실 것입니다.

“그는 물가에 심기운 나무가 그 뿌리를 강변에 뻗치고 더위가 올찌라도 두려워 아니하며 그 잎이 청청하며 가무는 해에도 걱정이 없고 결실이 그치지 아니함 같으리라”(렘 17:8)

부정적인 생각을 버리고 긍정적이고 창조적인 마음으로 승리를 생각하십시오.
주님이 우리와 함께 하심으로 승리의 편에 서 있음을 기억하십시오.

토 론…

- 승리에 대해 얘기해 보십시오.

- 당신은 무엇에 대해 승리하고자 합니까?

- 당신은 항상 사단과 싸워 승리합니까?

고난이라는 말은 괴로움과 어려움, 징계, 연단입니다.

성도는 고난을 통하여 주의 율례를 배우게 되며 고난을 통하여 하나님의 목적을 알게 됩니다.

고난에는 세 종류가 있습니다.

첫째, 애매하게 받는 고난이 있습니다. 둘째, 죄 때문에 받는 고난이 있습니다. 셋째, 선을 행함으로 받는 고난이 있습니다.

그러나 이 모든 것은 합력하여 선을 이루어 줍니다.

인생 자체는 어렵고 힘듭니다. 그러나 인생 여정에서 고난이라는 단어는 우리와 아주 밀접한 관계에 있습니다. 80년이란 여정 속에서 고난을 겪지 않은 사람은 아마 아무도 없을 것입니다. 결론부터 말씀드리면 고난은 피하는 것이 아니라 어떻게 극복하느냐에 따라 승패가 달려 있는 것입니다.

이 고난은 나 혼자만의 문제가 아니라 우리 모두의 문제라고 생각하면서 인생 자체가 고통스럽다는 것을 인정하고 나아갈 때 이길 수 있는 것입니다.

고난이 죄 때문에 왔다면 죄를 회개하고 빨리 제자리로 돌아와서 신앙생활을 잘 해야 자비와 긍휼로 회복될 수 있는 것입니다.(눅 15장)

그렇지 않으면 하나님은 여러분이 돌아올 때까지 징계를 해시라도 온전한 하나님의 자녀로 만들 것입니다.

집 나간 자식을 기다리는 부모의 심정처럼 하나님도 탕자가 돌아올 때까지 기다리십니다.

돌아오면 아버지께서 잔치를 베풀어 주십니다. 손에 가락지를 끼우고 새 옷을 입히고 살찐 송아지를 잡아 이웃과 함께 잔치를 베풀어 주시는 것입니다. 먼 나라에 가서 돼지가 먹는 쥐엄열매도 못 먹어서 한탄하고 울며 신세한탄 하지 말고 자비하신 하나님 아버지 품으로 빨리 돌아오십시오. 아버지 집에는 먹을 것이 많습니다. 아버지께서는 당신을 환영합니다. 잔치를 베풀어 주십니다.

또한 죄가 없이 애매히 고난을 당하거나 선을 행하다가 받는 고난이 있습니다.(벧전 2:19~20) 이 고난은 하나님을 생각함으로 슬픔을 참으라고 합니다. 이는 아름답다고 했습니다. 주님은 내가 부당하게 억울함을 당하는 것을 알고 있습니다. 하나님이 일을 행하시고 우리를 유익하게 만듭니다. 이 고난 후의 축복을 생각하며 온전한 인내를 이루면서 기도를 해야 할 것입니다. 야고보 기자는 5장 13절에 "너희 중에 고난당하는 자가 있느냐 저는 기도할 것이요 즐거워하는 자가 있느냐 저는 찬송할지니라"라고 했습니다. 그리고 5장 11절에서는 "인내하는 자를 우리가 복되도다 하나니 너희가 욥의 인내를 들었고 주께서 주신 결말을 보았거니와 주는 가장 자비하시고 긍휼히 여기는 자시니라"라고 말씀하고 있습니다.

"내가 주께 대하여 귀로 듣기만 하였삽더니 이제는 눈으로 주를 뵈옵나이다 그러므로 내가 스스로 한(恨)하고 티끌과 재 가운데서 회개하나이다"(욥 42:5~6) 욥의 이 고백을 들은 후에 하나님께서는 욥을 정죄한 세 친구들을 정당하지 못하다고 책망합니다. 그리고 욥에게 가서 그들을 위하여 번제를 드리고 또 그들을 위하여 기도를 하면 주께서 그를 기쁘게 받으시겠다고 말씀하셨습니다. 욥의 말이 정당하다고 인정하시며 욥에게 갑절로 복을 내려주시고 욥을 기쁘게 받으신 것입니다.

욥은 고난을 통하여 하나님을 만나는 체험을 했습니다.

고난을 통과하면 영의 눈이 열립니다. 고난을 통과하면 용서의 사람이 됩니다. 하나님의 사람 가운데 탁월한 사람은 용서하는 사람입니다. 보복하지 않는 사람입니다. 꿈의 사람 요셉처럼 상실의 고통을 통해 회복의 기쁨과 갑절의 축복의 기쁨을 누릴 수 있는 것입니다.

"너의 빈손을 나에게 내밀어라 너의 지식, 너의 생각, 너의 자아로 꽉 찬 손에는 아무 것도 줄 수 없구나"라는 주님의 음성에 귀 기울이십시오.

우리가 빈손이 될 때, 주님은 신비롭고 아름다운 주님의 축복으로 우리의 빈손을 가득 채워 주십니다.

역전의 역사를 기대하면서 욥이 경험했던 놀라운 역사가 우리의 삶 가운데 끝없이 나타날 것입니다.

고난이 올 때 좌절과 낙망과 원망불평은 절대 금물입니다. 이것은 사단이 당신을 혼란스럽게 하는 것입니다. 사단에게 속지 마십시오. 오히려 그 입술로 찬송하고 기도하며 부정적인 생각은 버리고 긍정적인 생각을 가져서 모든 것이 역전승이 되는 축복을 받을 수 있기를 바랍니다.

야구에서 9회말 3루 홈런을 치는 선수 때문에 그 경기가 역전승 되듯이, 맨 꼴찌로 달리던 육상선수가 하나님의 호루라기가 '뒤로 돌아' 했을 때 일등이 되듯이, 인생의 결말을 통쾌하게 역전시키는 위대한 승리자가 되길 바랍니다.

예수님의 고난의 태도에서도 우리는 교훈을 얻을 수 있습니다.

예수님은 고난의 본을 보이시고 우리에게 주님의 발자취를 따라오도록 하셨습니다. 예수님은 고난이 올 때 죄를 짓지 않으셨습니다. 우리도 우리의 입술로 불평불만을 늘어놓으면서 특히, 환경에 대해 원망하는 죄는 짓지 말아야겠습니다.

욥도 입술로 범죄치 않는다고 했습니다. 예수님은 침묵하셨습니다. 그 입에 궤사도 없으시고 욕하지도 않으셨습니다.

또한 예수님은 위협하지 않았습니다. 가시면류관을 씌우고 쓸개 탄 포도주를 마시게 하면서 온갖 조롱을 하여도 '3일 후에 부활해서 보자' 라는 식의 위협을 하지 않으셨습니다.

공의로 심판하시는 하나님께 맡겼습니다. 그들이 자기의 하는 일을 알지 못한다고 오히려 그들을 위해 기도하셨습니다.

이렇게 예수님처럼 하나님께 맡기고 하나님께 부탁드려야 됩니다. 지금 고난 중에 있습니까? 환경과 사람을 보지 말고 하나님을 바라보십시오. 열심히 성실하게 일하면서 지속적인 기도를 하면 승리를 가져다줄 것입니다.

여호와 닛시, 승리의 하나님이 당신을 기다리고 계십니다.

"내가 산을 향하여 눈을 들리라 나의 도움이 어디서 올꼬 나의 도움이 천지를 지으신 여호와에게서로다"(시 121:1~2)

성도는 고난을 통하여 주의 율례를 배우게 되며 정금같은 믿음의 소유자가 되며 하나님이 크게 쓰시기에 합당한 인물이 되는 것입니다.

"하나님을 사랑하는 자 곧 그 뜻대로 부르심을 입은 자들에게는 모든 것이 합력하여 선을 이루느니라"(롬 8:28)

죄로 인한 징계의 고난이든, 훈련받는 연단의 고난이든, 모든 것이 합력하여 선을 이루는 것입니다. 할렐루야!

환난 중에 하나님의 보호가 있기 때문입니다. 우리가 고난당할 때 우리의 태도는 희망을 포기하고 좌절과 절망에 빠지지 말아야 하며 반항하지 말고 온전한 인내를 이루어야 합니다.

고난은 없던 용기와 슬기를 만들어 낸다고 했습니다. 예수님도 고난을 통해 순종함을 배우셨습니다. "그가 아들이시라도 받으신 고난으로 순종함을 배워서"(히 5:8)라고 말씀하고 있습니다.

믿음의 시련이 인내를 만들어 주며 겸손한 인격자가 되게 합니다. 시험과 환난은 그 분의 자녀에게 큰 축복을 주시려고 준비하시는 하나님의 큰 사랑의 제스처입니다.

'고난은 겉으로는 고난 같지만 변장으로 다가오는 축복이다' 라는 말이 있습니다. 고통은 치유될 수 있고 고통 후에는 더 큰 축복이 있습니다. 고난을 통해서 하나님을 만나게 되기 때문입니다.

고난을 기쁨으로 이기는 온전한 승리자가 되시기 바랍니다.

고난을 사랑과 인내로 반응하십시오. 고난을 거룩의 기회로 반응하십시오.

고난은 신앙 성숙을 가져다주고 고요함과 능력을 유지하는 온전한 인내의 승리자가 되게 하여 우리를 갑절의 축복의 주인공이 되게 해 줍니다.

고난 후의 축복은 영적으로는 죄에 대하여 죽고 의에 대하여 살게 됩니다. 영혼의 목자와 감독자에게 돌아오게 됩니다. 영혼이 하나님을 만나는 체험을 하게 되는 것입니다.

육적으로는 욥처럼 범사에 축복을 갑절로 받습니다. 하나님은 가장 사랑하는 사람에게 고난도, 역경도 맡깁니다.

겨울이 지나야 봄이 오고, 밤이 지나면 낮이 오고, 고난 주간이 지나면 부활절이 옵니다.

하나님께서 선하신 뜻을 품고 내린 고난에 기쁘게 반응합시다.

곧 행복한 날, 축복의 날이 당신을 기다릴 것입니다.

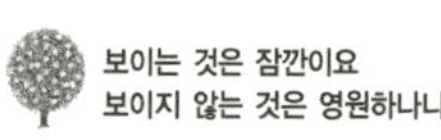

고난은 신앙 성숙을 가져다주고 고요함과 능력을 유지하는 온전한 인내의 승리자가 되게 하여 우리를 갑절의 축복의 주인공이 되게 해 줍니다.

"자녀이면 또한 후사 곧 하나님의 후사요 그리스도와 함께한 후사니 우리가 그와 함께 영광을 받기 위하여 고난도 함께 받아야 될 것이니라 생각건대 현재의 고난은 장차 우리에게 나타날 영광과 족히 비교할 수 없도다"(롬 8:17~18)

- 고난에 대해 얘기해 봅시다.

- 지금 당신은 고난의 사람입니까?

- 그렇다면 그 고난에 어떻게 반응합니까?

- 부정적인 반응입니까? 또는 긍정적인 반응입니까?

"항상 기뻐하라"(살전 5:16)

기쁨이라는 뜻은 마음의 즐거운 느낌인데, 영어로는 gladness 입니다. 그리스도인은 항상 마음에 즐거운 느낌을 가지고 기쁨의 생활을 해야 합니다. 인생의 여정에는 기쁠 때보다 슬플 때가 실제로는 더 많습니다. 몸이 아플 때, 사랑하는 가족이 죽었을 때, 가정경제가 부도났을 때, 모함을 받았을 때 등 여러 종류의 슬퍼할 일들이 참 많습니다. 그러나 이 모든 것들을 주님 안에서 믿음으로 승화시켜야 합니다. 예를 들어 가족이 소천했을 때, 천국에 가셨기 때문에 전혀 슬퍼하지 않는다는 건 분명 잘못된 것입니다. 슬플 땐 슬퍼해야 합니다. 그러나 땅을 치며 통곡하며 너무 슬퍼하지는 말라는 것입니다.

생명은 오직 하나님께 달렸고 그 사람의 생명기한이 다 되었기 때문입니다. 하나님의 부름에 순종하는 것이 진정한 신앙입니다.

무슨 일이든 조금 슬퍼하고 빨리 제자리를 찾아야 합니다. 왜냐하면 사는 것도, 죽는 것도 모든 사람들이 하나님의 섭리 속에 있고 합력하여 선을 이루기 때문입니다. 병원사역을 하다 보면 한 사람의 죽음으로 믿지 않는 남은 가족이 예수를 믿고 구원을 얻는 경우들을 많이 봅니다.

또한 심한 중병인 경우에도 그 사람을 살리기 위해 불신자였던 온 가족이 예수를 믿고 살려달라고 기도하는 모습을 많이 봅니다.

이것이야말로 "하나님을 사랑하는 자 곧 그 뜻대로 부르심을 입은 자들에게는 모든 것이 합력하여 선을 이루느니라"(롬 8:28)라는 말씀이 딱 맞지 않습니까?

데살로니가전서 5장 16절에도 항상 기뻐하라고 말씀하고 있습니다. 이것이 너희를 향하신 하나님의 뜻이라고 말씀하는 것입니다. 또한 기쁨은 삶 속의 것만 아니라 하나님을 즐거워하는 기쁨이 충만해야 합니다.

"여호와를 기뻐하는 것이 너희의 힘이니라"(느 8:10)

하나님을 즐거워하고 하나님을 기뻐하는 것이 인간의 영광스런 특권이며 의무입니다. 하나님을 기뻐하고 주어진 삶을 항상 기뻐하십시오. 기쁨은 슬픔을 영원히 쫓아내는 묘약입니다.

"사람이 내게 말하기를 여호와의 집에 올라가자 할 때에 기뻐하였도다"(시 122:1)

"믿음이 없이는 기쁘시게 못하나니"(히 11:6)

항상 기뻐하는 삶을 사십시오.

"비록 무화과나무가 무성치 못하며 포도나무에 열매가 없으며 감
람나무에 소출이 없으며 밭에 식물이 없으며 우리에 양이 없으며
외양간에 소가 없을찌라도 나는 여호와를 인하여 즐거워하며 나
의 구원의 하나님을 인하여 기뻐하리로다 주 여호와는 나의 힘이
시라 나의 발을 사슴과 같이 하사 나로 나의 높은 곳에 다니게 하
시리로다"(합 3:17~19)

 토론...

- 기쁨에 대해서 얘기해 봅시다.
- 당신은 항상 기뻐하십니까?
- 기쁘지 않다면 원인이 무엇인지 나누어 보십시오.

"범사에 감사하라"(살전 5:18)

우리의 삶 가운데 삶을 가장 아름답게 살아가는 사람의 모습에는 감사가 많습니다. 우리는 일상생활 가운데도 '감사합니다. 고맙습니다' 라는 말을 잘 하는 사람들을 선하게 여깁니다. 또 항상 무슨 일이든지 감사하게 생각하는 사람은 잘 되고 복 받는 것을 볼 수 있습니다. 좋은 일이든 그렇지 않은 일이든 모든 것을 하나님의 섭리로 생각하고 내 인생이 하나님의 프로그램 속에 있다는 것을 기억하며 감사로 받아들여야 합니다.

아침에 눈을 뜨면 간밤에 단잠을 주시고 다시 건강한 하루를 주신 하나님께 감사해야 합니다.

저는 대학병원에 국내 선교사로 파송되어 환우들에게 전도를 하고 심방(care)을 하고 상담을 합니다. 사역을 하는 가운데 너무나 다양한 병명을 가진 환우들을 많이 만납니다. 작은 손가락 하나라도 다쳐서 못 움직이면 병원생활을 해야 합니다. 모든 신체부위마다 중요하지 않은 부분이 없습니다. 안과 환자들을 볼 때 볼 수 있다는 게 얼마나 감사하며, 이비인후과 환자를 볼 때 냄새를 맡고 들을 수 있고 말할 수 있다는 것에 얼마나 감사한지 모릅니다.

또한 허리디스크나 목디스크 환자를 보면 팔을 움직이고 걸을 수 있다는 게 얼마나 감사한지요. 내과 환자들을 볼 때 간이 좋지 않아 눈동자에 황달이 노랗게 오고 배에 복수가 차고 위와 장이 좋지 않아 맛있는 음식을 눈앞에 두고도 소화를 못 시켜서 먹지 못하고, 대장이 좋지 않아 먹은 음식 찌꺼기가 잘 배설되지 못하는 안쓰러운 사람들이 있습니다. 또 교통사고 환자는 뼈가 부러져 휠체어를 타야 하고, 혈관이 막히고 터져서 뇌졸중이 온 환자는 중풍이 오고… 얼마나 불쌍하고 안타까운 사람이 많은지요. 멀쩡하게 잘 걸어 다니는 사람들이여, 감사하십시오.

돈 없다고 불평하고, 자녀들 좋은 대학에 못 들어갔다고 불평하고, 가정생활에서 서로 좀 못 맞춰준다고 불평하고…. 행복한 고민은 이제 그만하시고 불평 뚝! 오직 감사하십시오.

청명한 가을하늘을 보고 감사하십시오. 산을 울긋불긋 아름답게 수놓은 단풍나무를 보고 하나님의 창조의 솜씨를 감사하십시오. 파도치는 바다 위로 떼 지어 다니는 철새를 보고, 아름다운 바다와 자연을 주신 하나님께 감사하십시오.

병원에 누워있지 않고 하고 싶은 일을 하면서 활동할 수 있는 것에 감사하십시오.

감사할 것을 찾아보면 감사 제목이 얼마나 많은지 모릅니다. 그 많은 감사조건을 다 망각한 채 당장 눈앞에 닥친 한두 가지 어려

움 때문에 원망하고 불평하는 우리들의 모습이 얼마나 어리석은
지요.

"감사로 제사를 드리는 자가 나를 영화롭게 하나니"(시 50:23)

감사를 잘 하는 사람에게 하나님께서는 더욱 감사할 일을 주시
는 것입니다. 이 땅의 것 때문에 도대체 감사할 것이 찾아도 없다
고 생각되는 사람이 있습니까? 없는 것도 감사하십시오. 없기 때
문에 교만이 깨어져서 하나님을 믿고 예수님을 믿지 않습니까?
그러므로 영원한 행복의 나라 저 천국을 얻지 않았습니까? 미국
시민권을 가진 사람보다도 더욱 감사해야 할 것은 그와는 비교가
되지 않는 천국 시민권이 우리 손에 있다는 것입니다. 예수님을
믿어 구원을 얻고 천국 시민이 된 것만으로도 얼마나 큰 감사제목
인지요.

"내가 주께 감사하옴은 나를 지으심이 신묘막측하심이라"

(시 139:14)

하나님이 우리를 지으시고 예수를 믿는 자는 누구든지 구원을
얻게 해 주신 은혜에 감사해야 합니다. 감사가 깊어지면 본질적인
감사가 이루어집니다.
이렇게 감사할 일이 많은데도 불구하고 이 시대는 감사가 사라
지고 미움과 시기, 질투와 원망과 투쟁으로 물들어가고 있습니다.
하나님을 알 생각도 하지 않고 하나님께 감사할 줄도 모릅니다.

하나님께 경배하지 않고 오히려 하나님을 모욕하는 세상이 되어 버렸습니다. 하나님을 떠나서는 아무것도 할 수 없습니다. 우리의 삶이 성공이라는 단어를 향해서 달리는 열정의 방향을 바꾸어 하나님께로 향하십시오. 그리고 감사하는 법을 배우십시오.

하나님께 먼저 합격받는 삶이 되어야 합니다. 러시아 작가 도스토예프스키는 『지하에서 온 편지』라는 책에서 '인간은 감사할 줄 모른다. 바보가 아닌 한 어처구니 없을 정도로 감사할 줄 모른다' 라고 했습니다.

하나님의 사랑과 은혜 때문에 지금 이렇게 존재함을 감사해야 합니다. 수없이 받았음에도 아무것도 받지 않은 것처럼, 99개를 받고도 1개를 안 받은 것 때문에 원망하고 내게 있는 것을 감사하지 못하고 살아갑니다. 범사에 감사하십시오.

어떤 형편에서든지 모든 일에 감사하고 무슨 일이 일어나도 감사하는 마음을 가지십시오.

"여호와께서 내게 주신 모든 은혜를 무엇으로 보답할고 내가 구원의 잔을 들고 여호와의 이름을 부르며 여호와의 모든 백성 앞에서 나의 서원을 여호와께 갚으리로다"(시 116:12~14)

감사란 단순히 고맙다는 느낌만으로 되는 것이 아니라 마음에 진정으로 담은 감사를 드리고 하나님 앞에 경배하는 것이며 예물을 드리면서 마음의 표현을 해야 합니다. 좋은 일에도 감사, 나쁜 일에도 감사, 당연한 것에도 감사해야 합니다.

더욱 감사할 것은 구원의 은혜로 인하여 핍박을 받아도 기뻐하며 감사해야 하는 것입니다.

입술로 감사하고 마음으로 감사하고 물질로 감사해야 합니다.

감사하면 자꾸 감사할 환경이 생깁니다.

어떤 경우든 감사하면 세상을 이길 수 있는 힘이 생깁니다. 감사하면 기적이 나타납니다. 감사하면 모든 것을 이겨낼 수 있는 능력이 나타납니다. 나의 작은 손에 하나님이 쥐어주신 것이 많은 것을 깨닫고 하나님께 찬양하고 모든 삶을 기쁘게 느끼면서 감사함으로 살아가야 합니다. 감사함으로 살아가는 사람은 두려움이 없이 뒤로 물러서지 않으며 오직 지켜주시는 하나님의 은혜를 감사하면서 겸손함으로 살아가게 됩니다.

감사함을 배운 사람은 최고의 인생을 살아가는 것입니다.

병원의 환우들, 가난한 자, 소외된 자, 고아와 과부, 독거노인들, 소년소녀가장, 장애인 등 이런 사람들을 생각하면서 기도해 주고 감사하는 생활을 합시다.

마음으로, 입으로, 손으로, 입체적인 감사를 합시다.

"하나님을 알되 하나님으로 영화롭게도 아니하며 감사치도 아니하고 오히려 그 생각이 허망하여지며 미련한 마음이 어두워졌나니"(롬 1:21) '감사하는 사람은 축복의 열쇠를 손에 쥔 자다' 라는 말이 있습니다. "감사함으로 그 문에 들어가며 찬송함으로 그 궁정에 들어가서 그에게 감사하며 그 이름을 송축할찌어다"(시 100:4)

작은 것에 감사하는 사람은 인생의 최고경지를 살아가는 성숙한 신앙인입니다. 또한 하나님은 이들에게 더욱더 감사해야 할 것들을 안겨다 주십니다. 은혜를 입은 사람에게도 감사해야 하며 우리에게 베푸시는 하나님을 향한 마음의 자세가 항상 감사로 이어져야 합니다.

마음과 정성을 다하여 하나님께 영원히 감사하십시오.(요 6:11) 감사는 하나님께 나아가는 큰 대로입니다.

예수님은 지극히 작은 것에도, 절망적인 상황에서도 감사했습니다. 죽음 앞에서도, 성찬을 드리며 감사했습니다. 우리도 예수님처럼 범사에 감사하는 사람이 됩시다.

"We give thanks to God"
(우리 하나님께 감사하세)

"여호와께 감사하라 그는 선하시며 그 인자하심이 영원함이로다
모든 신에 뛰어나신 하나님께 감사하라 그 인자하심이 영원함이
로다 모든 주에 뛰어나신 주께 감사하라 그 인자하심이 영원함이
로다 홀로 큰 기사를 행하시는 이에게 감사하라 그 인자하심이 영
원함이로다 지혜로 하늘을 지으신 이에게 감사하라 그 인자하심
이 영원함이로다 땅을 물위에 펴신 이에게 감사하라 그 인자하심
이 영원함이로다 큰 빛들을 지으신 이에게 감사하라 그 인자하심
이 영원함이로다 해로 낮을 주관케 하신 이에게 감사하라 그 인자
하심이 영원함이로다 달과 별들로 밤을 주관케 하신 이에게 감사
하라 그 인자하심이 영원함이로다"(시 136:1~9)

- 감사에 대해서 얘기해 봅시다.

- 당신은 범사에 감사합니까?

- 아니면 원망·불평이 많은 편입니까?

- 어떻게 하면 범사에 감사할 수 있을까요?

"길가에 있다는 것은 말씀을 들은 자니 이에 마귀가 와서 그들로 믿어 구원을 얻지 못하게 하려고 말씀을 그 마음에서 빼앗는 것이요"(눅 8:12)

사단의 정체는 무엇일까요?

하나님의 천사 루시엘(Luciel)은 원래 하나님 곁에서 음악을 담당하던 천사장이었습니다. 그런데 그는 너무 아름다워서 교만하여 자기 분수를 모르고 하나님처럼 되고 싶어 설치다가 루시퍼로 타락되었습니다. 그 후 그는 전쟁담당 천사장 미카엘에게 당하여 하늘에서 있을 곳을 찾지 못하고 쫓겨 땅으로 내려왔습니다. 그리고 자기 정체를 숨기려고 그 이름을 바꿔서 큰 용, 옛 뱀, 마귀, 사단으로 변하여 하나님과 사람 사이를 이간질하고 하나님의 백성을 괴롭히는 역할을 하게 되었습니다.

큰 용은 사단의 전략으로 큰 용이 등장하거나 귀신 장면을 꾸민

전설의 고향, 용 문신, 용 마크 등 용 문화를 통해 사단을 섬기고 숭배하게 만듭니다. 우리 문화에 띠 문화도 사단의 전략입니다. 우리는 모두 예수 띠입니다. 사단 마귀를 쫓아내려면 영적 파워가 5, 6단 되어야 합니다. 영적 5단은 오직 성령충만입니다. 성경통독, 기도, 찬송할 때 하나님의 은혜가 충만하여 성령충만의 능력이 나옵니다. 단, 조건이 있습니다. 죄를 짓지 말아야 합니다.

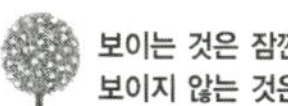

오직 말씀과 기도로 무장하여 구원을 방해하는 악한 사단의 세력들을 선함과 사랑과 복음으로 새롭게 변화시켜야 합니다.

성경 읽고, 기도 많이 하고 찬양을 전심으로 드릴 때 사단 마귀는 쫓겨 나가고 하나님의 성령이 충만히 임할 것입니다.

사단 마귀의 큰 활동은 음악입니다. 사단의 원래 신분은 음악 천사장이었기 때문에 자신의 소질을 이용하여 사단 활동인 음악으로 세상을 점령했습니다. 그것이 바로 사단 음악입니다. 또한 사단은 스포츠 할 때 붉은 악마란 명칭의 T-셔츠와 사단음악, 이렇게 문화를 통하여 하나님과 멀어지게 합니다. 이 명칭을 멋진 단어로 바꾸자는 토론회가 열려서 감사합니다.

또한 사단은 졸개들도 많이 있습니다. 그래서 사단의 왕국을 이룹니다. 그 사단의 왕국은 아주 조직적이고 질서가 있습니다. 파워도 대단합니다. 그들은 거센 조직으로 구성되어 있지만 자기편끼리는 싸우지 않습니다. 오직 하나님의 왕국을 무너뜨리려고 전력을 다합니다. 우리는 그것도 모르고 하나님의 백성끼리 자기편끼리 에너지를 소모하면서 싸울 때가 많습니다. 에너지를 엉뚱한 데 소비합니다. 에너지가 다 떨어져 지치면 덥석 뭅니다. 에너지를 잘 간직하여 사단과의 싸움에서 승리하길 바랍니다. 오직 말씀과 기도로 무장하여 구원을 방해하는 악한 사단의 세력들을 선함과 사랑과 복음으로 새롭게 변화시켜야 합니다.

어떤 연구기관에서 콩나물 실험결과를 발표했습니다. 콩나물을 기르는 데 물에다가 마약을 타서 그 물로 콩나물에 물을 주어 자라게 했답니다. 그런데 그 콩나물이 11인치 성도 키가 자란 후에는 비실비실 다 죽어가면서 자랐습니다.

또 다른 콩나물에 사단성이 있는 음악(Rock)을 들려주었습니다. 그 콩나물은 키가 15인치가 자랐고 콩나물 머리가 모두 그 음악을 들려준 스피커를 등에 지고 자랐다고 합니다.

또 정상적인 물로 콩나물을 길렀습니다. 그런데 그 콩나물은 키가 18인치까지 자랐고 통통하고 멋있게 자랐다고 합니다.

마지막으로 한 통의 콩나물에는 찬양을 계속 들려주었다고 합니다. 그런데 그 콩나물은 놀랍게도 키가 23인치가 자랐고 콩나물 머리가 찬양을 들려준 스피커가 있는 방향으로 다 구부러져 경례를 하면서 찬양을 더 들려달라는 듯 하는 자세로 자랐다고 합니다.

이처럼 아무것도 모르는 식물도 찬양소리에 기뻐하며 그 반응을 나타냅니다. 그리고 아주 멋있게 잘 자랐다고 합니다.

사단은 우리 삶을 올무에 걸리게 하고 죄를 짓게 해서 하나님의 자녀에서 사단의 종으로 만들려고 오늘도 삼킬 자를 두루 찾아다닙니다.

무섭게, 악마처럼 다가오는 것이 아니라 사단의 정체를 숨기고 천사처럼 가장하여 부드럽고 친절하게 멋있게 다가옵니다. 그리고 우리의 목덜미를 덥석 물어 버립니다. 그 방법들은 다양합니다. 유혹합니다. 열 받게 합니다. 포기하게 합니다. 자존심 상하게 합니다. 피곤하게 합니다.

기근하든지 자살하게 하든지 온갖 방법을 다 동원하여 승리하지 못하게 합니다.

기진맥진하게 만듭니다. 전투력을 상실시킵니다. 피곤해서 포기하게 만들어 마귀의 밥이 되게 합니다. 열심히 잘 해 온 것을 짓밟아서 비참하게 만들어 자살골을 넣게 합니다.

하루 아침에 뻥, 마귀의 밥이 되게 합니다. 또한 사단은 시끄러운 사단성이 있는 음악으로 귀신영화로 컴퓨터 유해사이트로 청소년문화로 쉽게 다가옵니다. 그리고 동성애의 사단문화는 외국에서 합법적이 되었다는 정치적인 문화로 퍼져 나가고 있습니다.

개구리가 찬물에 넣어 온도를 서서히 올려 따뜻하게 하면 죽는지도 모르고 황홀해 하면서 죽어가는 것처럼 문화라는 이름으로 우리에게 가깝게 다가와서 죽는지도 모르고 심취하다가 사단의 밥이 되는 것입니다.

지옥을 아십니까? 사단의 밥이 되면 죽음 후에 영육의 분리가 일어나서 그 영혼은 지옥으로 끌려 내려가는 것입니다.

사단이 밀 까부르듯이 우리를 까불어서 떨어뜨리려 하고 우는 사자같이 삼킬 자를 두루 찾아다니며 그물을 던지고 달콤한 덫을 놓습니다.

이 사단의 덫에 걸리지 않도록 근신하여 깨어 기도하고 정신을 차려야 합니다.

청소년들이여, 지각이 둔한 성인들이여, 사단의 문화를 분별합시다.

사단이 좋아하는 놀이를 삼가 하십시오. 하나님께서 기뻐하시는 문화를 찾으십시오. 하나님의 자녀로 온전히 돌아오십시오. 사단의 고리를 끊고 천국의 열쇠를 가지십시오. 그것만이 여러분이 살 길입니다.

사단, 마귀, 귀신은 분명히 존재합니다. 그들은 오늘도 우리를 삼키려고 찾아 헤맵니다. 사단은 거짓말을 하기 때문에 앞에 정면으로 나타나지 않고 뒤에서 중상모략하고 거짓비판자로 우리를 괴롭힙니다. 예수 잘 믿고 하나님의 방패로 귀신을 막아 내십시오. 예수 이름으로 귀신을 쫓아내십시오. 사단과의 싸움에서 꼭 승리하십시오.

"근신하라 깨어라 너희 대적 마귀가 우는 사자같이 두루 다니며 삼길 자를 찾나니"(벧전 5:8)

"종말로 너희가 주 안에서와 그 힘의 능력으로 강건하여지고 마귀의 궤계를 능히 대적하기 위하여 하나님의 전신갑주*를 입으라"

(엡 6:10~11)

* 진리의 허리띠, 의의 흉배, 평안의 복음의 예비한 신, 믿음의 방패, 구원의 투구, 성령의 검 곧 하나님 말씀

토론...

■ 사단에 대해 얘기해 봅시다.

■ 사단의 유혹에 빠진 적이 있습니까?

■ 청소년 문화에 대해 얘기해 봅시다.

■ 사단의 문화와 영분별을 잘 합시다.

하나님(성부, 성자, 성령)

God, Jesus Christ, The Holy Spirit

"하나님은 영이시니 신령과 진정으로 예배할찌니라"(요 4:24)

하나님은 영체시라서 눈으로 보이지 않지만 분명히 존재하십니다. 모세가 미디안 광야의 가시나무 떨기에서 활활 타오르는 불 가까이 갔을 때 하나님께서는 모세를 부르셨습니다. "모세야, 나는 거룩하니 너는 네 발의 신을 벗으라"로 말씀하셨습니다. 그 때 모세가 당신은 누구냐고 물었을 때 하나님께서는 "나는 스스로 있는 자니라(I am who I am)"라고 자신을 소개하셨습니다.

하나님은 스스로 존재하시고 우주 만물을 창조하신 창조주이십니다.

하나님의 이름은 여호와(야훼), 엘로힘 등 많이 있습니다. 하나님은 삼위 하나님으로 계십니다. 성부 아버지 하나님, 성자 아들 하나님, 인격적인 보혜사 성령 하나님으로 계시지만 그 본체는 하나이십니다.

하나님은 믿음으로 임하시는 하나님이십니다. 그 하나님은 천지 만물을 창조하시고 동물과 식물, 그리고 여섯째 날 사람을 만드시고 보시기에 좋았더라고 말씀하셨습니다.

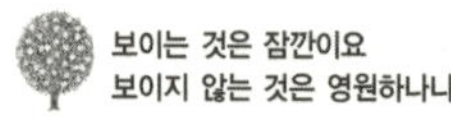

인간은 하나님의 섭리 속에 있습니다. 육신의 생각은 육신을 쫓고 영의 생각은 영을 쫓습니다.(롬 8:5)

그 하나님은 세상을 사랑하사 아들 예수를 동정녀에게서 탄생시켜 우리에게 보내주셨습니다. 성자 예수님은 하나님의 아들로 이 땅에 성육신되어 오셨습니다. 그 분은 신앙 좋은 마리아의 몸을 빌어 성령(The holy spirit)으로 잉태되셨습니다.

"하나님이 세상을 이처럼 사랑하사 독생자를 주셨으니 이는 저를 믿는 자마다 멸망치 않고 영생을 얻게 하려 하심이라"(요 3:16)

예수님은 남녀의 섹스를 통하여 XY라는 염색체를 받아 남자로 태어나 훌륭한 구세주가 된 것이 아닙니다. 하나님의 아들로서 마리아(사람)의 육신만 빌어 하나님의 영(성령)으로 잉태되신 것입니다. 하나님은 전지전능하신 신이기 때문에 그 방법이 가능합니다.

예수님은 인성을 지니시고 사람으로 오셨지만 하나님의 아들로서 신성을 가지셨기 때문에 죄는 하나도 없으신 분입니다. 그 분의 성품은 이렇게 신성과 인성을 공유하고 계십니다. 그 분이 오신 목적은 하나님의 공의와 사랑을 만족시키기 위함입니다. 죄를 지으면 감옥에 들어가서 죄를 지은 대가만큼 형벌을 받고 죄의 공의를 다 치르고 나면 남은 생애를 편안하게 마음 놓고 살 수 있습니다. 마찬가지로 누군가 아담과 하와의 죄 때문에 들어온 인류의 모든 죄(원죄, 자범죄)를 청산하지 않고는 구원을 얻을 수 없게 되었습니다.

그러나 예수님이 성육신 되어 오셔서 인류의 모든 죄를 단번에 청산하기 위하여 십자가에 못 박혀 죽으시고 그 생명의 보혈로 인간의 죄값을 청산하는 구속을 이루게 되었습니다.

그것을 예수님의 겸손의 극치인 '그리스도의 비하' 라고 합니다.

그 결과 인류의 모든 죄가 사함 받아 천국으로 올라가는 구원의 문이 열리게 된 것입니다. 우리 인간 스스로는 선행이나 바른 양심으로 죄를 사함 받을 수 없습니다. 다른 종교나 철학 그 어떤 것으로도 죄를 사함 받을 수 없습니다.

오직 예수님을 믿음으로 우리 죄가 사함 받아 구원을 얻게 된 것입니다.

"내가 곧 길이요 진리요 생명이니 나로 말미암지 않고는 아버지께로 올 자가 없느니라"(요 14:6)

"주 예수를 믿으라 그리하면 너와 네 집이 구원을 얻으리라"

(행 16:31)

예수님은 우리의 구원을 이루시고 부활하신 후 승천하셔서 하나님 보좌 우편에 앉아 계시면서 또 우리를 위해 중보기도를 하고 계십니다.

그리고 우리를 고아와 같이 버려두지 않으시고 보혜사 성령님을 우리에게 보내주셨습니다. 그 예수님은 곧 재림하실 것입니다. 우리는 기름 등불을 준비한 슬기로운 다섯 처녀가 되어 주님 맞을 준비를 하고 살아가야 합니다. 성령님은 지금도 우리 마음 속에 임재하셔서 우리를 보살피고 도와주고 계십니다. 우리가 잘못되지 않도록 지켜주시며 우리를 늘 의의 길로 인도하여 주십니다. 행여나 우리가 죄를 지으면 성령님이 근심하고 탄식하시면서 슬퍼하십니다. 인격이신 성령님을 근심하게 하지 마십시오. 우리 몸은 성령님이 거하시는 성전입니다.

성령님께서 기쁘게 계실 수 있도록 깨끗한 마음과 몸이 되어야 합니다. 더러운 그릇에 아무리 맛있는 음식을 담아주어도 먹고 싶지 않을 것입니다. 아무리 좋은 집이라도 청소를 하지 않아 쓰레기가 잔뜩 쌓여 있다면 냄새가 나서 그 집에 있을 수 없을 것입니다. 성령님도 우리 안에 인격적으로 임재하시기 때문에 죄가 있어 더러우면 슬퍼하시면서 떠날 수밖에 없으실 것입니다.

우리는 죄를 멀리하여 깨끗하고 정결하고 아름다운 몸으로 항상 성령 하나님이 기분 좋게 우리 안에 임재하시도록 애써 기도해야 합니다.

성령님의 임재는 기업의 보증이며 하나님의 자녀라는 도장을 찍어 주는 것이며 칭의로 인치는 것입니다.

하늘의 영광스런 기업을 우리에게 보증으로 주시는 것입니다.

성령은 영광스러운 기업입니다.

"그 안에서 **너희도** 진리의 말씀 곧 너희의 구원의 복음을 듣고 그 안에서 또한 믿어 약속의 성령으로 인치심을 받았으니 이는 우리

의 기업에 보증이 되사 그 얻으신 것을 구속하시고 그의 영광을 찬미하게 하려 하심이라"(엡 1:13~14)

성령충만을 받으면 행함이 있는 믿음이 되고 구원을 얻고 상급을 받고 영화단계에 들어가서 복락을 누리게 됩니다. 영원히 세마포를 입고 영생을 얻습니다. 성령님이 임하시면 능력을 받습니다.

"성령은 지혜와 총명의 신이요 모략과 재능의 신이요 지식과 여호와를 경외하는 신이 그 위에 강림하시리니"(사 11:2)

성령님은 불가능한 것을 가능케 하시며 고난을 통하여 인내를 배우게 하시고 믿음의 사람으로 성숙케 하십니다.
성령님은 사명자를 편한 길로 인도하시지 않고 광야로 인도하십니다. 모세와 그 백성을 광야로 인도하신 것처럼 말입니다.
예수님도 성령이 충만할 때 성령님께 이끌려 광야로 가셨습니다.

"그 때에 예수께서 성령에게 이끌리어 마귀에게 시험을 받으러 광야로 가사 사십일을 밤낮으로 금식하신 후에 주리신지라"

(마 4:1~2)

믿음의 선진들도 모두 광야학교를 통과했습니다. 아브라함, 야곱, 요셉, 모세, 다윗, 다니엘, 사도 바울, 예수님도 광야학교를 졸업했습니다. 등록금은 없지만 광야 훈련학교는 혹독합니다. 시련이 매섭습니다. 그러나 성령님은 그 때에도 우리를 고아와 같이 버려두지 아니하시고 우리 속에 함께 임재하셔서 우리를 승리의 길로 인도해 주십니다.

광야학교 졸업장을 받도록 보혜사 성령님이 도와주십니다. 이 광야학교 졸업장은 박사학위 못지않게 귀한 것입니다. 매우 값진 것입니다. 빛나는 졸업장입니다.

우리를 도와주신 성령님은 우리 안에 거하셔서 얼마나 기뻐하시는지 모릅니다.

항상 우리 안에 거하셔서 우리를 도와주시고 간섭하셔서 우리의 삶을 인도해 주십니다. 그리고 예수님이 돌아오실 때(재림) 우리를 그 분의 처소(천국)로 불러 주시는 것입니다. 그 약속은 꼭 이루어질 것입니다.

소망을 가지고 기뻐하십시오.

I am belong to Jesus.

We are belong to Jesus.

토론...

- 삼위일체 하나님에 대해서 얘기해 봅시다.
- 하나님은 누구신가?
- 예수님은 누구신가?
- 성령님은 누구신가?

우리는 흔히 교회에 간다라는 표현을 합니다. 그렇다면 진정한 교회의 의미는 무엇인지 생각해 봅시다. 교회란 단순히 예배드리는 큰 건물만을 가리키는 것이 아닙니다.

헬라 원어로 '에클레시아' 라고 하는데 '부름받아 모인 성도들의 무리' 를 교회라고 합니다. 하나님께서 하나님의 뜻과 계획 가운데 부르셔서 예수 그리스도와 교제하게 하셨습니다. 그래서 교회란 하나님의 선택받은 백성, 즉 그리스도 안에서 구원을 얻은 사람들이 모인 영적 모임을 하는 곳을 뜻합니다. 교회라고 하는 건물은 구약시대에는 성전이라고 했는데 신약시대 이후 지금은 예배당이라고 부릅니다.

여기서 우리는 부름 받은 성도들의 모임과 그 모임이 있는 그 건물을 다 합쳐서 교회라고 부릅니다.

그러므로 교회는 건물이나 제도 또는 단순한 모임이 아니라 구원을 받고 예수님을 그리스도로 고백하는 사람들이 모인 곳입니다. 그 곳에는 예수님이 함께 하시고 하나님이 임재하시고 예수님의 몸이 세워지는 곳입니다. 교회는 그리스도의 몸입니다.

예수님은 "두 세 사람이 내 이름으로 모인 곳에는 나도 그들 중에 있느니라"고 말씀하셨습니다. 또한 교회는 예수 그리스도의 피로 사신 곳입니다.

> "새 노래를 노래하여 가로되 책을 가지시고 그 인봉(印封)을 떼기에 합당하시도다 일찍 죽임을 당하사 각 족속과 방언과 백성과 나라 가운데서 사람들을 피로 사서 하나님께 드리시고"(계 5:9)

십자가에 못 박혀 죽으시고 흘리신 피 값으로 인간의 죄를 사하시고 구속하신 것을 말씀하신 것입니다. 우리 몸을 사단의 손에서 피로 값 주고 사서 하나님께 드리셨다는 것입니다.

또한 교회는 반석 위에 세우신 교회입니다.

예수님께서 제자들에게 "너희는 나를 누구라 하느냐?"라고 물으셨을 때 시몬 베드로는 "주는 그리스도시요 살아계신 하나님의 아들이시니이다"(마 16:16)라고 믿음의 고백을 합니다. "너는 베드로라 내가 이 반석 위에 내 교회를 세우리니 음부의 권세가 이기지 못하리라"(마 16:18). 여기서 베드로란 반석이라는 뜻입니다. 예수님을 그리스도라고 고백하는 믿음 위에 교회를 세우시겠다는 의미입니다.

그 교회 위에 예수님은 교회의 머리가 된다고 말씀하셨습니다.

> "그는 만물 위에 교회의 머리로 주셨느니라 교회는 그의 몸이니 만

물 안에서 충만케 하시는 자의 충만이니라"(엡
1:22~23)

"그는 몸인 교회의 머리라 그가 근본이요 죽은 자들
가운데서 먼저 나신 자니"(골 1:18)

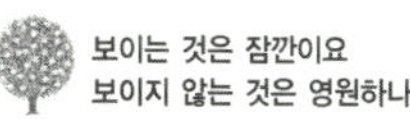

우리는 그리스도를 머리로 한 몸이 된 교회이므로 사랑과 믿음을 가지고 서로 하나가 되어야 합니다. 남을 나보다 낮게 여기는 겸손한 섬김의 마음으로 신앙생활을 함께 해 나갑시다.

토론...

- 교회에 대해 얘기해 봅시다.
- 교회는 무엇입니까?

예배는 영어로 'Service' 또는 'Worship' 이라고 하는데 하나님께 섬김과 영광을 올려드리는 것을 뜻합니다.

사람과의 관계에서도 친교, 사랑, 돌봄, 용서, 성경공부 등이 있습니다.

“하나님은 영이시니 신령과 진정으로 예배할찌니라”(요 4:24)

우리는 하나님의 피조물로서 마땅히 예배를 드려야 합니다. 하나님도 예배받기를 원하십니다. 주님의 날을 정하여 경건한 모습으로 마음과 정성과 뜻을 다하여 예배를 드려야 합니다. 하나님께서는 우리의 예배를 받으시기를 원합니다. 그 분의 자녀들과 관계를 유지하고 싶기 때문입니다.

평일의 삶도 항상 예배하는 자세로 살아가야 합니다.

예배의 진정한 의미를 깨닫고 하나님이 기뻐 받으시는 예배를 드립시다. 그 예배는 바로 열납되는 예배입니다. 가인과 아벨의 제사에서도 하나님께서는 피흘림이 있는, 죄사함이 있는 예배를 받으셨습니다. 양으로 드리는 제사(예배)는 양이 죽어야 온전한 예배인데 피는 우리의 죄를 씻어주기 때문입니다. "피흘림이 없은즉 사함이 없느니라"(히 9:22하)

우선순위를 가려 양의 첫 새끼를 하나님께 먼저 드려야 합니다. 첫 것을 드리는 것은 그 중심이 하나님이시라는 고백이기 때문입니다.

그래서 첫 열매 신앙, 하루의 첫 시간을 드리는 새벽예배에 하나님의 놀라운 역사가 일어납니다. 우리는 하나님께 영광 돌려드리는 목적 있는 삶을 살아야 합니다.

하나님은 우리가 믿는 참신이십니다.

시작과 끝이 없으시고, 계시지 않는 곳이 없으시며, 무엇이든 하실 수 있으시며, 우주와 인간의 창조주이시며, 세상의 모든 것을 섭리하시고 다스리십니다.

죄인을 구속하기 위해 그리스도를 보내시고 십자가를 지게 하여 구속사역을 이루게 하시고, 말씀을 주셔서 인간에게 알고 믿게 하여 경배하게 하셨습니다.

우리가 하나님께 예배드리는 것은 그 일이 단순히 좋기 때문이 아니라 인간이 되기 위해 행하는 필수적인 것이기 때문입니다.

하나님께 헌신, 찬양, 순종, 기도, 헌금, 감사를 드리는 것은 예배의 본질입니다.

그리고 하나님께 기쁨을 드리는 예배는 다른 사람들과 함께 연합하여 예배를 드리는 것입니다. 왜냐하면 예배는 하나님과 나와의 관계에 있어서 하나님께 영광을 드리는 것이지만 사람들과 친교하고 용서하며 축복하고 함께 먹고 결심하며 사람들과의 관계도 함께 이루는 것이기 때문입니다.

하나님과의 관계와 사람과의 관계가 잘 조화된 균형 있는 예배를 드리고 이런 균형 잡힌 예배를 잘 발전시킬 수 있어야 합니다. 예배에 실패하면 모든 삶에 실패한다는 사실을 기억해야 합니다.

예배를 드리지 않으면 우리의 영이 죽어가기 때문입니다. 경건한 마음으로 예배를 잘 드려야 합니다.

"하나님을 알되 하나님으로 영화롭게도 아니하며 감사치도 아니하고 오히려 그 생각이 허망하여지며 미련한 마음이 어두워졌나니 스스로 지혜 있다 하나 우둔하게 되어 썩어지지 아니하는 하나님의 영광을 썩어질 사람과 금수와 버러지 형상의 우상으로 바꾸었느니라"(롬 1:21~23)

하나님 이상으로 집착하고 사랑하는 것, 그것이 다 우상입니다. 우상을 버리고 하나님을 진심으로 사랑하고 경배해야 합니다. 그리스도 그분만이 나의 주인되심을 고백해야 합니다. 그 분은 우리를 인도하시고 주관하시는 평생의 주관자이십니다. 예배드리는 장소에 있어 공적인 예배는 교회에서 드리는 것이 좋습니다.

"모이기를 폐하는 어떤 사람들의 습관과 같이 아니하고 그날이 가까이 올수록 더욱 그리하자"(히 10:25)

가정예배, 구역예배, 산상예배 모두 좋습니다. 하나님의 집에서 함께 드리는 공적 예배는 하나님의 역사가 일어납니다. 병든 예배, 눈 먼 제사는 하나님께서 받지 않으십니다. 예배 시간에 늦게 참석하는 좋지 않은 습관도 바꿉시다. 예배의 최종 목표는 예배자의 헌신이며 하나님께 온전히 드리는 것입니다. 거룩한 예배, 경건한 예배로 하나님께 영광을 올려 드립시다.

또한 우리는 삶으로 예배를 드려야 합니다. 아름다운 말과 행동, 정결한 삶, 사랑으로 이웃을 섬기는 생활로 예배를 드려야 합니다. 삶 자체가 예배입니다. 또한 예배를 드릴 때 찬양과 예배에 맞는 악기를 동원하여 예배를 드려야 합니다.

"할렐루야 그 성소에서 하나님을 찬양하며 나팔소리로 찬양하며 비파와 수금으로 찬양할지어다 소고치며 춤추어 찬양하며 현악과 퉁소로 찬양할지어다 큰 소리나는 제금으로 찬양하며 높은 소리 나는 제금으로 찬양할지어다"(시 150:1절상, 3~5)

예배를 드릴 때 헌금을 드려야 합니다.

"한 여자가 매우 귀한 향유옥합을 가지고 나아와서 식사하시는 예수의 머리에 부으니"(마 26:7)

여인은 예배를 위해 소유를 아끼지 아니하고 가장 소중한 것을 예수님께 드림으로 사랑을 표현하였습니다. 예수님은 "그녀가 내게 아름다운 일을 했다"고 칭찬하시고 "복음이 전파되는 곳마다 이 여자가 한 일도 전해져서 그를 기억하게 하라"로 말씀하셨습니다. 헌금은 낭비가 아니라 하나님을 향한 뜨거운 사랑의 표현이요 거룩한 낭비입니다.

그리고 모든 은사로 하나님께 경배 드려야 합니다.

> "각각 은사를 받은 대로 하나님의 각양 은혜를 맡은 선한 청지기같
> 이 서로 봉사하라"(벧전 4:10)

예배는 하나님을 향한 우리의 뜨거운 열정과 사랑입니다. 예배를 드리는 태도는 우리의 전 인격으로 예배드려야 합니다. 예배를 소중히 여겨야 하고 예배보다 중요한 것은 없다고 생각해야 하며 예배의 감동과 체험이 있어야 합니다. 그리스도인들의 실패는 예배의 감동을 체험하지 못한 데서 많이 옵니다. 예배의 3요소에는 치유(Healing), 감동(Impressing), 축복(Blessing)이 있으며 예배를 통하여 이러한 성령의 은혜를 체험해야 합니다.

또한 예배는 변화를 기대하는 바라봄의 법칙을 적용해야 합니다. 나의 영혼이 잠잠히 하나님만 바라고 주님만 바라보며 집중하는 예배가 되어야 합니다. 주님의 성품을 깊이 묵상하는 시간이 되어야 합니다. 그렇게 해야만 예배를 통하여 사람이 변화됩니다.

예배는 하나님을 향한 우리의 뜨거운 열정과 사랑입니다. 예배를 드리는 태도는 우리의 전 인격으로 예배드려야 합니다.

예배는 말씀을 듣고 하나님의 뜻을 깨달아 재충전되어 비전과 사명을 가지고 하나님의 인도를 받는 것입니다. 마음과 정성과 뜻을 다하여 진정과 신령으로 예배드리는 자가 됩시다.

하나님께서 보여주신 꿈과 환상을 품고 새 하늘과 새 땅을 향한 찬란한 미래비전과 사명을 가지시기 바랍니다. 그래서 우리에게 대한 하나님의 뜻을 명확히 알고 우리를 황홀한 축복의 오아시스로 인도해 주시는 하나님의 비전을 펼칠 수 있기를 바랍니다.

여러분의 삶과 예배를 통하여 승리하시기를 기대합니다.

토론...

- 예배에 대해서 얘기해 봅시다.
- 당신은 신령과 진정으로 예배를 드립니까?
- 당신은 공적인 예배를 사모합니까?

"호흡이 있는 자마다 여호와를 찬양할지어다"(시 150:6)

"여호와여 주는 나의 하나님이시라 내가 주를 높이고 주의 이름을
찬송하오리니 주는 기사를 옛적의 정하신 뜻대로 성실함과 진실
함으로 행하셨음이라"(사 25:1)

'할렐루야!' 는 하나님을 찬양하라는 뜻입니다. 찬양하는 것은
기독교의 큰 특징입니다. 찬송은 하나님의 큰 영광을 나타내는 것
입니다. 찬양은 갇힌 자를 자유롭게 하며 찬양은 하늘의 문을 여
는 열쇠입니다.

찬양할 때 하나님의 나라가 임하게 됩니다. 귀신을 쫓을 때도 찬
양을 불러야 하고 찬양을 부르면 질병도 치유함을 받습니다. 하나
님의 나라는 빛이기 때문에 찬양을 부르면 어두움의 사단들이 물
러가는 것입니다.

찬양은 우리에게 복을 가져다줍니다. 찬양은 마음에 평안을 안

겨줍니다. 찬양은 거룩한 능력이 있으며 마음을 담대하게 합니다. 우리는 기쁠 때나 슬플 때나 항상 하나님께 찬양을 드려야 합니다. 왜 항상 찬양하는 삶을 살아야 하는지 어떻게 찬양을 해야 하는지 차근차근 살펴보겠습니다.

첫째, 하나님께서는 우리의 목소리로 찬양을 듣기를 원하십니다.

"만민들아 우리 하나님을 송축하며 그 송축 소리로 들리게 할지어다"(시 66:8)

"오라 우리가 여호와께 노래하며 우리 구원의 반석을 향하여 즐거이 부르자 우리가 감사함으로 그 앞에 나아가며 시로 그를 향하여 즐거이 부르자"(시 95:1~2)

"너희 의인들아 여호와를 기뻐하며 즐거이 할지어다 마음이 정직한 너희들아 다 즐거이 외칠지어다"(시 32:11)

찬양은 많은 축복을 받게 하는 능력이 있습니다. 찬양은 영혼을 소성케 하며 성령의 은혜를 체험하게 하며 기쁨과 승리를 체험케 하며 지상천국을 맛보게 합니다. 사람들은 대중노래만 불러도 흥얼흥얼 기분이 좋아진다고 합니다. 그래서 세상 사람들에게는 대중가수가 인기짱이 됩니다.

그러나 찬양은 기분이 좋아지는 정도가 아니라 우리의 마음에 기쁨과 소망이 넘치게 됩니다. 힘과 능력을 받아 생명력이 넘치고 비전 있는 사람이 됩니다. 노래하기를 좋아하는 사람은 성격이 낭만적입니다. 하나님께 찬양 드리기를 좋아하는 사람은 그 마음이 선하고 착합니다. 하나님께서 내려주신 구원의 은혜에 감사함으로 평생 찬양을 드리는 것입니다.

둘째, 마음과 정성과 모든 악기를 다 동원하여 기쁨과 감사로 하
나님께 찬양을 드려야 합니다.

"나팔 부는 자와 노래하는 자가 일제히 소리를 발하여 여호와를
찬송하며 감사하는데 나팔 불고 제금치고 모든 악기를 울리며 소
리를 높여 여호와를 찬송하며 가로되 선하시도다 그 자비하심이
가득한지라 제사장이 그 구름으로 인하여 능히 서서 섬기지 못하
였으니 이는 여호와의 영광이 하나님의 전에 가득함이었더라"(대
하 5:13~14)

셋째, 찬양은 때로는 손바닥을 치면서 즐겁게 부르며 큰 소리로
불러야 합니다.

"너희 만민들아 손바닥을 치고 즐거운 소리로 하나님께 외칠지
어다"(시 47:1)

찬양은 불안, 염려, 불평, 원망을 몰아내고 기쁨을 줍니다.

"내 영혼아 네가 어찌하여 낙망하며 어찌하여 내 속에서 불안하
여 하는고 너는 하나님을 바라라 나는 내 얼굴을 도우시는 내 하
나님을 오히려 찬송하리로다"(시 42:11)

넷째, 우리의 혀는 주의 의를 말하며 우리의 목소리는 주를 찬양

해야 합니다.

"나의 혀가 주의 의를 말하며 종일토록 주를 찬송하리이다"(시 35:28)

다섯째, 당신은 학대받은 자입니까? 가난한 자입니까? 궁핍한 자입니까? 찬양을 부르십시오.

"학대받은 자로 부끄러이 돌아가게 마시고 가난한 자와 궁핍한 자로 주의 이름을 찬송케 하소서"(시 74:21)

여섯째, 때로는 손을 들고 찬양을 힘껏 드려야 합니다.
"성소를 향하여 너희 손을 들고 여호와를 송축하라"(시 134:2)

일곱째, 춤으로 몸찬양을 드려야 합니다.
"춤추며 그의 이름을 찬양하며"(시 149:3상)
아름다운 춤과 율동으로 몸찬양을 마음껏 드리십시오.
하루 종일 목소리로, 마음으로, 온 몸으로 하나님을 찬양하십시오.
"해 돋는 데부터 해지는 데까지 여호와의 이름이 찬양을 받으시리로다"(시 113:3)

여덟째, 찬양을 건성으로 부르는 것이 아니라 진심으로 불러야 합니다.
"내가 전심으로 주께 감사하며 신들 앞에서 주께 찬양하리이다"(시 138:1)

호흡이 있는자마다 여호와를 찬양하십시오. 할렐루야!

토론...

- 찬양에 대해 얘기해 봅시다.
- 당신은 찬양하기를 좋아합니까?
- 당신의 생활 속에 찬양이 살아있습니까?

"내가 그리스도와 함께 십자가에 못 박혔나니 그런즉 이제는 내가
산 것이 아니요 오직 내 안에 그리스도께서 사신 것이라 이제 내
가 육체 가운데 사는 것은 나를 사랑하사 나를 위하여 자기 몸을
버리신 하나님의 아들을 믿는 믿음 안에서 사는 것이라"(갈 2:20)

원래 십자가는 로마 시대에 중죄인을 처형하는 방법으로 사용했
던 십자가 형틀입니다. 그래서 십자가는 무섭고 괴롭고 고통스러
운 저주의 대상이었습니다. 예수님은 두 강도와 함께 십자가에 못
박혀 죽으셨습니다. 그리고 삼일 만에 부활하셨습니다. 이런 죽음
의 십자가를 주님은 우리에게 지라고 요구하십니다. 주님의 제자
가 되려면 자신을 부인하고 십자가를 지고 주님을 따르라고 말씀
하시는 것입니다.

우리는 십자가를 싫어합니다. 그리고 십자가를 피하려고 합니
다. 그러나 십자가는 피해야 할 것이 아니라 지고 가야 합니다. 어

떤 사람이 자기 나무 십자가가 무거운 나머지 다른 사람의 황금 십자가를 보고 '저 황금 십자가를 지면 얼마나 좋을까?' 하고 탐을 내었습니다. 그 십자가를 잠깐 져 보니 황금 중량이 얼마나 나가는지 너무 무거워 도저히 못 지겠다고 했답니다. 또 눈을 들어보니 아름다운 장미꽃으로 만든 십자가가 있어 그것을 한 번 져보니 장미가시가 있어 아파서 도저히 못 지겠다고 했답니다. 그 후 느낀 것은 그래도 자신의 나무 십자가가 가장 좋구나 라고 하며 결국 원래의 자기 십자가를 졌다는 얘기가 있습니다.

자기를 부인하고 십자가를 지고 따라갑시다. 진정한 의미의 십자가를 지는 것은 주님의 참 제자가 되는 길입니다. 당신의 십자가가 무겁습니까?

고난의 십자가는 영광입니다.

구레네 시몬도 자기 의사와 상관없이 강제로 골고다 언덕까지 예수님의 무거운 십자가를 대신 지고 갔지만 그 이름이 생명책에 기록되어 영화롭게 되었습니다.

십자가 없는 영광은 없습니다. 고난주간이 지나면 부활절이 옵니다. 연단의 십자가, 고난의 십자가, 훈련의 십자가는 아름답습니다.

자기를 부인하고 십자가를 지고 따라갑시다. 진정한 의미의 십자가를 지는 것은 주님의 참 제자가 되는 길입니다. 당신의 십자가가 무겁습니까? 그 무게만큼 영광도 따를 것입니다. 십자가를 수용하고 기뻐하십시오.

"주 십자가를 지심으로 죄인을 구속하셨으니 그 피를 보고 믿는 자는 주의 진노를 면하겠네 내가 그 피를 유월절 그 양의 피를 볼 때에 내가 너를 넘어가리라"(찬송 199장)

십자가는 생명을 구원하는 영광의 십자가입니다. 고난의 십자가
만 보지 말고 영광의 십자가도 바라보십시오. 현재의 고난은 장차
올 영광에 족히 비교할 수 없습니다. 가시 면류관, 어이해 쓰셨습
니까? 채찍에 피 흘리신 것, 누구의 죄 때문입니까?

불신자가 우리를 아무리 괴롭힌다 할지라도 주님 편에 서 있다
면 진리를 위해 핍박을 받을 수 있습니다. 복음을 위해 잃어버리
는 것이 많다 하더라도 끝까지 십자가를 지고 주님을 따르는 것입
니다. 주님이 우리를 위하시면 누가 우리를 주님에게서 끊을 수
있겠습니까?

"내가 확신하노니 사망이나 생명이나 천사들이나 권세자들이나 현
재 일이나 장래 일이나 능력이나 높음이나 깊음이나 다른 아무 피
조물이라도 우리를 우리 주 그리스도 예수 안에 있는 하나님의 사
랑에서 끊을 수 없으리라"(롬 8:38~39)

「흔적」의 순교자 소현세자를 생각해 보십시오. 그는 순교의 십
자가를 졌습니다. 주님으로 인해 아버지를 잃었습니다. 흑인인권
운동을 생각해 보십시오. 포기하는 사람을 준비시키는 것이 우리
의 사명입니다. 우리에게는 훈련시키고 준비시키는 정도 이상으
로 주변과 이웃을 세워주고 사랑해야 할 사명이 있습니다.

우리의 십자가 때문에 실망하지 마십시오. 예수님의 십자가는
저주의 십자가, 고난의 십자가였으나 하나님의 아들 예수님이 지
심으로 생명의 길로 나아가는 축복의 십자가가 되었습니다. 놀라
운 역사의 십자가가 되었습니다.

[찬송가 513장]

1. 너희 마음에 슬픔이 가득차도 주가 즐겁게 하시리라
   아침 해같이 빛나는 마음으로 너 십자가 지고 가라

2. 때를 따라서 주시는 은혜로써 갈한 심령에 힘을 얻고
   주가 언약한 말씀을 기억하고 너 십자가 지고 가라

3. 네가 맡은 일 성실히 행할 때에 주님 앞에서 상 받으리
   주가 베푸신 은혜를 감사하며 너 십자가 지고 가라

(후렴)
즐거운 마음으로 십자가 지고 가라
네가 기쁘게 십자가 지고 가면 슬픈 마음이 위로 받네

토론...

■ 십자가에 대해 얘기해 봅시다.
■ 당신의 십자가는 무엇입니까?
■ 당신의 십자가는 무겁습니까?

회개란 하나님이 원하지 않는 죄의 길에서 방향을 돌이키는 것입니다. 완전히 반대방향으로 방향 전환하는 것입니다. 죄의 길에서 180° 변하여 의의 길로 가는 것입니다.

회개란 죄를 지어서 죄송하다고 울면서 입으로만 시인하는 것이 아니라 하나님께 철저히 고백하는 동시에 행동으로 완전히 죄를 끊고 돌이키는 것입니다. 그리고 깨끗이 죄사함을 받기 위하여 예수를 믿는 것입니다.

회개하면 주님이 들어오십니다. 회개는 마음 문을 여는 것이기 때문입니다. 그러면 주님이 언제든지 우리 마음에 들어와 우리와 함께 거하시는 것입니다.

다윗 왕이 밧세바와 간음죄를 짓고 그것을 숨기기 위하여 밧세바의 남편 우리아를 전쟁터 최전방으로 보내어 적의 총에 맞아 죽게 하는 살인죄를 짓고 완전범죄로 숨겼을 때 나단 선지자가 양의 비유를 통하여 책망하였습니다. 왕의 높은 직책으로 선지자의 말을 듣지 않을 수도 있었지만 다윗 왕은 그 자리에서 즉시 회개하고 침상을 적시도록 깊이 회개하여 하나님의 마음에 합한 자가 되었습니다. 신, 불신자를 막론하고 살인죄나 간음죄가 있나요?

깊이 진실하게 통회하며 자복하고 회개하십시오. 그리고 예수님을 바르게 믿고 새 사람이 되십시오. 디나를 강간했던 악한 자처럼 성추행이나 성폭행을 한 죄가 있나요? 철저히 회개하십시오.

아간이 외투 두 벌과 은금 한 덩어리를 훔친 것처럼 사기치거나 도둑질을 해서 타인의 재산에 손실을 입힌 일이 있나요? 삭개오처럼 만약 토색한 것이 있다면 4배나 갚겠다는 의지로 철저히 회개하고 예수님 잘 믿어 새 사람이 되십시오.

보디발의 아내가 요셉을 모함하여 감옥생활을 하게 한 것처럼 착한 자, 성실한 자를 모함하고 거짓 증거하여 창살 없는 감옥에 갇히게 해 슬픈 세월을 지내게 했던 죄가 있나요? 철저히 회개하고 혀를 새롭게 하십시오.

미워하고 시기질투하여 상대방을 어렵게 만들었던 죄가 있나요? 깊이 회개하십시오. 모든 죄에 대하여 뼈를 깎듯이 깊이 회개하고 주님께로 돌아오십시오. 그리고 하나님의 긍휼과 용서하심을 받아 새사람이 되십시오.

"회개하라 천국이 가까왔느니라"(마 3:2)

죄인의 회개는 하나님을 떠난 비참한 삶에서 돌이켜 아버지께로 돌아오는 것입니다. 이렇게 하나님께 돌아온 죄인의 회개가 천상, 지상 교회에 최상의 기쁨을 가져다줍니다.

"하나님을 따라 의와 진리의 거룩함으로 지으심을 받은 새 사람을
　　입으라"(엡 4:24)

　우리 예수 믿는 사람도 죄가 있습니다. 이미 목욕한 사람도 손발
은 자주 씻어야 하듯이 우리 마음속에 일어나는 하나님과 불일치
된 생각들은 우리 모두 철저히 회개해야 합니다.
그리고 우리의 삶이 하나님이 기뻐하시는 아름다
운 삶이 되도록 합시다.

　저는 제 생애 가운데 타인에게 해를 끼친 적이
나 사람에게 지탄받을만한 일을 한 적이 하나님
앞에서나 제 양심적으로 한 번도 없습니다. 오히
려 피해자였습니다.

진정한 회개는 하나님
께 무릎 꿇는 것이고 하
나님을 사랑하고, 가족
을 사랑하고, 이웃을 사
랑하고, 교회를 사랑하
고, 민족을 사랑하는 것
입니다.

　그러나 주님 앞에서는 겸손히 죄인임을 고백해야 합니다. 사도
바울같은 훌륭한 사도도 나는 죄인 중에 괴수라고 고백했습니다.
우리 모두 양심죄라도 철저히 회개하고 미래지향적인 차원 높은
삶으로 하나님께 영광 돌려 드리기를 원합니다.

　진정한 회개는 하나님께 무릎 꿇는 것이고 하나님을 사랑하고,
가족을 사랑하고, 이웃을 사랑하고, 교회를 사랑하고, 민족을 사
랑하는 것입니다.

"그런즉 거짓을 버리고 각각 그 이웃으로 더불어 참된 것을 말하라
　　이는 우리가 서로 지체가 됨이니라"(엡 4:25)

"에베소 교회의 사자에게 편지하기를 오른손에 일곱별을 붙잡고
　　일곱 금촛대 사이에 다니시는 이가 가라사대 내가 네 행위와 수고

와 네 인내를 알고 또 악한 자들을 용납지 아니한 것과 자칭 사도라 하되 아닌 자들을 시험하여 그 거짓된 것을 네가 드러낸 것과 또 네가 참고 내 이름을 위하여 견디고 게으르지 아니한 것을 아노라 그러나 너를 책망할 것이 있나니 너의 처음 사랑을 버렸느니라 그러므로 어디서 떨어진 것을 생각하고 회개하여 처음 행위를 가지라 만일 그리하지 아니하고 회개치 아니하면 내가 네게 임하여 네 촛대를 그 자리에서 옮기리라 오직 네게 이것이 있으니 네가 니골라 당의 행위를 미워하는도다 나도 이것을 미워하노라 귀 있는 자는 성령이 교회들에게 하시는 말씀을 들을찌어다 이기는 그에게는 내가 하나님의 낙원에 있는 생명나무의 과실을 주어 먹게 하리라"(계 2:1~7)

토론...

■ 회개에 대해 얘기해 봅시다.

■ 당신은 죄에 대하여 민감하게 반응하고 있습니까?

■ 철저히 회개하십니까?

> "하나님이 큰 구원으로 당신들의 생명을 보존하고 당신들의 후손
> 을 세상에 두시려고 나를 당신들보다 앞서 보내셨나니"(창 45:7)
>
> "누구든지 주의 이름을 부르는 자는 구원을 얻으리라 하느니라"
>
> (행 2:21)

구원이란 죄의 모든 속박으로부터 벗어나는 것을 말합니다. 우리에게는 아담과 하와-우리 조상의 죄로 인한 원죄가 있고 살아가면서 자기 스스로 짓는 자범죄가 있습니다. 우리는 죄 때문에 죽음이 오면 영육의 분리가 일어나 그 영혼이 지옥으로 떨어지는 신세가 되었습니다.

그런데 하나님께서 우리를 너무 사랑하셔서 아들 예수님을 우리에게 보내주셨습니다. 그래서 복음이란 예수님께서 우리 죄를 대신 지시고 십자가의 죽음으로 말미암아 우리를 모든 죄에서 해방시켜 주시고, 예수님을 믿는 자는 누구든지 죄에서 자유롭게 되어 그 영혼이 구원받는다는 기쁜 소식을 말하는 것입니다. 예수님이 십자가에서 못 박혀 죽으시고 부활하시므로 구원이 완성되었습니다.

> "하나님이 세상을 이처럼 사랑하사 독생자를 주셨으니 이는 저를 믿는 자마다 멸망치 않고 영생을 얻게 하려 함이니라"(요 3:16)

> "가로되 주 예수를 믿으라 그리하면 너와 네 집이 구원을 얻으리라 하고"(행 16:31)

예수님을 믿어 우리 죄가 깨끗이 사함 받아 구원을 받는 것이 이 세상 그 무엇보다도 가장 큰 축복이라는 사실을 잊지 마십시오.

> "마음으로 믿어 의에 이르고 입으로 시인하여 구원에 이르느니라"
> (롬 10:10)

구원은 예수님의 이름을 믿고 영접하여 예수님이 나의 구주이심을 입으로 시인하고 고백하므로 하나님의 자녀가 되는 권세를 받는 것입니다.

> "영접하는 자, 곧 그 이름을 믿는 자들에게는 하나님의 자녀가 되는 권세를 주셨으니"(요 1:12)

> "다른 이로서는 구원을 얻을 수 없나니 천하 인간에 구원을 얻을 만한 다른 이름을 우리에게 주신 일이 없느니라"(행 4:12)

다른 이름으로는 절대로 구원을 받지 못합니다. 이때까지 지은 모든 죄를 진심으로 회개하고 부활하신 예수님을 구주로 영접하고 구원을 받으십시오.

> "우리가 아직 죄인되었을 때에 그리스도께서 우리를 위하여 죽으심으로 하나님께서 우리에게 대한 자기의 사랑을 확증하셨느니라"(롬 5:8)

> "내가 네 허물을 빽빽한 구름의 사라짐같이 네 죄를 안개의 사라짐 같이 도말하였으니 너는 내게로 돌아오라 내가 너를 구속하였음이니라"(사 44:22)

천국과 지옥은 분명히 있습니다. 단 한 사람도 지옥으로 떨어지면 안 됩니다. 사단의 밥이 되지 마십시오. 어리석은 자가 되지 말고 지혜로운 자가 되십시오.

> "보라 지금은 은혜 받을 만한 때요 보라 지금은 구원의 날이로다"
> (고후 6:2)

> "평강의 하나님이 친히 너희로 온전히 거룩하게 하시고 또 너희 온 영과 혼과 몸이 우리 주 예수 그리스도 강림하실 때에 흠 없게 보전되기를 원하노라"(살전 5:23)

구원은 우리 스스로 참선을 해서 또는 도를 많이 닦아서 되는 것이 아닙니다. 왜냐하면 아무리 선행을 하고 도를 닦아도 죄는 그대로 남아 있기 때문입니다. 우리 죄를 씻기 위해서는 오직 예수님을 믿기만 하면 되는 것입니다. 값없이, 공짜로, 은혜로 죄사함 받아 구원을 선물로 받는 것입니다.

"너희가 그 은혜를 인하여 믿음으로 말미암아 구원을 얻었나니 이것이 너희에게서 난 것이 아니요 하나님의 선물이라 행위에서 난 것이 아니니 이는 누구든지 자랑치 못하게 함이니라"(엡 2:8~9)

"곧 예수 그리스도를 믿음으로 말미암아 모든 믿는 자에게 미치는 하나님의 의니 차별이 없느니라"(롬 3:22)

아무 차별이 없이 누구든지 회개하고 예수를 믿는 자는 구원을 받습니다.

"우리의 돌아보는 것은 보이는 것이 아니요 보이지 않는 것이니 보이는 것은 잠깐이요 보이지 않는 것은 영원함이니라"

(고후 4:18)

보이는 것은 잠깐이요
보이지 않는 것은 영원하나니

우리 죄를 씻기 위해서는 오직 예수님을 믿기만 하면 되는 것입니다. 값없이, 공짜로, 은혜로 죄사함 받아 구원을 선물로 받는 것입니다.

보이는 이 땅의 것들 때문에 보이지 않는 아름다운 영원한 것, 영생의 축복을 놓쳐 버리는 어리석음을 범하지 마십시오. 이제는 너무 따지지 말고 순전한 어린아이처럼 그냥 예수를 믿어 보십시오. 성령이 오셔서 모든 영적인 미지의 세계를 알고 느끼게 해 주실 것입니다.

여러분 모두 천국시민권을 소유하시길 바랍니다. 구원에는 부끄러운 구원과 넉넉한 구원이 있습니다. 이왕이면 다홍치마라고 죄

짓지 말고 선행을 많이 하고 섬김의 삶을 사셔서 상급이 있는 넉넉한 구원을 받으시길 바랍니다. 구원은 기적입니다.

"사랑하는 자여 네 영혼이 잘됨 같이 네가 범사에 잘되고 강건하기를 내가 간구하노라"(요삼1:2)

토론…

- 구원에 대해서 얘기해 봅시다.
- 당신은 구원의 확신이 있습니까?
- 구원의 기쁨을 온전히 누리고 있습니까?
- 만약 확신이 없다면 왜 그런지 나누어 봅시다.
- 구원의 확신을 가지고 다른 사람을 옳은 데로 인도하십시오. 별과 같이 영원토록 빛날 것입니다.(단 12:3)

"예수께서 가라사대 나는 부활이요 생명이니 나를 믿는 자는 죽어
도 살겠고 무릇 살아서 나를 믿는 자는 영원히 죽지 아니하리니
이것을 네가 믿느냐"(요 11:25~26)

이런 선언을 한 분은 오직 예수 그 분 한 분 뿐입니다. 이 세상의
어떤 훌륭한 성인도 다른 신도 이런 말씀을 한 적이 없습니다.

우리는 언젠가 죽음이라는 시간을 맞아야 하는 개인적인 종말이
옵니다. 죽음에 대해 살아 있을 동안은 태연하게 말하는 사람들이
많지만 정작 고칠 수 없는 난치의 병으로 누워 있는 환우들은 죽
음을 두려워하고 무서워하는 것을 볼 수 있습니다. 뭔지는 몰라도
죽으면 그 영혼이 지옥으로 간다는 느낌이 들기 때문입니다. 그런
데 이상하게도 예수 믿는 사람들은 죽음이 임박해 와도 슬퍼하거
나 부들부들 떨거나 괴로워하지 않습니다. 왜냐하면 그 영혼이 천
국으로 간다는 것을 믿고 있기 때문입니다.

세상에는 많은 종교가 있고 철학이 있고 많은 사상들이 있지만 이 죽음의 문제를 속 시원히 해결해 주는 처방전을 내리지 못했습니다.

오직 예수 그리스도만이 우리 죄를 위하여 대신 죽으시고 성경대로 사흘 만에 다시 살아나셨습니다.

> "내가 받은 것을 먼저 너희에게 전하였노니 이는 성경대로 그리스도께서 우리 죄를 위하여 죽으시고 장사 지낸 바 되었다가 성경대로 사흘 만에 다시 살아나사"(고전 15:3~4)

이것이 바로 위대한 부활사건입니다. 그런데 왜 하필 삼일 만에 살아나셨을까요?

사람이 죽으면 대부분 3일 장을 지냅니다. 이유는 3일이 지나면 완전히 죽어서 사망으로 처리되기 때문입니다. 따라서 예수님이 완전히 죽은 후에 다시 살아나셨다는 증거가 되는 것입니다. 3일이 아니라면 완전히 죽지 않고 죽기 직전에 있다가 어쩌다가 살아난 것이라고 허황된 소문이 퍼질 것이 아니겠습니까?

누구나 인정하는 완전한 죽음 후 삼일 만에 다시 살아나셔서 막달라 마리아와 제자들에게 나타났다가 갈릴리로 가셔서 제자들과 함께 식사도 하신 후에 의심 많은 도마에게 옆구리를 만져보라고 하시고 하나님께로 승천하신 것입니다. 그런데 이 영광의 부활은 십자가에 못 박혀 죽으신 고난 주간 후에 일어난 위대한 사건이라는 데 의미가 있습니다.

우리의 삶에도 고난의 때가 있습니다. 그러나 이 고난은 부활의 때를 기다리는 시간입니다. 고난을 끝까지 잘 인내하십시오. 하나님의 때가 차매 영광의 부활이 올 것입니다.

예수님의 부활을 조금도 의심하지 마십시오.

우리 역시 죽음 이후에 천국에 갈 수 있게 되었습니다.

> "내가 그리스도와 그 부활의 권능과 그 고난에 참예함을 알려 하여 그의 죽으심을 본받아"(빌 3:10)

> "예수는 우리 범죄함을 위하여 내어줌이 되고 또한 우리를 의롭다 하심을 위하여 살아나셨느니라"(롬 4:25)

보이는 것은 잠깐이요 보이지 않는 것은 영원하나니

우리의 삶에도 고난의 때가 있습니다. 그러나 이 고난은 부활의 때를 기다리는 시간입니다.

부활은 우리를 죄와 죽음의 심판에서 구원케 하는 능력입니다. 부활의 능력은 구원의 능력일 뿐 아니라 삶의 능력이 되는 것입니다. 기독교 신앙은 창조의 신앙이요, 임마누엘 신앙이요, 십자가 신앙이요, 부활의 신앙입니다. 우리 모두 부활의 신앙으로 승리하는 삶을 살아갑시다.

토론...

■ 부활에 대해 얘기해 봅시다.

■ 당신은 부활신앙을 소유하고 있습니까?

■ 아니면 의심하십니까?

영생

Eternal Life

"여호와 하나님이 가라사대 보라 이 사람이 선악을 아는 일에 우리 중 하나같이 되었으니 그가 그 손을 들어 생명나무 실과도 따먹고 영생할까 하노라 하시고"(창 3:22)

영생(eternal life)은 영원무궁한 생명(immortality)이고 하나님의 거룩한 뜻을 알고 행함으로써 천국의 복락을 길이 누리는 생활입니다.

성도는 예수 그리스도를 믿음으로 영생의 복을 누리게 됩니다. 쉽게 말씀드리면, 죽음 이후 영육의 분리가 일어나서 영혼이 천국으로 올라가 영원히 사는 것을 뜻합니다. 예수 그리스도 안에 있는 영원한 생명, 이 영원불멸한 생명을 영생이라고 합니다.

예수 그리스도를 믿고 마음에 나의 구주로 영접하면 값없이 은혜로 이 영생의 선물을 받게 됩니다. 천국은 죽음 이후에 가는 곳이지만 영생은 영접할 때 이미 얻었고 현재에도 소유하여 풍성한 삶을 누릴 수 있는 것입니다. 그러므로 사망에서 생명으로 옮겨진 것입니다.

"내가 진실로 진실로 너희에게 이르노니 내 말을 듣고 또 나 보내신 이를 믿는 자는 영생을 얻었고 심판에 이르지 아니하나니 사망에서 생명으로 옮겼느니라"(요 5:24)

구원받은 사실을 인식하는 자와 인식하지 못하는 자의 차이는 하루하루 영생의 소망 가운데 살아간다는 확신을 가지고 그 삶이 남을 포용하고 사랑할 수 있는가에 있습니다.

구원받은 사실을 인식하는 자와 인식하지 못하는 자의 차이는 하루하루 영생의 소망 가운데 살아간다는 확신을 가지고 그 삶이 남을 포용하고 사랑할 수 있는가에 있습니다.

그리스도인으로서 섬기는 리더십을 가지고 사람에게 감동을 주고 하나님께 감동을 드리는 행복한 삶을 살게 되시길 바랍니다.

토론...

- 영생에 대해 얘기해 봅시다.
- 당신은 영생을 얻었습니까?
- 당신은 영생을 얻은 자답게 기쁘게 살아가고 있습니까?
- 당신은 섬기는 리더로 감동적인 삶을 살고 계십니까?

기적은 상식으로 생각할 수 없는 신비로운 일로서 하나님께서 행하시는 일이나 때로 영물들도 행할 수 있습니다.

기적은 첫째, 불가사의(롬 7:9, 눅 11:4) 둘째, 희한한 능(행 19:11) 셋째, 표적(요 2:11) 으로 대표됩니다.

그러나 기적은 참된 기도의 열매입니다. 기도는 기적을 이루기 때문입니다. 기도 없이 기적은 일어나지 않습니다. 성경에는 많은 기적의 사건들이 있습니다. 바로의 군대에게 추격당하던 모세와 이스라엘 백성들은 바닷물이 갈라지고 물 밑에 고속도로가 생기는 기적을 통해 홍해를 거뜬히 건널 수 있었습니다.

유다의 히스기야 왕이 죽을 병에 걸렸을 때 벽을 보고 기도했더니 15년 동안 수명이 연장되어 계속해서 나라를 다스릴 수 있었습니다.

요나가 40일 후에 니느웨가 멸망할 것이라고 외쳤을 때 니느웨 백성들이 회개하고 기도함으로써 그들은 멸망치 않고 구원받게 되었습니다.

소돔과 고모라 성이 멸망될 때 아브라함의 간절한 기도로 롯의 가족은 구출되었습니다. 다만 뒤를 돌아보지 말라는 말에 불순종하여 소금기둥이 된 롯의 아내를 제외하고 말입니다.

이스라엘 백성이 출애굽 하기 전 하나님께서는 10가지 재앙으로 기적을 베푸셔서 바로가 항복하게 하셨습니다. 또한 사드락과 메삭과 아벳느고를 극한 풀무불에서 건져내셨고 다니엘을 사자의 굴에서 살려 내셨습니다.(단 3:16~17)

말씀으로 풍랑을 잔잔케 하신 예수, "나사로야 나오라" 하시며 죽은 나사로를 살리신 예수, 38년된 가망 없는 병자를 고치신 예수, 12년 동안 혈루증을 앓던 여인과 중풍병자를 고치신 예수, 소경 바디매오를 눈뜨게 하신 예수, 물고기 두 마리와 보리떡 다섯 개로 오천 명을 먹이신 예수(오병이어의 기적) 등 성경에는 수없이 많은 기적의 사건들이 기록돼 있습니다.

저는 병원 사역을 하는 가운데 아예 포기했거나 고칠 수 없는 말기 암을 포함, 희귀병에 걸린 성도들이 기도함으로써 기적적으로 고쳐진 사람들을 봅니다.

골수암을 기도의 기적으로 고친 어떤 권사님은 하나님께 너무 감사하여 암환자들에게 소망을 주기 위해 간증하면서 복음을 전하고 있습니다. 홍삼액이나 죽을 정성껏 끓여 와서 사랑을 베풀기도 합니다. 인간이 할 수 없는 한계 상황이 왔을 때 기도하십시오. 하나님의 기적의 능력이 나타납니다. 살아계신 하나님을 체험하게 됩니다.

하나님이 함께 하시면 기적이 일어나는 것입니다. 신앙은 기적입니다.

바울과 실라는 빌립보 감옥에 갇혀 억울하게 매를 맞고 고난을 당할 때 낙망하지 않고 하나님을 찬양했습니다. 그 때 기적이 일어나 옥문이 열리고 죄수들의 매인 것이 벗겨졌습니다. 그러나 간수장이 자기가 죄수들을 잘못 관리했다며 책임을 지고 자살하려 했습니다.

그 때 바울과 실라는 그를 붙들고’ 우리가 도망가지 않고 여기 있노라’ 라고 하면서 안심시키고 예수 그리스도의 복음을 증거했고 그의 온 집안은 구원을 얻게 되었습니다.

우리에게 가장 큰 기적은 죄사함 받고 천국에 가는 것입니다.

구원받고 영생을 얻는 것입니다. 왜냐하면 이 세상은 80년의 짧은 삶이지만 저 천국은 영원하기 때문입니다. 이 세상은 나그네 인생이지만 저 천국은 우리의 영원한 본향이기 때문입니다. 보이는 것은 잠깐이지만 보이지 않는 것은 영원합니다.

영원히 죽지 않고 하나님과 행복하게 살 수 있는 천국시민이 됩시다. 천국열차 티켓을 가지고 사는 것이 가장 큰 축복입니다. 지금도 기적은 수없이 많이 일어나고 있지만 가장 위대한 기적은 예수님 믿고 구원받는 것입니다. 그리고 믿음의 의지로 모든 불행을 딛고 일어서서 행복으로 삶의 행로를 바꾸는 것입니다. 기적은 바로 당신 안에 있습니다.

"내가 길이요 진리요 생명이니 나로 말미암지 않고는 아버지께로
  올 자가 없느니라"(요 14:6)

"주 예수를 믿으라 그리하면 너와 네 집이 구원을 얻으리라"

(행 16:31)

이 기적이 여러분과 여러분 가정에도 동일하게 일어나기를 바
랍니다.

토론...

- 기적에 대해 얘기해 봅시다.
- 당신은 기적을 체험한 적이 있습니까?
- 가장 위대한 기적은 예수님을 믿고 구원을 받는 것입니다. 예수님을
  만나는 기적을 경험하고 싶지 않습니까?

"지극히 높은 곳에서는 하나님께 영광이요 땅에서는 기뻐하심을
입은 사람들 중에 평화로다"(눅 2:14)

하늘에는 영광, 땅에는 평화! 예수님은 이 땅에 평화의 왕으로
오셨습니다.

성탄의 진정한 의미를 생각해 보셨습니까? 성탄은 하나님께서
아기 예수가 되셔서 친히 흑암에 사는 우리를 위해, 우리를 찾아
서 베들레헴의 초라한 마구간에서 탄생하셨습니다.

유대 땅에 호적을 다시 하라는 영이 내려 요셉과 마리아는 호적
을 하러 예루살렘으로 내려왔다가 사람이 너무 많아 쉴 만한 사관
을 얻지 못해 작고 초라한 마구간에서 휴식을 취하게 되었습니다.
그 새벽에 아기 예수가 탄생한 것을 알고 동방박사 세 사람이 유
향과 몰약과 황금을 가지고 별을 따라 아기 예수님을 경배하러 찾
아 왔습니다. 그리고 예물을 드리고 경배하고 떠나갔습니다. 예수

님은 하나님께서 동정녀 마리아에게 성령(The holy spirit)으로 잉태시키셨습니다. 요셉과 마리아가 정혼한 사이였기 때문에 순결을 지킨 요셉은 마리아를 의심했습니다.

그 때 하나님의 천사가 잠이 든 요셉의 꿈에 나타나서 "요셉아, 마리아 데려오기를 무서워 말라 그 아이는 내가 성령으로 잉태시켰으니 그 아이가 태어나면 예수라 이름 짓도록 하라"라고 말씀하십니다. 예수란 이름은 '저희 백성을 죄에서 구원할 구주' 라는 뜻을 가지고 있습니다. 하나님의 천사의 말씀에 믿음이 좋은 요셉은 조금도 의심하지 않고 앞으로 모든 백성을 죄에서 구원시킬 구세주로 믿고 마리아와 결혼했습니다. 이렇게 태어난 예수는 하나님과 사람 보기에 지혜와 키가 자라고 은혜가 충만히 임하여 3년 공생애 동안 하나님의 3가지 사역을 감당하셨습니다.

전도와 설교(preaching)를 하시고 가르치시고(teaching), 병을 고치시고(healing), 우리 죄를 위하여 십자가 수난을 당하시고 십자가에서 흘린 피로 인간들의 모든 죄 값을 구속하시고 "다 이루었다"라고 하시며 운명하셨습니다.

그리고 사흘 만에 부활하셔서 승천하시고 하나님 보좌 우편에 앉으시고 지금도 우리들을 위해 중보기도를 해 주십니다. 그리고 보혜사 성령님을 우리에게 보내 주셔서 우리 속에 늘 임재하시는 성령님이 우리를 고아와 같이 버려두지 않으시고 우리를 돌보시고 지켜주십니다.

마구간에서 초라하게 태어난 왕 중의 왕 예수님께서 인류를 향하신 진정한 사랑의 의미를 깨달으시기 바랍니다. 바로 예수님이 우리를 위해 찾아오신 그 날이 성탄절입니다.

이 예수님은 용신할 사관도 없으셔서 베들레헴 마구간에서 겸손하게 오셔서 구유에 누이게 되었습니다. 근본은 하나님의 아들이시나 사람으로 오셔서 사람의 집도 아닌 짐승의 먹이통에 눕게 된 것은 겸손의 극치요 그리스도의 비하입니다.

구유에서 나신 주님은 가장 소박하고 겸손한 인간상을 보여주셨습니다. 예수님이 그렇게 태어난 이유는 로마제국이 매년 정기적으로 인구조사를 했습니다. 그것은 군사력을 강화하기 위한 징병과, 세금을 징수하기 위한 정치적 수단으로 인구조사를 하기 위해 호적령을 내렸습니다. 그 때 요셉과 마리아도 자기 고향 베들레헴으로 갔습니다. 그들이 사는 곳은 갈릴리 나사렛(이스라엘 북쪽)이었는데 130㎞나 되는 험악한 산악길을 도보나 혹은 나귀를 타고 가게 되었습니다. 그것도 홀몸도 아닌 잉태한 몸으로 마리아는 어려운 행로를 해서 늦게 도착하였으나 쉴 방을 얻지 못해 마구간을 얻어 쉬게 되었습니다. 그 어려움 속에서 마구간에서 예수님이 탄생되어 우리를 위해 찾아 오셨습니다. 그 주님의 탄생을 기뻐하며 찬양 드려야겠습니다.

주님은 우리를 위하여 고난의 길을 걸으셨고, 우리를 위하여 십자가에 못 박혀 죽으셨고, 우리를 위하여 사흘 만에 부활하셔서 승천하셨습니다. 그리고 주님은 우리를 위하여 지금도 기도하고 계십니다. 아기 예수가 탄생한 크리스마스의 밤은 고요한 밤이었고 거룩한 밤이었습니다. 가난한 자, 병든 자, 소외된 자, 억압당한 자가 이 기쁨의 소식을 듣고 광명을 찾게 되며 해방의 은총으로 구원을 받는 성탄이 되길 바랍니다.

우리의 심령들을 깨워주시고 가난한 자에게 기쁜 소식을, 포로

된 자에게 자유를, 눈먼 자에게 눈을 뜨게 함을, 억눌린 자에게 해방을 주는 하나님의 은혜를 선포하기 위해 이 땅에 오신 예수님의 탄생을 진정으로 축하드립니다.

우리에게 구원의 기쁨을 주시는 그 은혜를 알지도 깨닫지도 못하는 불쌍한 영혼들에게 이 메시지를 전합시다. 성탄절은 술 마시고 흥청망청 쾌락을 즐기는 날이 아닙니다. 현란한 불빛으로 트리를 장식해 상술로 사용하는 날이 아닙니다. 좋아하는 사람끼리만 선물을 주고받는 날이 아닙니다. 선물 주는 산타클로스 할아버지를 기념하는 날이 아닙니다.

오늘날도 성탄절을 맞아 많은 사람들이 흥청이고 노래 부르며 좋은 음식 먹고 좋은 선물 사서 주고받으며 즐기는 동안에 거리에서 양로원에서 고아원에서 버림받은 가련한 사람들, 병원에서 질병으로 고생하는 안타까운 사람들의 사정을 아십니까?

성탄절엔 불우이웃을 찾아 소외된 이웃을 찾아 사랑을 나누십시오. 양로원, 고아원, 독거노인, 소년소녀가장, 청소년교도소, 성인교도소, 어두운 곳, 추운 곳을 찾아 행함으로 사랑을 나누십시오. 크리스마스가 다가오면 전국적으로 구세군의 종소리가 아기 예수 탄생의 진정한 의미를 알리며 울립니다. 구세군 바구니에 구제금을 드리는 기쁨을 누릴 수 있기를 바랍니다. 사랑의 빚으로 전달될 것입니다.

크리스마스트리의 유래는 이렇습니다. 어느 크리스마스 전날 종교개혁가 마르틴 루터는 홀로 눈 덮인 숲 속을 산책하다가 달빛을 받아 아름답게 빛나는 전나무를 보았습니다. 루터는 눈에 덮인 전나무도 달빛을 받을 때면 아름다운 광채를 발한다는 것을 깨달았습니다.

그는 전나무를 보면서 우리도 전나무처럼 예수 그리스도의 빛을 받을 때에 비로소 빛을 발할 수 있다는 것을 깨달았습니다.

마르틴 루터는 이 진리를 가족들에게 알리고 싶어 숲에서 전나무 하나를 베어서 집에 가지고 가서 예수님의 탄생일을 맞이하였습니다. 마르틴 루터의 전나무가 바로 크리스마스트리의 시작이 된 것입니다. 세상 상술로 만드는 트리와 예수님의 탄생일을 축하하는 크리스마스트리와는 그 의미가 매우 다르며 트리의 중요성을 깨닫고 함부로 트리를 만들어서 거리의 화려함을 장식하는 상술로 사용해서는 안 될 것입니다.

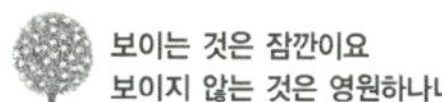

성탄절은 아기 예수님을 맞이하는 진정한 축하의 의미이며 죄인을 구원시키려 오신 예수님의 놀라운 사랑에 의한 인류 변화의 시점입니다. 하나님께서 인간의 몸을 입고 속죄양으로 오셨습니다. 구원주로 오셨습니다.

해마다 성탄절이 옵니다. 그리고 인간의 몸을 입고 말구유에서 탄생하신 예수님의 성탄을 정성을 다하고 마음을 다하여 기다리는 대강절, 대림절이 있습니다.

그 예수님이 재림주로 다시 오십니다. 우리는 그 날을 기다리고 기다립니다. 그리고 주님을 만날 때 순결한 새 신부가 되어서 영원히 함께 복락을 누릴 것입니다. 거기에는 조건이 있습니다. 주님을 맞은 자만이, 주님을 믿는 자만이 구원을 받아 우리 주님과 함께 영원히 동거할 것입니다. 그것이 영생이고 구원입니다.

영생을 사모하십시오. 성탄절을 기다리고 사모하고 기뻐하고 축하하십시오. 그리고 그 구원에 참예하는 지혜로운 사람이 되시기를 축복합니다.

평화의 성탄 종소리가 이 나라에도, 북한에도, 온 세계에도 사랑으로 빛으로 구원으로 울려 퍼지게 하소서!

Merry Christmas!

"그 어리신 예수 눌 자리 없어 아름다우신 몸이 구유에 있네

청천에 별들이 다 명랑한 데 그 어리신 예수 꼴 위에 자네"

토론...

■ 진정한 성탄의 의미를 서로 얘기해 보십시오.

■ 당신은 성탄절을 어떻게 지내십니까?

■ 세상 사람들이 맞는 성탄을 어떻게 생각하십니까?

■ 아름다운 성탄문화가 되길 토론하고 기도합시다.

영분별

Spiritual Discrimination

사람에게는 영혼이라는 것이 있습니다.

우리 사람은 몸(body)과 영혼(spirit)으로 구성되어 있습니다. 죽음의 정의는 몸과 영혼의 분리입니다. 그래서 몸은 시신이 되어 묘지나 화장터로 가서 한 줌 흙으로 돌아갔다가 주님 재림할 때 재조직이 되어 부활합니다. 그러나 분리되어 나온 영혼은 천국이나 지옥으로 가서 영원히 살게 됩니다. 그런데 죽음 전까지는 영혼이 우리에게 들어있기 때문에 그 영이 사단의 종으로 매여 있느냐 아니면 성령의 은혜로 채워져 있느냐는 엄청난 차이가 있습니다. 그 영이 사단의 놀이감으로 조종당하는 사람은 사단의 조종으로 죄를 짓게 됩니다. 죄의 노예가 되어서 죄를 지으면서도 양심의 가책도 느끼지 못하고 어떻게 하면 죄를 더 많이 짓느냐에 관심이 있습니다. 그 영이 사단에 속한 사람은 어떤 죄를 지어서 즐길까 하는 관심에 초점이 맞춰져 있습니다. 그러므로 그 굴레에서 빠져나오지 못하고 점점 더 악의 구렁텅이로 빠져 들어가 지속적인 죄를 짓다가 지옥에 가 버리는 것입니다.

그런데 문제는 이 사단에게 속한 악한 자들 때문에 성령에 속한 선하고 착한 사람들이 많은 해를 입게 된다는 것입니다. 선한 사람들에게 아픔과 상처를 주게 됩니다. 또한 타인에게 직접적인 해를 가하는 가해자로서까지 가지는 않는다 하더라도 사단의 지배를 받아서 술, 담배, 마약, 도박, 게임 등 이런 악한 습관 속으로 빠져 가는지도 모르고 살아가게 됩니다.

또한 시기질투, 미움, 증오, 거짓말 등에 매여서 하나님 나라에 아주 중요한 일꾼들을, 특별히 복음을 전하는 자에게 도전을 하여 괴롭히고 복음을 전하지 못하도록 방해합니다.

사단은 무서운 악마처럼 나타나서 접근하는 것이 아니라 천사처럼 가장하여 아주 좋은 사람처럼 신뢰할 만한 사람처럼 부드럽게 다가옵니다.

"사단도 자기를 광명의 천사로 가장하나니"(고후 11:14)

그리고 아주 교묘한 수법으로 꾀를 내어 속여 손해를 입히고 달아납니다.

우리는 영분별을 잘 해야 합니다. 악한 자인지 선한 사람인지 그 영을 잘 분별할 수 있는 영분별 은사를 달라고 기도해야 합니다. 가짜가 진짜로 꾸미는 일이 일어나 진짜가 해를 입습니다. 많은 사람들이 영분별을 하지 못해 가짜를 진짜인 줄 알고 그 말을 믿고 따라갑니다. 우리는 이리가 양의 탈을 쓰고 양 행세를 하는 악한 자들이 회개하고 새 사람이 되라고 성령의 사람이 되어달라고 기도해야 합니다.

우리는 성령에 속한 사람이 꼭 되어야 합니다. 사단에 속한 자는 그 양심에 화인 맞은 자입니다. 그 하는 모든 말이 천국에 있는 녹음 테이프에 녹음되어 있을 것이고 그 하는 모든 행동이 천국 비디오에 찍혀 있을 것입니다.

최후 심판대 앞에 섰을 때 핑계치 못할 것입니다. 그들은 지속적으로 사단의 노예가 되어 사단의 지시에 순종합니다. 영분별을 합시다. 진정한 영분별은 말씀 안에서 나타나고 기도하면서 분별할 수 있습니다.

여러분은 하나님이 창조하신 아름다운 피조물입니다. 사단의 종이 아니라 하나님의 종이 되기를 결심하십시오. 예수님 믿고 죄사함 받아 천국시민이 되어 성령의 사람이 되십시오.

한 번 태어난 인생인데 보람되고 가치 있게 행복한 삶을 살아야 되지 않겠습니까?

자유하십시오. 다시는 종의 멍에를 매지 마십시오.

진정한 영분별은 말씀 안에서 나타나고 기도하면서 분별할 수 있습니다. 여러분은 하나님이 창조하신 아름다운 피조물입니다.

[기도]
하나님 아버지, 우리에게 성령 충만을 주셔서
영분별을 할 수 있는 능력을 주옵소서.
사단의 속임수에 걸려들지 않게 하시옵소서.
가짜를 분별하게 하시옵소서.
그리고 나쁜 사단의 영을 받은 불쌍한 영혼들이
사단에게서 자유케 되어 성령의 사람이 되도록

은혜 내려 주시옵소서.
예수님의 이름으로 기도드립니다.
아멘.

토론...

- 영분별에 대해서 얘기해 봅시다.
- 당신은 영분별을 잘할 수 있는 맑은 영입니까?

주일성수
The Lord's Day

    이스라엘 사람들은 안식일을 지속적으로 지키고 있습니다. 안식일이란 날의 의미는 원래 하나님이 6일간 천지를 창조하시고 일곱째 날에 안식한 것에서 나온 것입니다.(창 2:2~3)

    안식일에는 원래 아무 노동도 하지 않고 하나님의 창조와 구원을 생각하면서 감사하며 쉬어야 했습니다.

    유대인들은 이 안식일을 거룩하게 지키고 자동차도 타지 않고 걸어서 교회에 갑니다. 오랫동안 하나님을 경외하고 그 마음을 중심하여 유대인의 단결을 지속해 왔습니다.

    주일이라는 개념은 예수님께서 십자가에서 못 박혀 죽으시고 사흘 만에 부활하신 후에 모든 신자들이 안식일 다음날에 일요일에 모여서 예배드리며 교제한 것입니다.

    예수님이 금요일 수난 후 삼일 만에 부활하신 그 날을 기념하여 안식 후 첫날 주일(The Lord's Day), 주님의 날이라고 정하고 그 날을 예배드리는 주일로 지키게 되었습니다.

그러나 주일성수의 개념과 유대인의 안식일 규례와는 차이가 있습니다.

유대인들은 지금도 안식일을 지킵니다. 그 시간은 금요일 오후 해질 때부터 토요일 오후 해질 때까지 24시간입니다. 우리 그리스도인은 주일을 잘 지키는 주일성수를 온전히 잘 지켜야 합니다. 왜냐하면 주일은 나의 날이 아니라 주님의 날이기 때문입니다. 하나님을 위하여 경배 드리고 영광 올려 드리는 날입니다.

하나님께 나아와서 경건하게 예배를 드리고 교회를 위해 봉사하고 선한 일을 하며 친교하고 기쁘게 안식합니다.

아직도 선데이 크리스천이 많은데 온전한 주일 하루를 하나님께 드리십시오.

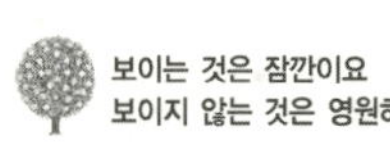

주일성수는 그리스도인의 의무입니다. 그러나 의무보다는 우리를 창조하시고 구원하여 주신 은혜에 감사하며 자신의 모든 것을 (마음, 정성, 봉사, 헌금) 드리고 하루 종일 교회에서 주님과 함께 교우들과 함께 지내는 것입니다. 친교와 공부 그리고 말씀을 통하여 우리의 삶이 거룩해지며 늘 그리스도께서 이루신 구원의 감격과 은혜를 체험하고 6일간을 맡겨진 일터에서 성실하게 살아가는 것입니다.

어떤 사람은 교회에 가지 않고 혼자 집에서 예배드리면 되지 않느냐고 묻습니다. 물론 가정예배도 있지만 몸이 아파서 교회에 못 갈 형편이 아니고는 하나님께 나아가야 합니다.

하나님은 우리의 얼굴 보기를 원하십니다. 예배의 의미는 하나님께 영광 올려드리고 또한 사람과의 관계에서도 친교, 성경공부, 이 모든 것이 예배 속에 포함되어 있습니다. 사람들과도 만나 친교를 나누어야 합니다.

어떤 아들이 미국에 가서 부모님께 온라인으로 용돈만 부쳐드리고 한국으로 한번도 나오지 않을 때 그 부모님은 온라인으로 용돈을 받아도 기뻐하지 않을 것입니다. 용돈보다도 아들 얼굴 한번 보는 것이 더 소원일 것입니다.

하나님께서도 우리가 교회에 나오길 원하십니다. 하나님께 나아와서 경건한 예배를 드리십시오. 그리고 교우들과 친교하고, 찬양하고, 성경공부하고, 함께 먹고 나누십시오. 이 모든 것이 예배의 일부입니다.

우리 모두 하나님이 기뻐하시는 주일성수를 잘 지키십시다.

"모이기를 폐하는 어떤 사람들의 습관과 같이 하지 말고 오직 그 날이 가까움을 볼수록 더욱 그리하자"(히 10:25)

"만일 안식일에 네 발을 금하여 내 성일에 오락을 행치 아니하고 안식일을 일컬어 즐거운 날이라 여호와의 성일을 존귀한 날이라 하여 이를 존귀히 여기고 네 길로 행치 아니하며 네 오락을 구치 아니하며 사사로운 말을 하지 아니하면 네가 여호와의 안에서 즐거움을 얻을 것이라 내가 너를 땅의 높은 곳에 올리고 네 조상 야곱의 업으로 기르리라 여호와의 입의 말이니라"(사 58:13~14)

■ 주일성수에 대해 얘기해 봅시다.

■ 당신은 온전한 주일성수를 드리십니까?

■ 주일성수를 방해하는 장애물은 무엇입니까?

십일조
Tithe

　하나님께서는 즐겨내는 자를 사랑하십니다. 우리는 하나님께 헌금을 드리는 방법이 두 렙돈을 즐거이 주님께 내어 드렸던 과부의 심정으로 헌금하는 성도들이 되어야 합니다.

　하나님께서는 우리에게 모든 만물을 주시고 다스리라고 하셨습니다. 그리고 생육하고 번성하라고 하셨습니다. 우리가 가진 모든 것은 하나님이 주인이고 우리는 그것을 관리하는 관리자에 불과합니다. 모든 물질은 청지기 정신으로 사용해야 합니다.

　물질은 10개 다 주님 것인데 그 중에 1, 2개만 하나님께 드려 하나님을 위해, 이웃을 위해 사용하기를 원하십니다. 나머지는 우리에게 다 주시고 우리로 하여금 풍요롭게 살기를 원하십니다. 그런데 우리는 반대로 생각합니다.

　10개가 다 우리 것인데 그 중에 1개를 하나님께 드리라고 하는 줄 알고 있습니다. 그래서 아까워하고 헌금하기를 싫어하는 것입니다. 십일조는 10분의 1을 하나님께 드려 물질 면에서 하나님과 올바른 관계를 맺으라는 하나님의 말씀을 따르는 것입니다.

"만군의 여호와가 이르노라 너희의 온전한 십일조를 창고에 들여
나의 집에 양식이 있게 하고 그것으로 나를 시험하여 하늘 문을
열고 너희에게 복을 쌓을 곳이 없도록 붓지 아니하나 보라"

(말 3:10)

온전한 십일조를 드리면 창고에 양식이 가득하게 해 주신다고
시험하여 보라고 하셨습니다. 하나님은 시험해 볼 대상이 아닙니
다. 그러나 십일조만큼은 우리에게 복을 주나 안 주나 시험해 보
라고 하셨습니다. 그만큼 강한 약속의 말씀을 주신 것입니다.

교회에서 헌금생활은 자랑스러운 봉사입니다. 사람을 내세우거
나 높이는 자랑이 아니라 다른 신앙인들로 자원해서 분발시키는
헌금을 하기 위한 선한 자랑이 되는 것입니다.

또한 본인에게 은혜와 축복이 되는 봉사입니다.

"이것이 곧 적게 심는 자는 적게 거두고 많이 심는 자는 많이 거둔다는
말이로다 각각 그 마음에 정한 대로 할 것이요 인색함으로나 억지로
하지 말찌니 하나님은 즐겨 내는 자를 사랑하시느니라"

(고후 9:6~7)

하나님의 모든 은혜가 우리들에게 넘칠 것입니다. 하나님께서
친히 하신 약속의 말씀입니다. 헌금은 즐겁게 드릴 수 있는 것이
고 반드시 따라오는 풍성한 즐거움이 있습니다.

하나님께 감사하게 하는 봉사입니다. 자신의 참된 신앙을 마땅히 헌금생활로 하나님께 감사해야 합니다. 헌금생활은 신앙생활을 잘 하는 대표적인 증거가 됩니다.

"네 보물이 있는 그 곳에는 네 마음도 있느니라"(마 6:21)

십일조는 소득의 10분의 1이라는 형식에 얽매이지 않고 일용할 양식 외에 모든 것을 하나님께 드리면 좋겠지만, 현실상 어렵기 때문에 소득의 10분의 1만 드리는 신앙고백의 표현인 것입니다. 하나님의 은총에 감사해서 드리는 것입니다. (빛과 소금 11월호 참고)

헌금방법은 정규적으로 해야 합니다. 헌금정신은 자원해서, 자유로운 의지를 가지고 즐거운 마음으로 하고 의무적으로 하지 말아야 합니다.

성경에서 십일조의 유래는 창세기 14장 20절에 소개되어 있습니다. 아브라함이 살렘왕 멜기세덱에게 전쟁에서 얻은 전리품의 십분의 일을 드리고 축복을 받고 응답을 받는 장면입니다. 여기서 십일조는 율법의 의무가 아니라 하나님께서 재정적인 축복의 원칙으로 사용하시는 것을 알 수 있습니다.

십일조는 정규수입 외에 새로운 수입이 생기면 그것까지 십일조를 해야 합니다. 또 십일조는 자기가 섬기는 교회에 우선적으로 드리는 게 원칙이지만 다른 단체를 돕고 싶으면 다른 재정으로 책정해서 해야 할 것입니다.

또한 배우자 몰래 십일조를 하지 말고 잘 설득해서 서로 정직하게 드려야 합니다. 하나님이 기뻐 받으시는 헌금이 되어야 될 것입니다.

　재정이 너무 어려우면 형편대로 하는 것이 좋습니다. 빚을 내어 가면서 하는 것은 마음의 기쁨이 없기 때문에 하나님도 기뻐 받으시지 않을 것입니다. 십일조의 액수보다 그 마음을 받으시는 하나님을 기억하십시오. 헌금하는 태도에서 하나님이 주실 복을 미리 계산하여 헌금하는, 투자형태의 헌금은 올바르지 않습니다. 헌금은 행복하게 살게 해 주신 하나님께 감사의 표현으로 드리는 것입니다.

우리는 수입의 십일조, 시간의 십일조, 건강의 십일조를 드려서 모든 일에 감사함으로 봉사하는 섬김을 드려야 합니다.

　또한 헌금은 미리 준비해서 하는 것이 좋습니다.(고후 9:4~5) 헌금은 즐거워하는 마음으로 드려야 합니다.(고후 8:2) 헌금은 자원하는 마음으로 하고(고후 8:3, 8) 하나님께서 받으실 향기로운 제물이 되어야 합니다.(빌 4:18)

　십일조 생활을 잘 하신 미국의 록펠러를 생각해 보십시오.

　우리는 수입의 십일조, 시간의 십일조, 건강의 십일조를 드려서 모든 일에 감사함으로 봉사하는 섬김을 드려야 합니다.

토론...

- 십일조에 대해서 얘기해 봅시다.
- 당신은 십일조를 잘 하십니까?
- 물질의 십일조, 시간의 십일조, 건강의 십일조도 지키고 계십니까?

빛과 소금

Light & Salt

"너희는 세상의 소금이니 소금이 만일 그 맛을 잃으면 무엇으로 짜게 하리요 후에는 아무 쓸 데 없어 다만 밖에 버리워 사람에게 밟힐 뿐이니라. 너희는 세상의 빛이라 산 위에 있는 동네가 숨기우지 못할 것이요 사람이 등불을 켜서 말 아래 두지 아니하고 등경 위에 두나니 이러므로 집안 모든 사람에게 비취느니라 이같이 너희 빛을 사람 앞에 비취게 하여 저희로 너희 착한 행실을 보고 하늘에 계신 너희 아버지께 영광을 돌리게 하라"(마 5:13~16)

소금은 부패하는 것을 막습니다. 소금은 녹아지고 짠 맛을 내야 합니다. 예수님께서는 십자가에 못 박히시고 자기 형체가 다 없어지고 깨어졌으나 그 보혈로 인류의 죄값을 청산한 위대한 구주가 되신 것입니다. 하나님께서 우리를 택한 것만 믿고 그 맛을 잃어 버리면 안 됩니다. 음식에 소금의 맛이 없으면 싱거워 먹을 수가 없게 됩니다.

배추김치가 소금에 절여져서 죽지 않으면 절대로 맛있는 김치가 될 수 없습니다. 1,200만 그리스도인의 소금이 녹아내리면 예수의 맛이 납니다. 1,200만이 빛을 비추면 어두운 곳이 밝게 빛나는 아름다운 세상이 될 것입니다.

우리의 의가 바리새인의 외식의 의보다 나아야 합니다. 본질도 좋고 현상도 잘 되어야 합니다. 변화되어서 진심으로 나오는 의가 외식의 의보다 월등히 나아야 하는데 우리 그리스도인이 그렇지 못한 아픔이 있습니다. 우리의 습관이 중요합니다. 경건에 이르는 연습, 방향 관리, 매일 기도, 말씀 묵상, 사랑의 실천 등의 빛을 내야 합니다.

빠르게 가는 것보다 더 중요한 것은 바르게 가는 것입니다. 시간관리, 자기관리를 잘하여 경건의 기도시간, 말씀묵상시간, 행함이 있는 이웃을 위한 사랑의 실천으로 빛과 소금의 역할을 잘 감당하는 신앙생활을 합시다.

빛과 소금으로 가는 길을 연구하고 습관화합시다. 우리 모든 그리스도인은 어두움을 밝게 비추는 빛이 되고 소금으로 짠 맛을 내는 신앙인이 됩시다.

정의는 소금입니다. 권력은 정의로워야합니다. 권력에 정의가 없으면 독재와 폭력이 되는 것입니다. 사회나 교회에 정의가 살아서 소금의 짠 맛 역할을 잘 내야 합니다. 사회에 정의가 없으면 부정부패가 많아지고 폭력사회가 됩니다. 가정에 정의가 없으면 가정이 파괴되는 것입니다.

마귀는 거짓말쟁이요, 거짓의 아비입니다.

보이는 것은 잠깐이요 보이지 않는 것은 영원하나니

경건에 이르는 연습, 방향 관리, 매일 기도, 말씀 묵상, 사랑의 실천 등의 빛을 내야 합니다. 빠르게 가는 것보다 더 중요한 것은 바르게 가는 것입니다.

"네 이웃에 대하여 거짓증거하지 말찌니라"(출 20:16)

"거짓 증인은 벌을 면치 못할 것이요 거짓말을 내는 자도 피치 못하리라"(잠 19:5)

"악인은 입술의 허물로 인하여 그물에 걸려도 의인은 환란에서 벗어나느니라"(잠 12:13)

거짓이 판치는 세상에서 빛으로 가는 길은 정직하게 사는 데 있습니다.

"거짓 입술은 여호와께 미움을 받아도 진실히 행하는 자는 그의 기뻐하심을 받느니라"(잠 12:22)

"스스로 속이지 말라 하나님은 만홀히 여김을 받지 아니하시나니 사람이 무엇으로 심든지 그대로 거두리라"(갈 6:7)

또한 빛과 소금으로 가는 길은 거룩해야 합니다.

"종말로 형제들아 무엇에든지 참되며 무엇에든지 경건하며 무엇에든지 옳으며 무엇에든지 정결하며 무엇에든지 사랑할 만하며 무엇에든지 칭찬할 만하며 무슨 덕이 있든지 무슨 기림이 있든지 이것을 생각하라"(빌 4:8)

빛과 소금으로 가는 길은 이웃을 섬기는 생활을 해야 합니다. 예수님의 모범을 따라서 수고하고 무거운 짐 진 자들의 짐을 가볍게 해 주는 것입니다.

> "그러므로 무엇이든지 남에게 대접을 받고자 하는 대로 너희도 남을 대접하라 이것이 율법이요 선지자니라"(마 7:12)

> "무리가 성문에서 책망하는 자를 미워하며 정직히 말하는 자를 싫어하는도다"(암 5:10)

> "너희의 허물이 많고 죄악이 중함을 내가 아노라 너희는 의인을 학대하며 뇌물을 받고 성문에서 궁핍한 자를 억울하게 하는자로다"
> (암 5:12)

빛과 소금으로 가는 길은 사랑을 실천해야 되는 것입니다. 입으로만 사랑한다고 말하는 사람은 좋은 종교인입니다. 하나님께서는 좋은 종교인을 좋아하시는 것이 아니라 사랑을 실천하는 사람입니다. 작은 것부터 사랑을 실천해 보십시오. 이것이 빛과 소금으로 가는 길입니다. 천국의 영광이 삶의 현장에 내릴 것입니다. 하늘 문이 열릴 것입니다.

토론...

■ 빛과 소금에 대해 얘기해 봅시다.

■ 당신은 빛입니까, 소금입니까?

■ 혹은 지금 빛과 소금이 되길 준비하고 있습니까?

선교는 주님의 지상명령이고 교회의 첫 번째 사명입니다.

선교는 해도 되고 안 해도 되는 선택사항이 아닙니다. 당연히 해야 되는 크리스천의 중요과제입니다.

> "너희는 가서 모든 족속으로 제자를 삼아 아버지와 아들과 성령의 이름으로 세례를 주고 내가 너희에게 분부한 모든 것을 가르쳐 지키게 하라 볼지어다 내가 세상 끝날까지 너희와 항상 함께 있으리라"(마 28:19~20)

> "오직 성령이 너희에게 임하시면 너희가 권능을 받고 예루살렘과 온 유대와 사마리아와 땅끝까지 이르러 내 증인이 되리라 하시니라"(행 1:8)

하나님은 세계복음화의 마지막 주자로 한국을 부르고 계십니다. 교회 성장의 밑거름이 될 특수선교 분야와 장애인 선교, 학원 선교, 병원 선교, 군 선교, 연예인 선교, 언론인 선교, 북한 선교, 일반전도, 해외 선교 등 다양한 계층의 이웃을 파고드는 전략으로 민족복음화와 세계복음화의 꽃을 피워야 할 것입니다.

이 땅에 살아가는 우리는 주님의 제자로서 이 부르심에 순종하여 다 같이 동참하는 전도자가 되어야 합니다. 지금까지 다양한 전도, 선교전략을 통해 최선을 다해왔지만 본질에서 왜곡된 적도 있었고 성공한 적도 있습니다. 더욱 효과적인 선교(전도)전략을 통해서 선교(전도)에 성공해야겠습니다.

선교의 근원은 하나님 안에 있습니다. 하나님은 자기 독생자를 이 세계 안으로 보내셨습니다. 예수님은 이 세상에 선교사로 파송되어 성령님과 함께 활동하시며 사람을 통하여 하나님 나라를 넓혀가고 계셨습니다.

"너희는 온 천하에 다니며 만민에게 복음을 전파하라"(막 16:15)

때를 얻든지 못 얻든지 우리는 복음을 전해야 합니다. 많은 영혼들이 사단의 밥이 되어 죽어가고 있습니다. 지옥으로 끌려가고 있습니다. 세상 사람들은 사람이 죽으면 그 사람이 없어졌다고 얘기하지 않고 저승으로 간다라고 "go(가다)"라는 단어를 씁니다. 정말 '어디로 가는 것' 입니다. 그런데 저승으로 가는 것이 아니라 바로 지옥으로 가는 것입니다.

인생은 어디서 와서, 왜 살며, 어디로 가는 걸까요?

천국 아니면 지옥으로 갑니다. 사단에게 끌려가면 지옥행입니다. 천사가 데리러 와야 천국으로 갈 수 있습니다. 아흔 아홉 마리를 남겨두고 잃어버린 한 마리 양을 찾아 헤매는 목자의 심정처럼 한 영혼이라도 지옥으로 끌려가서는 안 됩니다. 잃어버린 한 영혼을 찾으면 천국에서 큰 잔치를 베풀어 주십니다.(눅15장)

하나님의 소원은 디모데전서 2장 4절에 잘 나타나 있습니다. "모든 사람이 구원을 받으며 진리를 아는데 이르기를 원하시느니라"

내 가족, 내 친척, 내 이웃, 내 직장, 우리 민족, 세계 열방이 구원받도록 우리 모두 열심히 최선을 다하여 전도와 선교에 임해야 합니다.

주님이 주시는 성령의 능력을 공급받아 국내는 물론 세계를 향해 선교 터전을 넓혀가야 합니다. 최상의 선교(전도)전략을 통하여 지혜롭고 능력 있게 수행하여 하나님의 나라가 더욱 확장되기를 기대합니다.

> "내 말과 내 전도함이 지혜의 권하는 말로 하지 아니하고 다만 성령의 나타남과 능력으로 하여 너희 믿음이 사람의 지혜에 있지 아니하고 다만 하나님의 능력에 있게 하려 하였노라"(고전 2:4~5)

> "사람을 강권하여 데려다가 내 집을 채우라"(눅 14:23)

내가 전도하면 주님은 내 일을 해주십니다. 우리를 아직 데려가지 않고 남겨둠은 여러분과 저의 인생이 전도와 선교에 쓰임 받을 가치가 있기 때문입니다.

사명이 끝나면 열심히 장사한 달란트 이윤을 하나님 앞에서 정확하게 계수할 것입니다. 빛과 소금의 역할을 잘 감당합시다.

"일어나라 빛을 발하라"(사 60:1)

"많은 사람을 옳은 데로 돌아오게 한 자는 별과 같이 영원토록 비
취리라"(단 12:3)

토 론…

- 전도와 선교에 대하여 얘기해 봅시다.
- 세계를 품은 그리스도인에 대해 어떻게 생각하십니까?
- 당신은 전도를 많이 하십니까?
- 당신은 선교에 동참하고 있습니까?
- 지금 다시 한번 결단하는 시간을 가지십시오.
- 최상의 선교(전도) 전략을 세웁시다.

자기관리

Self Management

자기관리는 중요합니다. 자기관리에 성공한 사람들은 모든 일에 성공합니다.

하워드 헨드릭스는 "내가 당신에게 우려하는 것은 실패하는 것이 아니라 잘못된 방법으로 성공하는 것이다"라고 했습니다. 우리는 자신을 잘 관리하기 위해서 피해야 할 것이 있습니다. 먼저 돈의 유혹을 피하고 변론을 피해야 합니다. 유혹의 장소를 피해야 하고 낙심하는 습관들, 부정적인 생각을 다 없애고 피해야 합니다.

또한 온유한 성품을 가지며 경건에 이르기를 힘쓰며 믿음을 가지고 자기중심적이 아닌 하나님 중심적으로 살아야 합니다.

또한 믿음의 선한 싸움을 싸우며 죄와 정욕과 어둠의 영들과 싸워야 합니다.

믿음으로 결단하는 싸움이 있어야 승리가 이루어지는 것입니다. 자기관리에 실패하면 하나님의 큰 일꾼이 되지 못합니다. 분냄과 욕심과 시기질투와 미움에서 이겨 하나님이 원하시는 성품으로

가꿔 나가야 합니다. 자기를 부인하고 자기 십자가를 지고 따라가
는 섬김의 자세가 되어야 합니다.

하나님은 부지런하고 정직하고 인내가 있는 깨끗한 사람을 기뻐
쓰십니다. 그리고 사랑이 많은 사람을 쓰십니다.

또한 하나님께서 주신 재능과 은사를 잘 발견하여 하나님께서
원하시는 뜻에 합당하게 사용하는 지혜가 필요합니다. 자기관리
에서 빠질 수 없는 것이 시간관리입니다.

"세월을 아끼라 때가 악하니라"(엡 5:16)

예수님은 새벽 미명에 일어나 한적한 곳에 나가 기도하셨습니
다.(막 1:35) "새벽을 깨우리로다" 말씀하신 예수님은 새벽부터 자
기관리를 하셨습니다. 하나님께 기도하면서 하루 일과의 우선순
위를 정하고 만날 사람과 피할 사람을 정하셨습니다. 영분별을 잘
해야 합니다. 왜냐하면 사단은 천사처럼 가장하여 좋은 사람처럼
접근하여 그 정체를 숨기고 우리들을 삼키려 하기 때문입니다.

결코 자기 관리를 잘못해 의의 병기가 죄의 병기로 되는 일이 생
기지 않도록 기도해야 합니다. 성령이 인도하시는 뜻에 따르기 위
해 무릎을 꿇어야 합니다.

말씀을 묵상하고 자신의 성품을 변화시키며 육신의 정욕을 따라
살지 않고 성령의 능력을 따라 살아야 합니다. 자기를 쳐 복종시
켜야 합니다.

하나님의 훈련도 받아서 고난을 통과해야 합니다. 정금 같은 믿
음이 되어야 합니다. 인내를 온전히 이루어야 합니다.

그리고 하나님께서 주신 은혜에 감사하며 영생의 삶을 가진 사람답게 구원의 즐거움을 누려야 합니다. 그리고 항상 긍정적인 자아상을 가져야 합니다.

부정적인 생각, 원망, 불평은 하나님이 가장 싫어하십니다. 윌리엄 제임스는 "인정받으려고 하는 갈망은 인간의 뿌리 깊은 갈망이다"라고 했습니다. 사람은 인정을 해 주면 놀랍게 변하면서 창조적인 사람이 됩니다.

그러나 사람의 인정에는 변덕이 많고 믿을 수가 없기 때문에 하나님의 인정을 받기를 사모해야 합니다.

누가 보든지 안 보든지 하나님 앞에서 일을 하고 하나님 앞에서 생활한다는 것을 잊지 마십시오. 주님만이 우리의 진정한 위로자요 친구가 되어 주십니다.

그 주님과 함께 동행하며 생활하십시오. 우리의 언어가 거짓이 없도록 노력하십시오. 거짓은 그 사람의 인격을 망쳐버리는 사단입니다. 하나님께서도 싫어하시고 사람도 싫어합니다. 거짓의 언어를 버리고 참말만 하십시오. 언어의 위력은 대단합니다. 사람을 살리기도 하고 죽이기도 합니다. 선이 가득하기도 하고 독이 가득하기도 합니다.

항상 긍정적이고 비전의 말을 하십시오. 가나안 땅을 정탐한 여호수아와 갈렙은 다른 사람들과 그 언어가 달랐습니다. 생각이 달랐습니다. 긍정적이며 미래 지향적이었습니다.

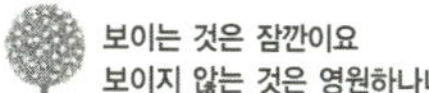

누가 보든지 안 보든지 하나님 앞에서 일을 하고 하나님 앞에서 생활한다는 것을 잊지 마십시오.

"여호와께서 우리를 기뻐하시면 우리를 그 땅으로 인도하여 들이시고 그 땅을 우리에게 주시리라 이는 과연 젖과 꿀이 흐르는 땅이니라 오직 여호와를 거역하지 말라 또 그 땅 백성을 두려워 말라 그들은 우리 밥이라 그들의 보호자는 그들에게서 떠났고 여호와는 우리와 함께 하시느니라 그들을 두려워 말라"(민 14:8~9)

정탐꾼 중 열 명은 가나안 사람들이 거인이고 우리는 메뚜기와 같다고 했는데 똑같은 땅의 상황을 보고 여호수와와 갈렙은 그들은 우리의 밥이라고 했습니다.

민수기 14장 28절에도 "너희 말이 내 귀에 들린 대로 내가 너희에게 행하리니"라고 말씀하십니다. 긍정적이고 창조적인 언어를 사용하십시오.

꿈이 있는 아름다운 언어를 사용하십시오. 상대를 칭찬해 주는 좋은 말을 사용하기를 노력해서 비판적 자아가 아니라 양육적 자아로 언어를 변화시키십시오.

항상 밝고 기쁜 모습으로 정결한 신부의 모습으로 긍정적이고 적극적인 모습으로 자기관리를 성찰시켜 하나님 나라에 훌륭하게 쓰임 받는 일꾼들이 다 되기를 바랍니다.

토론…

■ 자기관리에 대해 얘기해 봅시다.

■ 당신은 자기관리를 어떻게 하고 있습니까?

■ 신앙관리, 인격관리를 잘 할 수 있도록 토론해 봅시다.

"내게 구하라 내가 열방을 유업으로 주리니 네 소유가 땅 끝까지
이르리로다"(시 2:8)

젊은이들이여, 비전을 품으십시오. 대학생들이여, 꿈을 꾸십시오!
꿈이 있는 백성은 결코 멸망치 않습니다.

"여호와께서 너로 머리가 되고 꼬리가 되지 않게 하시며 위에만 있
고 아래에 있지 않게 하시리니"(신 28:13상)

삶에 비전이 없다면 그 삶은 허무하며 맹목적이며 되는대로 살
다가 그럭저럭 살다가 비참한 죽음을 맞을 것입니다. 그러나 그리
스도인은 성령께서 그 사람에게 비전을 품게 하시고 그 비전을 보
게 하시며 그 비전을 향하여 준비하는 삶을 살게 하시며 결국은
그 비전을 향한 꿈을 이루게 하십니다.

젊은이들이여, 이 땅에 당신이 태어난 것은 결코 우연이 아닙니다. 창세 전에 하나님께서 계획하셨고 하나님의 기쁘신 뜻대로 빚으셔서 태어나게 하셨습니다.

그리고 하나님의 섭리 속에서 성장되었으며 하나님의 뜻을 위해 선한 도구로 사용될 비전이 있습니다.

먼저 무엇이 되고자 하는 꿈을 가지십시오.

그 꿈을 마음에 품고 그 목표를 이루기 위해 여러분이 준비할 사항들을 준비하면서 마음에 품은 소원대로 이루실 것을 바라보면서 기도해야 합니다. 비전의 하나님께서는 우리에게 무엇이 되기 전에 먼저 무엇을 바라보게 하십니다.

"하나님은 아브라함에게 눈을 들어 너 있는 곳에서 동서남북을 바라보라 보이는 땅을 내가 너와 네 자손에게 주리니 영원히 이르리라"(창 13:14~15)고 말씀하셨습니다.

아브라함에게 자손을 주시기 전에 하늘에 있는 별들을 바라보게 하셨습니다.

구체적으로 어떻게 삶을 이끌어 갈 것인가는 산의 숲을 보고 그 산의 숲이 어떤 나무들로 심겨져 있는가 등 구체적인 방향을 설정해야 합니다. 그리고 이런 결정을 위해 기도해야 합니다. 그 비전을 구체적으로 자신이 가장 좋아하면서도 가장 잘 할 수 있는 것으로 계획해야 합니다. 부모님이 원하는 직업이나 만인들이 존경하는 직업이나 선망하는 직업, 돈을 많이 벌 수 있는 직업이 아니라 자신의 적성에 가장 잘 맞고, 하나님께서 나에게 주신 달란트가 무엇인지, 자신의 장점과 개성, 특기, 적성을 정확하게 빨리 발견해야 합니다. 그것을 발견한 후에는 그것을 이루는 날까지 끊임없이 기도하면서 노력하고 전진해야 합니다.

그 목표가 이루어지면 그 직업이 무엇이든지 당신은 그 직장 안에서 하나님의 선한 뜻을 이루는 직장선교사가 되어야 합니다. 이것이 하나님께서 원하는 당신에 대한 진정한 비전입니다. 이러한 비전을 갖고 그 목적을 이루기까지 당신이 준비해야 할 과제들이 있습니다.

첫째, 당신의 삶 속에서 죄악을 제거하고 거룩하기를 힘써야 합니다.

왜냐하면 하나님께서는 더러운 그릇은 쓰시지 않고 깨끗한 그릇을 즐겨 쓰시기 때문입니다.

> "큰 집에는 금과 은의 그릇이 있을 뿐 아니요 나무와 질그릇도 있어 귀히 쓰는 것도 있고 천히 쓰는 것도 있나니 그러므로 누구든지 이런 것에서 자기를 깨끗하게 하면 귀히 쓰는 그릇이 되어 거룩하고 주인의 쓰심에 합당하며 모든 선한 일을 예비함이 되리라"
>
> (딤후 2:20~21)

거룩은 능력을 나타냅니다. 다니엘은 거룩을 위해서 뜻을 정하고 우상에게 바친 음식 진미를 먹지 않았습니다. 왕의 우상 신상에 절을 하지 않았습니다. 그 결과 사자굴에 던져졌지만 통쾌하게 살아났습니다. 다니엘은 하나님을 두려워하고 진심으로 경배하는 신앙이요 사자굴에서 하나님께서 꼭 구해주실 것이라는 믿음을 가졌으며 또한 '그리 아니하실지라도' 의 굳센 믿음까지 갖추었습니다.

거룩을 지키십시오. 하나님께서는 깨끗한 그릇을 아주 소중하게 쓰시고 기뻐하십니다.

둘째, 실력을 갖추어야 합니다.

그 무엇을 결정한 것이 있으면 그 분야가 어떤 분야든지 간에 전문성을 가지고 그 분야에서 최선을 다하여 실력가가 되도록 노력하십시오.

> "내게 능력주시는 자 안에서 내가 모든 것을 할 수 있느니라"
>
> (빌 4:13)

공부하는 일이면 공부로, 기술이면 기술로, 과학 연구하는 일이면 연구로 그 분야에 필요한 것을 최선을 다하여 노력해서 실력을 갖추어야 합니다.

그냥 놀면서 기도만 한다고 되는 것이 아닙니다. 기도와 함께 최선을 다하는 노력을 아끼지 말아야 합니다. 가장 탁월한 실력가가 되어야 합니다. 또한 그렇게 되려면 그 일을 좋아하고 열심을 다해야 합니다.

셋째는 바로 열정입니다.

어떤 아이가 위대한 피아니스트가 되고 싶은 꿈을 꾸었습니다. 그런데 집안이 너무 가난해서 좋은 피아노는커녕 겨우 조그만 풍금을 갖게 되었습니다. 그런데 이 아이는 조금도 실망하지 않고 풍금을 치다가 또 친구 집에 놀러가서는 좋은 피아노로 연습을 많이 했습니다. 심지어는 큰 백지에 피아노 건반을 크게 그려서 손가락으로 계속 음반 짚기를 연습했습니다. 아이의 그 열정을 엄마가 본다면 돈이 없어도 열심히 노력해서 가장 좋은 그랜드 피아노를 사 주시지 않겠습니까?

우리 하나님께서도 열정을 가진 사람에게 그 열정과 열심을 보시고 그 꿈이 이루어지도록 은혜를 주시며 성령님께서 도와주십니다.

그리고 여러분들은 비전이 이루어진다는 긍정적인 자아상을 가져야 합니다. 살다보면 고난이 옵니다. 단순히 평탄할 수만은 없습니다.

넷째, 고난을 친구로 맞으십시오.

고난은 축복으로 다가오는 변장이라고 했습니다. 기도하면서 고난을 기뻐하고 즐기십시오. 고난을 오히려 신비로운 하나님의 손

길로 받아들이는 것입니다. 야곱, 모세, 요셉, 다윗, 다니엘과 세 친구, 욥, 사도 바울 선생님도 모두 고난의 학교를 통과했습니다.

성경의 인물들 모두가 고난을 통하여 고난의 신비를 체험하고 위대한 승리자가 되었습니다. 광야학교를 통과한 사람은 빛이 납니다. 겸손하고 온유한 사람이 됩니다. 나중에 목표를 이루고 훌륭한 사람이 되었을 때 교만하지 않고 하나님께 영광 돌려 드리게 됩니다.

고난을 위대한 스승으로 생각하십시오. 이런 고난까지 축복을 주기 위한 하나의 과정으로 생각하십시오. 고난을 통하여 정금같은 믿음의 소유자가 되며 하나님의 뜻을 이루는 사명자가 되는 것입니다.

고난은 없던 용기를 만들어 주어 슬기로운 용기의 사람이 되게 합니다. 고난 중에 절망에 빠지지 말아야 하며 고난을 기쁨으로 이기는 승리자가 되어야 합니다.

시험과 환란의 과정을 잘 지나고 극복한 자에게 하나님께서는 무한한 큰 사랑으로 축복을 주십니다. 그러므로 고난 후의 축복을 기대하면서 좌절과 실망, 낙망 이런 모든 부정적인 생각을 버리고 긍정적인 자아상을 가져야 합니다.

끝까지 참고 인내한 자에게 주시는 하나님의 큰 상이 있습니다. 그것이 바로 당신이 이루고자 하는 비전의 성취입니다. 또 하나 주어지는 상은 바로 고난당하면서 다듬어진 아름다운 인격입니다.

훌륭한 인격을 소유한 자가 그 분야에서 최고가 되면 더욱 많은 사람들의 존경을 받으며 내적으로 그리고 외적으로 진정한 하나님의 뜻을 이루어 나가는 비전을 이루는 사명자가 되는 것입니다.

고난을 절대로 두려워하지 마십시오. 오히려 기뻐하십시오.

다섯째, 꿈을 갖되 크게 가지십시오.

꿈을 가진 백성은 결코 멸망치 않으며 머리되고 꼬리되지 않습니다.

이제 모든 역경을 각오하고 열심히 해 보겠다는 의지와 열정을 가졌다면 꿈을 꾸되 크게 꾸십시오. 모험심을 가져 보십시오. 비전을 최대한 크게 가지십시오.

꿈을 작게 꾸는 자에게는 작게 임하고 크게 꾸는 자에게는 크게 하나님의 역사가 임합니다.

그 큰 꿈을 위하여 도전하면서 기도할 때 성령님의 도우심으로 비로소 그 목표가 이루어질 것입니다.

여섯째, 꿈을 크게 가지는 사람은 용기와 모험심이 필요합니다.

"내가 네게 명한 것이 아니냐 마음을 강하게 하고 담대히 하라 두려워말며 놀라지 말라 네가 어디로 가든지 네 하나님 여호와가 너와 함께 하느니라"(수 1:9)

역경 때문에 용기가 없어지는 이 시대에 우리가 요구받는 것 역시 용기입니다. 모험심입니다. IMF 이후 경제불황으로 우리는 힘과 용기를 잃었습니다. 우리의 성품 중에 용기와 모험심이 빠지면 아무것도 할 수가 없습니다. 용기를 내십시오. 모험을 무서워하지 마십시오. 실패에 대한 두려움에서 벗어나십시오. 그 꿈이 이루어

질까 의심하면서 의기소침해지지 마십시오.

꼭 이루어질 것이라는 기대감과 용기를 가지시기 바랍니다. 하나님께서는 용기가 있고 모험을 두려워하지 않는 도전자를 좋아하십니다.

일곱째, 이제 그 꿈을 향해 창의력을 발휘하십시오.

"이는 힘으로 되지 아니하며 능으로 되지 아니하고 오직 나의 신으로 되느니라 큰 산아 네가 무엇이냐 네가 스룹바벨 앞에서 평지가 되리라"(슥 4:6~7)

"내게 능력 주시는 자 안에서 내가 모든 것을 할 수 있느니라"

(빌 4:13)

어떻게 하면 그 일을 잘 계획하며 또 계획한 일들을 가장 최선으로 잘 해낼까 하는 고민과 함께 창의력을 가져야 합니다. 이 창의력은 하나님이 지혜를 주셔야 합니다. 성경말씀을 읽고 묵상하면서 기도를 깊이 했을 때 성령님이 도우셔서 우리에게 창의력을 개발할 수 있는 아이디어와 지혜를 무한히 내려주시는 것입니다.

여덟째, 우리는 우리의 인격을 아름답게 만드는 성품을 잘 다듬어야 합니다.

"이것을 인하여 나도 하나님과 사람을 대하여 항상 양심에 거리낌이 없기를 힘쓰노라"(행 24:16)

우리의 성품에 거짓이 없는 정직이 필요합니다. 정직한 사람은 남녀를 막론하고 기분 좋은 사람이며 믿을 만한 사람입니다. 그리고 사랑이 있는 사람이 되십시오.

아무리 정직해도 사랑이 없으면 율법주의자가 됩니다. 서기관과 바리새인처럼 율법주의자가 되면 그 사람 곁에 있고 싶지 않을 것입니다. 그러나 정직하면서 사랑이 있는 자에게는 늘 사랑을 베풀 만한 사람이 있게 되며 또 진정으로 마음을 여는 친구도 많습니다. 그런 자에게 하나님께서는 큰 사명을 맡기시는 것입니다.

직업이 판사이십니까? 당신의 업무를 잘 해내시면서 직장에서 만나는 모든 사람에게 복음을 전하는 직장선교사가 되십시오. 의사이십니까? 그러면 환자를 성실하게 치료하면서 만나는 환자들에게 의료선교사가 되십시오. 교사이십니까? 학생들에게 세상 학문을 열심히 가르치십시오. 또한 가르치는 제자들에게 복음을 전하는 교육선교사가 되십시오.

사업을 운영하고 계십니까? 회사를 발전시키는 데 전력을 다하며 또 직원들에게 복음을 전하는 직장선교사가 되십시오. 혹은 미용사이십니까? 고객의 머리를 아름답고 예쁘게 단장해 주십시오. 그리고 상냥한 말과 웃음으로 복음을 전하는 직장선교사가 되십시오.

여러분이 화가이십니까? 음악가이십니까? 연예인이십니까? 화가로, 성악가로, 가수로, 영화나 연극 또는 드라마에 출연하셔서 자신의 재능을 마음껏 개발하고 발휘하십시오. 많은 사람들에게 좋은 문화를 알리는 훌륭한 문화선교사가 되십시오.

훌륭한 스포츠 선수이십니까? 나라를 위하여, 온 국민의 즐거움을 위하여 최고의 선수가 되십시오. 그리고 당신의 모든 팬들에게 복음을 전할 수 있는 스포츠선교사가 되십시오.

기술자이십니까? 훌륭한 기술 개발로 편리하고 좋은 기구나 자동차들, 생활용품들, 전자제품들을 많이 만들어 사회발전에 공헌하십시오. 그리고 현장에서 만나는 직장동료들에게 복음을 전하는 직장선교사로 쓰임 받으십시오.

회사원이십니까? 공무원이십니까? 그 분야에서 성실히 일하셔서 최고가 되시고 자기 분야 동료들에게 복음을 전하는 직장선교사가 되십시오.

경찰공무원이십니까? 세상 범죄로부터 사회를 안전하게 지켜내고 헌신하시는 데 감사드립니다. 그러나 한 가지 더 하실 일이 있습니다. 죄인들에게 다시는 죄를 짓지 않도록 예수를 전하여 새사람이 되게 하십시오. 누구보다 훌륭한 직장선교사가 되실 것입니다.

당신이 미화원이십니까? 소방사이십니까? 경비원이십니까?

자신의 몸을 돌보지 않고 세상을 깨끗하게 하고 사회질서를 바로잡는 일에 헌신하시는 모든 분들에게 진심으로 감사드립니다.

여러분들 때문에 우리는 편안하게 살아갈 수 있습니다. 자신의 직업에 자긍심을 가지고 성실히 그리고 충실히 일하십시오. 그리고 주위사람들에게 복음을 전하는 직장선교사가 되십시오. 이것이 여러분을 향한 하나님의 비전입니다.

여러분은 여러분의 직장을 통하여 하나님의 사명자가 되는 것입니다.

그것이 진정한 당신의 비전이고 하나님의 비전입니다. 어떤 일을 하시든지 긍지를 가지고 승리하시기 바랍니다.

토론...

- ■ 당신은 비전이 있습니까?

- ■ 어떤 비전을 갖고 있습니까?

- ■ 비전을 위하여 무엇을 준비하고 있습니까?

리더십
Leadership

이 세상에는 리더가 많이 있습니다.

어쩌면 리더의 홍수 속에 살아간다 해도 과언이 아닐 것입니다. 너도 나도 낮은 자리보다는 리더의 위치에 앉기 위해 고군분투하고 있습니다.

그러나 리더는 자기 자신의 야망으로 세워지는 것이 아니라 하나님께서 적시적소(適時適所)에 세우신다는 것을 잊지 말아야 합니다. 하나님께서 인정하는 리더가 바른 리더십을 가지고 섬기며 나아갈 수 있기 때문입니다.

예수님께서는 "소경이 소경을 인도하면 둘이 다 구덩이에 빠지리라"(마 15:14) 라고 말씀하셨습니다. 모든 지도자들에게 경종을 울려주는 말씀입니다.

먼저, 리더는 하나님을 온전히 경외해야 합니다.

하나님을 모르고 살아가는 사람은 그 인격이 아무리 훌륭해도 불완전하며 자기가 온전하다고 생각하는 교만이 있는 것입니다. 자기 부족을 인정하고 하나님 앞에서 죄인이라는 겸손함을 지니고 철저히 하나님을 경외해야 합니다.

> "모든 사람이 죄를 범하였으매 하나님의 영광에 이르지 못하였더니"(롬 3:23)

예수님은 리더의 지도력을 가장 잘 보여주신 분입니다. 설교와 전도하시고(preaching), 가르치시고(teaching), 병을 고치시며(healing), 하나님께서 명령하신 사명에 충실하셨습니다.

지도자는 무엇보다 맡은 바 사명에 충실해야 합니다.

> "네가 죽도록 충성하라 그리하면 내가 생명의 면류관을 네게 주리라"(계 2:10)

> "너희 중에 누구든지 으뜸이 되고자 하는 자는 모든 사람의 종이 되어야 하리라"(막 10:44)

예수님의 리더십은 독재적이나 권위주의적이 아닌 겸손히 섬기는 자세로 임했습니다. 겸손히 낮아지셔서 제자의 발을 씻기시고 손수 섬김의 모범을 보여 주셨습니다.

리더는 실력을 갖추어야 합니다.
가르치는 것을 연구하여 전문성을 가져야 합니다. 자신도 잘 모르면서 남을 가르친다는 것은 어불성설입니다.

그 분야에서 최고의 실력을 연마하기 위해 노력하고 기도해서 지혜를 얻고 그렇게 소화한 실력을 가지고 남을 지도해야 할 것입니다.

리더는 성령의 인도를 받아서 차근히 가르쳐야 합니다.

자기가 최고인양 자기 마음대로 가르치면 안 됩니다. 주님이 가라하면 가고 서라하면 서는 순종의 자세로 성령님의 섭리하심과 인도를 따라 리더의 길을 손색없이 가야 합니다.

리더는 창조적 사고를 지닌 비전이 있어야 합니다.

가르치는 분야에서도 창조적인 계발이 필요합니다. 앞질러서 사고하고 남다른 능력을 계발해야 합니다. 비전을 향해서 도전해야 합니다.

리더는 끈기 있는 인내가 있어야 합니다.

앞장서서 리드할 때 어려운 시련에 부딪힐 때가 많습니다. 그 환란과 고난을 믿음으로 잘 극복하는 인내가 각별히 필요합니다.

"내 형제들아 너희가 여러 가지 시험을 만나거든 온전히 기쁘게 여기라 이는 너희 믿음의 시련이 인내를 만들어 내는 줄 너희가 앎이라"(약 1:2~3)

리더는 실패에도 좌절하지 않는 굳은 의지와 실패를 통하여 인생을 공부하는 겸허한 자세가 있어야 합니다.

그 인생공부는 더 좋은 창조를 낳는 밑거름이 되는 것입니다.

리더는 정직해야 합니다.

"미련한 자의 입은 그의 멸망이 되고 그 입술은 그의 영혼의 그물
이 되느니라"(잠 18:7)

리더가 정직하지 못하면 구성원들에게 신뢰를 주지 못할뿐더러 영향력을 힘껏 발휘 못해 일하기가 힘들어집니다. 어떠한 상황에도 정직하여 일을 능력있게 수행하고 그 구성원들을 잘 이끌어 가며 존경받는 지도자가 되어야 합니다.

리더는 물질과 이성에 깨끗해야 합니다.

"그러므로 감독은 책망할 것이 없으며 한 아내의 남편이 되며 절제
하며 근신하며 아담하며 나그네를 대접하며 가르치기를 잘하며
술을 즐기지 아니하며 구타하지 아니하며 오직 관용하며 다투지
아니하며 돈을 사랑치 아니하며 자기 집을 잘 다스려 자녀들로 모
든 단정함으로 복종케 하는 자라야 할지며 사람이 자기 집을 다스
릴 줄 알지 못하면 어찌 하나님의 교회를 돌아보리요"
(딤전 3:2~5)

우리는 이런 리더의 덕목을 지녀서 하나님께 지속적으로 쓰임

받는 리더가 됩시다.

　리더는 우유부단하지 않고 결단력이 있어야 합니다.
　부드럽고 온화하면서도 단호하게 결단할 때는 결단을 해야 합니다. 이리저리 끌려 다니면 안 됩니다. 그러나 사랑이 없이 무조건 결단해서도 안 됩니다. 충분한 사랑을 가지고 깊이 생각해야 합니다. 충분한 사고를 해야 합니다.
　그리고 기도한 후에 성령의 도우심을 받아 결단하는 것입니다.
　모든 일에 훌륭한 리더가 되어 하나님께서 기뻐하시는 큰 일을 많이 이루어 나가며 제자들을 많이 키우는 바나바 같은 멋진 리더가 되길 바랍니다. 사도 바울 같은 추진력 있는 위대한 리더가 되길 바랍니다.

토론...

- 리더십에 대해 얘기해 봅시다.
- 당신은 리더입니까?
- 리더의 덕목을 잘 갖추고 있습니까? 혹은 못 갖추고 있습니까?
- 잘 갖추기 위해 어떻게 노력해야 할까요?

제2부

아름다운 세상을 위하여

행복은 좋은 운수(good fortune)라고도 하고 심신 욕구가 충족되어 만족감을 느끼는 정신상태(happiness)라는 의미가 있습니다.

> "내가 오늘날 네 행복을 위하여 네게 명하는 여호와의 명령과 규례를 지킬 것이 아니냐"(신 10:13)

우리는 일반적으로 '저 사람은 행복할 거야' 라는 말을 하고 또 듣습니다. 그러나 그 행복의 기준은 돈이 많기 때문에, 공부를 많이 해서, 자녀들이 잘 되어서, 건강하기 때문에, 직업이 좋아서, 가문이 좋아서, 외모가 잘 생겨서 등 이러한 외부적인 조건을 보면서 행복하다고 결론을 내리고 판단을 합니다. 이런 것들도 사람의 가치관에 따라 행복할 수 있는 요인이 될 수는 있습니다. 그러나 이런 것들이 다 주어져도 그 사람의 만족도를 채우지 못하고 끊임없이 인생의 갈증을 느끼는 사람들이 많습니다. 행복의 파랑

새를 찾아다니는 사람들이 많습니다.

행복은 가장 가까운데서, 가장 가치 있는 데서, 가장 작은 것에서 온다는 사실을 잊고 있는 것입니다. 또한 진실한 사랑이 있는 곳에 행복이 있습니다. 그 진정한 행복은 바로 그리스도를 믿는 믿음에 있는 것입니다.

그리고 그 믿음으로 하나님께 사랑을 받는 것입니다.

"나의 힘이 되신 여호와여 내가 주를 사랑하나이다"(시 18:1)

그 어떤 것보다도 주님을 사랑하는 것이 행복함입니다. 그리고 주님을 사랑한 것만큼 주님께 사랑받는 것이 행복입니다. 오직 주만 나의 반석이시요, 구원의 뿔이시요, 산성이시요, 행복이시니 내가 요동치 아니하리로다. 행복은 심신욕구가 충족되어 만족감을 느끼는 정신상태라고 했는데 그 무엇에서 만족감을 얻어 보았나요?

"사람을 보며 세상을 볼 때 만족함이 없었네 나의 하나님 그 분을 볼 때 나는 만족하였네" 가스펠송 가사처럼 주님을 바라볼 때 진정한 행복이 온다는 것을 깨닫기 바랍니다. 보이는 것들만 추구하는 행복을 잡으려고 허우적거리지 말고 보이지 않는 영적인 것에서 진정한 의미를 찾아 가치 있는 삶을 살기 바랍니다.

어렵고 힘들어도 의미 있는 삶은 행복합니다. 하나님을 믿는 성도들은 행복합니다. 행복한 가정은 예수님을 믿고 거룩을 유지하

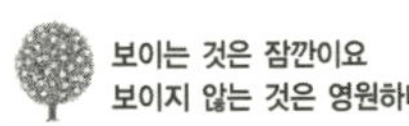

보이는 것들만 추구하는 행복을 잡으려고 허우적거리지 말고 보이지 않는 영적인 것에서 진정한 의미를 찾아 가치 있는 삶을 살기 바랍니다.

는 가정입니다.

이 세상의 부를 다 누린 솔로몬 왕이 전도서에서 "모든 것이 헛되고 헛되니 헛되고 헛되도다"라고 했습니다.

이 세상 것은 물거품처럼 허망한 것입니다. 진정한 행복을 주는 그리스도를 만납시다. 그 분은 시들지 않으며 영원하며 진정한 만족이며 아름다움입니다.

> "이스라엘이여 너는 행복자로다 여호와의 구원을 너같이 얻은 백성이 누구뇨 그는 너를 돕는 방패시요 너의 영광의 칼이시로다 네 대적이 네게 복종하리니 네가 그들의 높은 곳을 밟으리로다"
>
> (신 33:29)

행복의 조건은 결과가 아니라 선택입니다. 세상을 선택할 것인가, 하나님을 선택할 것인가 감정으로 반응하지 말고 의지로 반응하십시오. 불행의 포로가 아니라 의지의 포로로서 행복을 잡는 포로가 되십시오.

"사운드 오브 뮤직"이란 영화에서 주인공인 마리아 유사가 수녀원에서 수녀훈련을 받다가 음악을 좋아해서 노래를 자주 부르다가 '당신은 수녀로서의 품성을 갖추지 못했습니다' 라는 평가와 함께 쫓겨났을 때 수녀원에서 나오면서 이런 노래를 부르며 거리로 뛰어가고 있었습니다.

"하나님은 나의 삶을 인도하여 창문을 열어줍니다. 주님이 문을 닫으시더라도 어디엔가 주님은 나를 위한 창문을 열어두십니다. 주님은 한쪽 문을 닫으면 다른 쪽 문을 여십니다."

마리아는 아이들이 많은 대령가정에 가정교사로 들어갑니다. 아이들을 가르치다가 천둥이 치는 무서운 날에 아이들이 천둥소리에 무서워하며 모두 고개 숙이고 숨어 버릴 때 아름다운 목소리로 또 이런 노래를 부릅니다.

"두려움을 이기는 것은 좋은 것만 생각하세요. 하늘의 별들, 수선화, 푸른 초원, 주전자와 예쁜 장갑, 초인종과 썰매장들, 달보고 날개짓하는 거위, 코에 눈썹에 떨어진 눈송이들, 봄기운에 녹는 은빛 겨울 풍경, 행복을 잃은 사람에게 노래하게 만들어요. 한 사람의 행복이 전염병처럼 퍼질 거예요."라는 노래를 부르면서 행복 바이러스를 퍼뜨릴 때 아이들이 무서움에서 벗어나 활짝 웃는 모습으로 전부 일어났습니다. 그리고 가정교사 앞으로 모여들어 심하게 천둥치는 무서운 밤을 행복한 밤으로 보내는 즐거운 장면이 있습니다.

행복은 이렇게 만들어 가는 것입니다. 불행의 조건이 많아도 행복할 수 있습니다.

주님 안에서 당장 행복을 준비하면서 행복하십시오. 사소한 일에 짜증내지 말고 인내하며 행복을 만들어 가십시오. 열정이 있는 사람은 어떤 상황에서도 행복합니다.

마음을 다하여 주께 하듯 하고 사람에게 보이지 않는 자세로 사는 사람은 항상 행복합니다. 환경의 지배를 받지 않습니다. 반드시 역경을 이기고 승리하며 행복합니다.

고난 때문에 하나님의 목적을 알고 행복해 하는 것입니다. 말씀을 듣고 읽는 그 시간, 하나님을 찬양하는 그때, 하나님이 임마누엘 하셔서 나의 삶을 이끌어 가시는 그때, 기도의 시간, 복음 전하는 그 시간은 매우 행복합니다. 비오는 날, 하나님이 내려주시는 단비를 바라보면서 따뜻한 커피 한 잔을 마실 때, 퇴근해서 돌아오면 집안에서 아들과 함께 대화하며 식사하는 그 시간, 이 모든 것들이 다 행복의 시간들입니다. 나는 참으로 행복을 느낍니다. 모든 것이 감사하고 행복한 시간들입니다.

행복을 너무 멀리서 찾으며 크고 허황된 것으로, 이 세상에서 추구하려고 하다가 만신창이가 되지 마십시오. 행복은 찾아다니는 것이 아닙니다. 땀을 흘리며 노력하여 만들어가는 것입니다. 그러므로 행복은 예술품입니다.

진정한 행복은 예수 그리스도에게서 옵니다. 주님 안에서 진정한 행복을 누리십시오. 그 행복을 다른 이에게 나눠주는 영향력 있는 삶을 사는 사람은 진정으로 행복한 사람입니다.

토 론…

- 행복에 대해 얘기해 보십시오.
- 당신은 현재 행복하십니까?
- 행복하지 않다면 무엇이 문제입니까?

"만물보다 거짓되고 심히 부패한 것은 마음이라 누가 능히 이를 알 리요마는"(렘 17:9)

마음은 인간 속에 자리 잡은 감추어진 것 중에서 가장 중요한 부분입니다. 이 마음은 숨겨진 부분이며 사람에 따라서는 이중적인 부분도 있기 때문에 오랫동안 겪어 보아도 100% 알아내기 힘듭니다.

그래서 마음은 사람을 보는 데 있어서 가장 중요하게 여겨집니다. 하나님은 사람을 외모로 보지 않고 그 중심을 보신다고 말씀하셨습니다. 또 하나님은 다윗 왕을 향하여 "내 마음에 합한 자"라고 말씀하셨습니다.

우리는 어떤 사람에 대해 애기할 때 내 마음에 드는 사람, 혹은 내 마음에 들지 않는 사람으로 구분합니다. 또 사람들은 상대의 마음에 들려고 얼마나 많은 노력을 하는지 모릅니다. 이처럼 마음은 어떤 사람을 평가하는 하나의 큰 잣대로 여겨집니다.

그래서 우리는 무엇보다도 마음을 잘 쓰고 잘 다스리는 지혜가 필요합니다.

선과 악이 구분되는 것도 마음에서 시작됩니다.

"무릇 지킬 만한 것보다 더욱 네 마음을 지키라 생명의 근원이 이에서 남이니라"(잠 4:23)

"심령이 가난한 자는 복이 있나니 천국이 저희 것임이요"(마 5:1)

'마음이 고와야 여자지 얼굴만 예쁘다고 여자냐'(남자도 예외는 아닙니다)라는 유행가 가사도 있습니다. 최근 얼짱, 몸짱, 인기짱 등 이런 유행어는 있어도 마음짱이라는 단어는 유행하지 않습니다. 이 세상에 아니 크리스천 속에 마음짱이 많으면 얼마나 좋을까요?

여러분, 얼짱이 되려고 얼굴 성형(하나님의 작품대로가 아름다워요)을 하고 몸짱이 되려고 키 크는 호르몬을 투여 받고 헬스클럽에 들락거리면서 살을 빼고, 인기를 위하여 온갖 제스처를 취하는데 무엇보다도 먼저 마음짱, 인격짱이 되도록 노력해야 합니다.

여러분은 마음짱이 되려고, 인격짱이 되려고 얼마나 성화를 이루고 사십니까? 마음을 잘 먹느냐, 못 먹느냐에 따라 인생의 승패가 달라집니다.

"내가 내 마음에 죄악을 품으면 주께서 듣지 아니하시리라"

(시 66:18)

모든 것은 마음먹기에 달렸다고들 합니다. 정말 마음먹기에 달렸습니다.

매사에 마음을 잘 먹어야 아름다운 결과들이 나올 수 있습니다. 마음을 잘 가꾸고 닦으십시오. 성령님의 도우심으로 나쁜 마음을 조금이라도 갖지 말고 좋은 마음을 가져서 하나님의 칭찬의 극치에 도달하는 사람이 되시기 바랍니다.

그리고 행복한 삶을 사십시오.

마음을 얼마나 잘 다스리느냐에 따라서 우리의 인생도 놀라운 축복의 삶이 될 것입니다.

여러분의 마음밭이 가시밭, 길가밭, 돌밭이 아니라 옥토밭이 되시기를 바랍니다.

우리 그리스도인만이라도 모두 마음짱이 된다면 이 땅은 분명히 밝고 아름다운 세상이 될 것입니다. 우리 모두 하나님이 기뻐하시는 아름다운 마음을 가집시다.

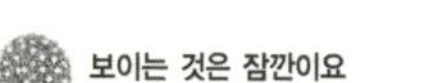

여러분의 마음밭이 가시밭, 길가밭, 돌밭이 아니라 옥토밭이 되시기를 바랍니다.

"우리가 마음에 뿌림을 받아 양심의 악을 깨닫고 몸을 맑은 물로 씻었으니 참 마음과 온전한 믿음으로 하나님께 나아가자"(히 10:22)

토론…

■ 마음에 대해 얘기해 봅시다.

■ 당신의 마음은 옥토밭입니까?

■ 아니면, 가시밭, 길가밭, 돌밭이십니까?

  아름답다는 말은 예쁘고 곱다, 즉 beautiful의 의미가 있고, 사물의 됨됨이가 기쁨과 만족한 느낌을 줄 만하다의 lovely란 의미가 있습니다.

  쉽게 표현하면 겉과 속, 외모와 내면(중심) 둘 다를 얘기합니다. 또한 아름다움에는 자연의 웅장함과 섬세함의 조화도 포함되어 있습니다.

  또한 성실하게 일하는 모습도 아름다워 보입니다. 사람의 탁월함은 가장 아름답습니다.

  아름다움의 범위는 이처럼 광범위합니다.

  우리는 일상생활 속에서 만나는 사람들의 모습을 살펴보면 4가지 형태로 나누어 볼 수 있습니다. 첫째는 외모가 예쁘고 잘 생기고 멋있는데 그 내면 마음 씀씀이까지 아주 아름다운 사람을 봅니다. 정말 통쾌, 유쾌, 상쾌, 그 자체입니다. 금상첨화입니다.

  둘째는 외모는 킹카 또는 퀸카인데, 마음은 못됐고 성품이 사나운 사람들이 있습니다. 정말 인물값(?)을 못하는 사람들입니다. 셋째는 외모는 좀 못나고 자유분방하다고 할 정도로 기준치에 좀 떨어지지만 마음만은, 그 됨됨이는 최고 수준인 사람들이 있습니다.

하나님은 중심을 보십니다.

넷째는 외모도 잘 나지 못한 사람이 마음도, 생각하는 것도 기기다 행동까지, 외적인 면과 내적인 면 모두 갖추지 못한 사람들이 있습니다.

이처럼 아름다움의 관점은 여러 형태로 나눠집니다. 여러분은 어디에 해당되십니까?

적어도 이 세상에 태어나 하나님의 자녀가 되었다면 진정한 아름다움을 간직하며 살아야 되지 않겠습니까?

'아름다운 사람들' 아무리 들어도 싫증나지 않고 또 듣고 다시 듣고 싶은 말입니다. 우리 모두 '아름다운 사람들'이 됩시다.

우리는 인내심을 가지고 하나님이 때를 따라 아름다움을 주시기를 기다려야 합니다. 하나님이 주시는 아름다움이 빛을 발할 때 세상은 감탄할 것입니다.

이 아름다움은 인격과 행함 속에 나타나는 진실한 내적 아름다움을 말합니다.

진정한 아름다움은 마음으로부터 우러나야 합니다. 이런 사람은 바로 그리스도를 마음 중심에 모신 사람입니다. 예수님은 자신의 삶을 통하여 아름다움을 보여 주셨습니다.

잃어버린 양을 찾는 선한 목자, 인생의 상처를 치료해 주시는 치료자, 그 분의 아름다운 십자가의 죽음, 이 모든 거룩함의 아름다움을 채워주시는 그리스도, 우리는 성찬식을 거행할 때마다 그리스도의 아름다운 죽음을 기억하면서 나의 고통, 나의 시련, 이런 모든 것들을 아름다움으로 승화시켜야 합니다.

그리스도를 닮은 주님의 마음으로 인생을 사셔서 확실하고 진실한 내면의 아름다움을 갖춘 하나님이 인정하는 아름다운 사람이 다 되시기를 바랍니다.

주님이 주시는 은혜를 힘입고 우리 함께 노력합시다.

그리스도를 닮은 주님의 마음으로 인생을 사셔서 확실하고 진실한 내면의 아름다움을 갖춘 하나님이 인정하는 아름다운 사람이 다 되시기를 바랍니다.

> "하나님이 모든 것을 지으시되 때를 따라 아름답게 하셨고 또 사람에게 영원을 사모하는 마음을 주셨느니라 그러나 하나님의 하시는 일의 시종을 사람으로 측량할 수 없게 하셨도다"(전 3:11)

토 론…

- 아름다움에 대해 얘기해 봅시다.
- 당신은 아름답습니까?
- 그렇다면 외모입니까? 내면입니까? 혹은 둘 다입니까?
- 가장 아름다운 것은 무엇입니까?

"내게 주신 은혜로 말미암아 너희 중 각 사람에게 말하노니 마땅히
생각할 그 이상의 생각을 품지 말고 오직 하나님께서 각 사람에게
나눠주신 믿음의 분량대로 지혜롭게 생각하라"(롬 12:3)

생각이란 의견, 느낌, 사고(思考), 사상(思想), 깨달음, 사려 등
다양한 뜻이 포함되어 있습니다. 삶을 살아갈 때는 생각이 복잡하
지 않고 단순해야 한다고 말하는 사람들이 있습니다. 생각을 단순
하게 할 때가 좋을 때가 있는가 하면 때로는 깊이 생각하고 심사
숙고해야 할 때도 있습니다. 매사에 잘 생각해 보고 말을 해야 하
며 잘 따져 보고 행동에 옮겨야 합니다. 이처럼 생각이란 우리 삶
에 나타나는 행동을 결정짓는 중요한 매개체가 됩니다.

'말하기 전에 생각하라'

이 말을 해야 될 것인지, 하지 말아야 할 것인지, 이 행동은 해야
될 것인지, 하지 않아야 할 것인지를 생각하고 결정해야 합니다.

생각하지 않고 말하기 때문에 타인에게 상처 주는 말을 하고, 생각 없이 저지르는 우발적인 행동으로 많은 일을 그르치는 사람들이 있습니다.

또한 어떤 생각을 하느냐는 더욱 중요합니다. 생각은 그 사람의 인격을 좌우합니다. 우리는 무엇을 생각하느냐에 따라 그 생각대로 됩니다.

"대저 그 마음의 생각이 어떠하면 그 위인도 그러한즉"(잠 23:7)이라고 말씀하고 있습니다. 생각하는 것이 마음에 가득하게 되면 그것이 말과 행동으로 나오게 되는 것입니다. "모든 생각을 사로잡아 그리스도에게 복종케 하니"(고후 10:5)라고 말씀합니다.

선한 생각을 하느냐, 악한 생각을 하느냐에 따라 인생이 달라집니다. 사려 깊은 좋은 생각을 많이 하는 사람은 좋은 사람이 되게 되어 있습니다.

그러나 나쁜 생각을 많이 하는 사람은 나쁜 길로 끌려가게 되어 있습니다. 이 모든 것은 배후에 사단이 조종하기 때문입니다.

부정적인 생각을 많이 하면 부정적인 사람이 되고 긍정적인 생각을 많이 하면 긍정적인 사람이 됩니다. 여러분은 평소에 무엇을 많이 생각하십니까?

건설적이고 좋은 생각을 많이 하십시오. 창조주 하나님을 생각하고, 좋은 단어들을 떠올려 선한 일 할 것을 상상하십시오. 나쁜 생각에는 단 0.1초라도 시간을 낭비하지 마십시오.

나쁜 생각은 인생들을 넓은 길(지옥)로 인도하는 벌레입니다. 생각은 보이지 않기 때문에 생각의 자유가 있다는 핑계로 마음대로 하기가 일쑤입니다. 천국과 지옥을 생각으로 왔다 갔다 합니다.

그러나 중요한 것은 하나님은 우리의 생각까지도 감찰하시는 분이시라는 것입니다.

바른 생각과 바른 양심으로, 감찰하시는 하나님 앞에 한 점도 부끄러움이 없도록 우리 함께 기도하여 은혜를 받읍시다.

우리의 삶을 항상 깊이 생각하여 목표지향적인 삶을 살아갑시다.

생각의 변화는 주야로 말씀을 묵상하는 것이고 예수님을 깊이 생각하는 것입니다.

> 그러나 중요한 것은 하나님은 우리의 생각까지도 감찰하시는 분이시라는 것입니다.

"그러므로 함께 하늘의 부르심을 입은 거룩한 형제들아 우리의 믿은 도리의 사도시며 대제사장이신 예수를 깊이 생각하라"(히 3:1)

"마귀가 벌써 시몬의 아들 가룟 유다의 마음에 예수를 팔려는 생각을 넣었더니"(요 13:2)

사단이 사람들에게 부정적인 것, 죄짓는 생각을 집어넣어서 싹이 트게 하고 결국에는 죄를 짓게 하는 것입니다.

부정적인 생각은 그 물줄기를 잘라 버리고 긍정적인 생각만을 가져 승리하시기 바랍니다.

사단이 주는 악한 생각에서 박차고 일어나야 합니다. 생각을 높은 곳에 두어야 합니다. 매사에 부정적이고 비관적이고 비판적이고 율법적인 사람은 항상 악하게 얘기합니다.

모든 일에 긍정적이고 서로를 축복하며 소망적인 생각과 말을 하는 사람은 감사와 찬양의 사람으로 살아갑니다.

"내가 오늘날 천지를 불러서 너희에게 증거를 삼노라 내가 생명과
사망과 복과 저주를 네 앞에 두었은 즉 너와 네 자손이 살기 위하
여 생명을 택하고"(신 30:19)

생명을 택하십시오. 좋은 생각, 좋은 기대, 좋은 상상, 소망, 감
사의 생각과 생활을 하기 바랍니다. 나의 생각과의 싸움에서 승리
하시기 바랍니다. 생각에서 승리하여 하나님이 기뻐하시는 아름
다운 삶으로 영광 돌려 드립시다.

토론…

- 생각에 대해 얘기해 봅시다.
- 당신은 긍정적인 생각을 많이 하십니까? 부정적인 생각을 많이 하십
  니까?

시간은 때, 시(삼상 20:35), 시각과 시각 사이(時間, time), 세월, 과거, 현재, 미래의 무한한 연속 등의 의미가 있습니다.

시간이란 아름답습니다. 하나님은 신자든 불신자든 우리 모두에게 공평하게 시간이란 것을 분배해 주셨습니다. 누구든지 하루 24시간씩 분배를 받았는데 정해진 시간을 쪼개서 어떤 일에 투자를 하고 어떻게 시간을 사용하느냐 하는 것은 굉장히 중요한 과제입니다.

잠을 자는데 몇 시간, 씻고 먹고 화장실 사용시간, 그 이외의 시간은 각자 자기 일에 쓰는 시간일 것입니다. 그런데 그 일이 문제가 되는 것입니다. 그것이 건설적인 일이냐 죄를 짓는 일이냐 크게 두 부분으로 나누어 질 것입니다.

우리는 주어진 시간 중에 하나님께 드리는 시간을 많이 가져야 합니다. 물론 정해진 직장생활이나 학교생활이 있겠지만 여분의 시간까지도 잘 활용해야 합니다. 일주일에 하루는 나의 날이 아니라 주님의 날입니다. 주일을 잘 지켜야 합니다. 평일도 주일처럼 생각하며 성경읽고, 기도시간을 가져야 하며 선한 봉사생활을 하고 취미활동도 독서, 음악, 그림, 악기, 서예, 운동 등 조금씩 하는 게 좋습니다.

하루가 성실한 시간이 되면 그것이 모여서 1년이 되고 세월이 되고 평생이 됩니다.

그리고 하루를 성실하게 보내는 습관을 가지면 그 습관이 이어져 일탈을 하지 않게 됩니다. 좋은 세월을 간직하게 됩니다. 여러분 스스로 나는 하루 24시간을 어디에 많이 쓰는가 점검해 보시기 바랍니다. 혹시 하나님이 기뻐하지 않는 일에 시간을 낭비하고 있지는 않나요?

지나가면 다시 돌아오지 않는 직선의 시간이 우리 기독교 시간관입니다. 어떤 종교에서는 윤회적 시간관을 얘기하는데, 그건 잘못된 생각입니다. 만약 그러면 잘못 살아도 다시 돌아오는 시간에는 잘 살아서 만회할 수 있는 시간이 있다고 생각하여 시간을 소홀히 할 수 있습니다. 조금은 안심을 할 것입니다. 그러나 기독교의 시간관은 그렇지 않습니다. 한번 지난 것은 다시 돌아오지 않는 것, '종말론적 시간관' 입니다.

그래서 목적없이 지낼 수 없는 것입니다. 지난 젊음이 다시 돌아옵니까? 그러면 시간의 소중함을 알지 못하게 됩니다. 오늘이란 이 순간은 다시 되돌아 올 수가 없는 것입니다. 그래서 하루하루, 매시간, 매분, 매초를 진실하게, 성실하게 살아야 합니다. 낭비한 시간은 다시 돌아오지 않기 때문입니다.

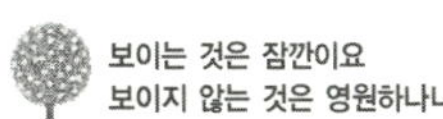

오늘이란 이 순간은 다시 되돌아 올 수가 없는 것입니다. 그래서 하루하루, 매시간, 매분, 매초를 진실하게, 성실하게 살아야 합니다.

이 시간에 대해서 나폴레옹은 "인간에게서 가장 소중한 것을 빼앗아 가는 도둑이지만 법으로도 막을 수 없는 것이 시간이다"라고 말했습니다.

시간은 너무나 소중합니다. 우리에게 주어진 시간이 얼마나 소중한지를 깨닫고 세월을 아끼십시오. 시간의 엄숙성을 생각하십시오. 시간은 우리에게 주어진 최고의 선물입니다.

"세월을 아끼라 때가 악하니라 그러므로 어리석은 자가 되지 말고
오직 주의 뜻이 무엇인가 이해하라"(엡 5:16~17)

그러므로 하나님과 함께 시간 보내기를 즐거워하십시오. 성경 읽고, 기도하고, 찬양 드리고 하나님을 알기 위하여 시간을 사용하십시오. 그리고 이웃을 섬기며 하나님의 비전과 나의 비전이 일치가 되어 가장 가치 있는 것에 시간을 투자하십시오.

시간을 잘 다스리는 자가 승리의 삶을 살 수 있습니다.

토론…

■ 시간에 대해 얘기를 나눕시다.

■ 당신은 시간을 어떻게 사용하고 계십니까?

■ 당신은 시간을 아끼고 있습니까?

"여호와께서 너의 칭찬과 명예와 영광으로 그 지으신 모든 민족 위에 뛰어나게 하시고 그 말씀하신대로 너로 네 하나님 여호와의 성민(聖民)이 되게 하시리라"(신 26:19)

명예는 자랑, glory, 이름이 뛰어난 평판, 체면 등의 뜻이 있습니다.

이처럼 명예란 이름이 뛰어난 평판으로 많이 사용됩니다. 그러나 명예는 잘 사용하면 아주 창조적이 되지만 잘못 사용하면 명예가 실추되어서 차라리 평범할 때가 더 나았는지도 모를 지경에 이르게 될 수도 있습니다. 그래서 사람들은 명예를 가지기를 많이 원하지만 그 명예를 잘 지키지 못할 경우에는 차라리 명예 없이 조용하게 삶을 영위하는 것이 좋습니다.

뉴스보도에 의하면 돈 때문에 자기 아버지를 살해한 유명인사가 있는가 하면, 정치계 인사도 비자금 때문에 불미스럽게 감옥에 가야 하는 등 끔찍하고 안타까운 일들이 많이 일어나고 있습니다.

명예를 얻기 위해 밤잠도 자지 않고 열심히 공부하고 성실하게 일해서 성취해 놓고, 그 자리를 아름답게 지키지 못하는 바람에 하루아침에 나락으로 떨어지는 신세가 되어 죽지 못해 살아가는 인생들을 볼 때 안타깝기 그지없습니다.

평생 동안 온 정열을 다 쏟아 부어서 얻은 명예를 창조적이며 아름다운 곳에, 건설적인 것에 사용하지 못하고 야망 때문에 선한 뜻을 이루지 못한 아쉬운 사람들입니다.

그 결과로 스스로가 자포자기의 인생을 살아가는 것은 물론 몇몇 사람의 잘못으로 말미암아 열심히 살고 있는 대다수의 사람들에게서 희망을 앗아가고 그 직업의 이미지까지 실추시키는 등 악영향을 끼치게 됩니다.

반면에 이 명예를 잘 지켜서 큰일을 한 아름다운 사람들도 많습니다.

특별히 성경인물 중에 요셉은 국무총리라는 명예와 권력을 얻고 나라에 흉년이 들었을 때 이스라엘을 구출하고 애굽을 잘 다스리는 위대한 사람이 되었습니다.

이순신 장군은 그 명예와 권력을 가지고 일본을 무찌르고 나라를 살리는 위대한 역사에 길이 남는 인물이 되었습니다.

에이브라함 링컨 대통령은 그 명예와 권력을 가지고 흑인노예를 해방시켰습니다.

슈바이처 박사는 그 명예와 재능을 가지고 아프리카의 위대한 병자의 아버지가 되었습니다.

우리는 주어진 명예로 창조적인 하나님의 일꾼으로 쓰임 받아야겠습니다. '하나님만 사랑하고 그 명예를 가지려고 노력하지 말라 이것은 다 물거품이니라' 라고 얘기하기보다 '열심히 공부하고 노력하여 성공하십시오. 그러나 이것을 얻기 위한 과정에서 하나님보다 먼저 이것을 앞에 두면 안 됩니다. 우선순위를 잘 알아서 신앙생활을 하고, 하나님의 비전을 품고 최선을 다하여 노력해야 합니다. 그 노력의 결과로 오는 모든 성공은 다시 이웃에게 환원시키고 하나님 나라를 위해 사용해야 합니다.' 라고 해야 할 것입니다.

모든 명예와 부는 하나님 나라를 위해 창조적으로 쓰임 받고 하나님이 기뻐하시는 승리의 노래를 부르며 하나님께 영광 돌려드립시다.

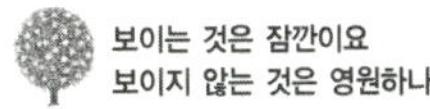

모든 명예와 부는 하나님 나라를 위해 창조적으로 쓰임 받고 하나님이 기뻐하시는 승리의 노래를 부르며 하나님께 영광 돌려드립시다.

토 론...

- 명예에 대하여 얘기해 봅시다.
- 당신에게는 명예가 있습니까?
- 그 명예를 어떻게 사용하고 있습니까?
- 하나님 나라를 위하여 사용하고 있습니까 또는 자신의 이익만을 위하여 사용하고 있습니까?

이기심
Selfishness

　이기심이란 남의 의견을 존중하지 않고 남을 배려하지 않으며 나만의 이익을 위하여 생활하는 것입니다. 이 이기심은 상대에게 타격을 주든 말든 상관없이 어떤 수단과 방법을 쓰더라도 나만 좋으면 된다는 무서운 발상인 것입니다.

　이 이기심에 사로잡힌 사람은 그 마음에 시기 질투가 가득하여 남이 잘 되는 것에 오열을 일으키며, 반대로 남이 잘못되면 희열을 느끼는 아주 무서운 사람입니다. 이것은 무서운 질병과도 같습니다.

　이기적인 사람, 오직 자기 자신밖에 모르는 자기만의 세계에 갇혀 있는 사람입니다.

　이 이기심은 남을 밟고서라도 자기가 우뚝 서야만 하는 못된 성취감으로 인생을 즐기는 사람입니다. 타인이야 어떻게 되든지 자기 자신만 이익이 있고 좋으면 만사 오케이라는 식의 사람입니다. 이기심이라는 단어가 우리 자신을 점령하지 못하도록 항상 마음을 살피며 기도해야 합니다.

　이기심은 또한 자기 자신의 인격을 극도로 손상시키는 진드기와
도 같은 감정입니다.

"저희가 다 자기 일을 구하고 그리스도 예수의 일을 구하지 아니하
되"(빌 2:21)

　이기적인 사람은 저마다 자신의 방법대로만 일을 하려고 하고
삶도 그렇게 삽니다.

　이기심은 항상 행복을 억누르며 삶의 기쁨을 빼앗아 가지만, 반
면 이타심은 행복의 샘을 열고 우리 마음에 기쁨의 생수를 부어
줍니다. 이기적인 사람을 보고 '그 사람 너무 이
기적이라 상대하기가 싫어' 이런 얘기를 듣는다
면 얼마나 비참한 인생이 되겠습니까?

　반대로 이타적인 사람은 남을 배려하며 자신에
게 손해가 온다 할지라도 이웃을 위해, 타인을 위
해 사랑을 아끼지 않는 사람입니다.

　행여나 타인에게 방해가 되지 않을까, 늘 주변
을 생각하며 조금이라도 타인에게 해가 되는 말이나 행동을 삼가
타인의 기분을 거스르지 말아야 합니다. 항상 남을 나보다 낮게
여기는 겸손한 마음으로 이해하고 배려하고 또 격려하며 사랑하
는 이타적인 사람으로 살아가기를 항상 힘쓰고 노력해야 합니다.

　나 중심적이고 나 우선의 이기적인 생각과 삶에서 벗어나 이타
적인 사랑으로 세상을 밝고 아름답게 만드는 주인공이 됩시다.

■ 이기심에 대해 얘기해 봅시다.

■ 당신은 이기적인 사람에 가깝습니까? 이타적인 사람에 가깝습니까?

■ 이타적인 사람이 되려면 어떻게 해야 되겠습니까?

오해

Misunderstanding

오해란 어떤 사람이나 사건에 대해 잘못 생각하여 잘못 판단을 내리는 것입니다. 이것은 굉장히 무서운 실수입니다. 어떤 사람을 오해하고 또 어떤 사건을 오해한다면 그 실마리가 풀릴 때까지 그 사람은 힘든 세월을 보내야 합니다. 오해를 당하는 사람은 뼈를 깎는 아픔으로 괴로움을 당하는데 우리의 일상생활에는 아무렇지도 않게 쉽게 오해하는 일들이 많이 생기고 있습니다.

정확하게 알지 못한 채 거짓증언에 속아서 쉽게 생각하고 쉽게 판단해 버리는 오류에서 이런 오해가 빚어집니다. 이는 많은 어려움을 겪게 하므로 정확하게 잘 알지 못하는 부분은 생각으로 오해도 하지 말고 말도 하지 않는 것이 현명합니다.

"비판을 받지 아니하려거든 비판하지 말라 너희의 비판하는 그 비판으로 너희가 비판을 받을 것이요 너희의 헤아리는 그 헤아림으로 너희가 헤아림을 받을 것이니라 어찌하여 형제의 눈 속에 있는

티는 보고 네 눈 속에 있는 들보는 깨닫지 못하느냐 보라 네 눈 속
에 들보가 있는데 어찌하여 형제에게 말하기를 나로 네 눈 속에
있는 티를 빼게 하라 하겠느냐 외식하는 자여 먼저 네 눈 속에서
들보를 빼어라 그 후에야 밝히 보고 형제의 눈 속에서 티를 빼리
라”(마 7:1~5)

판단할 분은 오직 하나님 한 분만이 자격이 되십니다.

하나님께 맡기면 모든 것을 바르게 판단하여 일이 처리될 것입
니다. 오해를 당해 어려움을 심하게 겪어본 사람은 절대로 남을
오해하지 않습니다. 의심도 하지 않습니다. 그 고통이 너무 크기
때문에 다른 사람에게 그런 아픔을 주기 싫은 것입니다.

괜히 남의 일에 간섭도 할 필요가 없습니다. 본인이 알아서 잘 할
것이며 그 배후에는 하나님이 불꽃같은 눈동자로
지켜보시며 선한 길로 인도해 주시기 때문입니다.

오해하지 맙시다. 그리고 이해하는 습관을 가지
십시오.

이해라는 단어는 영어로 ‘understand’ 인데 다
른 사람 아래에 있는 것, 상대방 입장에서 생각해
주는 것을 뜻합니다. 우리는 이해하기를 잘 해야
합니다. 무엇이든 상대방 입장에서 생각해 보는 습관으로 입장을
바꿔놓고 생각하면 이해가 가능할 것입니다.

이해란 아름다운 단어입니다.

이해하면 아무것도 아닌 일을 오해해서 주파수가 맞지 않는 시
끄러운 잡음소리를 내지 맙시다. 오해는 독입니다. 이해는 해독제

입니다.

오해보다는 이해하는 아름다운 마음을 가집시다.

토론...

■ 오해와 이해에 대해 얘기해 봅시다.

■ 당신은 오해를 받아본 적이 있습니까?

■ 당신은 오해를 한 적이 있습니까?

스트레스란 인간의 경험 행동을 기술하는 일상적 용어였는데 시간이 흐르면서 힘, 압력, 긴장 등을 뜻하기도 했고 요즘 와서는 그 의미가 경쟁, 압박, 의무와 같이 우리에게 가해지는 외부적인 영향을 의미합니다. 대부분의 스트레스는 타인의 기대나 요구 때문에 생기는데 그것에 대해 개인이 반응하는 과정에서 생기기도 합니다. 즉 환경으로부터 오는 요구나 조건에 의해 스트레스가 발생한다고 봅니다. 모든 것이 갈등이 심해지면 스트레스가 쌓이게 되는데 그 스트레스로 인해 기억력이 감퇴되고 매사가 짜증스러워지며 맡겨진 업무를 원만하게 잘 처리하지 못하게 됩니다. 현대인들은 수준 높은 문화와 문명이 잘 발달된 좋은 시대에 살아가고 있지만 옛날보다 더욱 스트레스를 많이 받는다고 얘기합니다.

이 스트레스를 분류하면 종류가 많겠지만 여기서는 학적인 얘기는 논하지 않겠습니다. 이런 스트레스들이 어떨 땐 자극을 주어 우리에게 어떤 일을 용기 있게 할 수 있게 하는 매개체 역할을 하기도 합니다. 그러나 질병, 슬픔, 상실, 위협, 긴장 등을 유발시켜 해를 주는 역할을 하기도 합니다.

이러한 스트레스를 치유하는 방법은 무엇일까요? 일반적인 방법과 신앙적인 방법이 있습니다. 일반적인 방법으로는 그 스트레스의 원인을 상세히 분석해서 도전하든가 무시하든가 또는 회피하든가, 상담을 하거나 운동을 할 수 있는 것입니다. 일하다가 잠깐 쉬면서 커피를 한 잔 마신 후에 하든지, 취미 활동을 통해서 해결하는 방법입니다.

신앙적인 방법으로는 하나님께 모든 염려를 맡겨버리고 마음을 비우고 하나님만 바라보는 것입니다. 또한 스트레스를 피하지 말고 정면대결하여 그 원인을 인지하고 그 스트레스의 원인이 되는

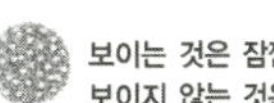

이 모든 것이 하나님의 섭리 속에 있다는 것을 기억하고 마음을 담대하게 가지고 이 모든 스트레스 속에서 자유함을 얻을 것이라는 기대감과 소망을 가지고 감사의 생활과 기쁨의 생활, 헌신의 생활을 해야 합니다.

문제를 놓고 기도해야 합니다. 이 모든 것이 하나님의 섭리 속에 있다는 것을 기억하고 마음을 담대하게 가지고 이 모든 스트레스 속에서 자유함을 얻을 것이라는 기대감과 소망을 가지고 감사의 생활과 기쁨의 생활, 헌신의 생활을 해야 합니다. 그렇게 하면 주님이 모든 것을 책임져 주십니다.

모든 것을 긍정적으로 생각하는 습관을 갖기 바랍니다. 햇볕 나는 맑은 날씨도 좋지만 비오는 날씨도 좋습니다. 우중충하게 생각해서 마음이 서글퍼지는 것이 아니라 빗속에서 와이퍼 소리를 들으며 운전하는 것도 꽤 낭만적입니다. 그리고 주차장에 차를 세워 놓고 우산을 받쳐 들고 비 내리는 거리를 걸어 직장까지 가는 그 시간도 무척이나 상쾌합니다. 비 내리는 창밖을 내다보면서 따뜻

한 커피 한잔을 마시는 것도 작은 행복감을 가져다줍니다.

세상 사람들은 '가을이 쓸쓸하고 외롭고 고독하다' 라고 말하지만 예수님을 믿는 우리는 '가을은 낭만의 계절이요 열매가 풍성한 결실의 계절이요' 산들을 아름답게 물들이는 단풍을 바라보면서 '오! 위대한 하나님의 작품이여!' 하며 환희의 탄성을 연빌하지 않습니까?

새싹이 나고 아름다운 꽃들이 만발하는 봄, 싱그러운 푸른 나무들과 시원한 바다의 전경이 펼쳐지는 여름, 아름다운 단풍과 풍성한 결실의 계절인 가을은 매우 아름답습니다. 그리고 추운 날씨로 나쁜 병균은 깨끗이 죽어버리고 소나무에 소복이 내려앉은 아름답고 창백한 눈꽃송이를 볼 수 있는 겨울, 사계절 다 얼마나 아름다운 계절인지요. 감사할 뿐입니다.

모든 것은 우리가 생각하기 나름입니다. 스트레스가 없을 수는 없지만 긍정적으로 생각하여 스트레스를 받지 말고 믿음으로 극복하시기 바랍니다. '스트레스여 오라 너는 내 밥이다' 여호수아와 같은 담대한 자세로 나아갈 때 우리는 스트레스를 극복하고 기쁜 마음으로 평화스러운 삶을 영위할 수 있을 것입니다.

토 론…

- 스트레스에 대해 얘기해 봅시다.

- 당신은 스트레스를 많이 받습니까?

- 스트레스를 극복하는 좋은 아이디어가 있습니까?

인격
Character

　인격에는 자연적인 인격과 신앙적인 인격이 있습니다. 자연적인 인격은 도덕을 강조하는 수양된 인격이고 신앙적인 인격은 성령으로 변화된 인격입니다.

　사람은 자기가 한 말이나 행동에 대해 책임을 져야 하는 고상한 인격이 있습니다. 그런데 그 인격에는 흠이 있는 사람들이 너무 많습니다. 때로는 모든 것이 괜찮게 생각되는데도 그 인격이 전혀 갖춰지지 않은 사람이 있습니다. 정말 싫은 사람입니다.

　그 인격이 외모나 직업과는 전혀 다른 사람들이 많습니다.

　아예 대놓고 나쁜 짓을 하고 다니는 사람이라면 '어련히 그렇겠지'라고 그냥 체념해 버리겠지만 겉으로는 엄연히 정상적인 직업을 가진 사람이 천사처럼 가장하여 사람을 속이는 자들이 있습니다. 이중인격자, 두 얼굴을 가진 사람입니다.

　정상적인 직업은 갖고 있으면서 죄를 짓거나 거짓말을 잘 하여 교묘하게 사람을 속이는 사람들입니다. 그 다음은 성격이 너무 이

기적이며 독선적이거나 시기질투가 많아 자기보다 타인을 칭찬하면 그것을 못 견뎌하면서 어떤 거짓말을 해서라도 상대방의 인격을 짓밟으려는 사람입니다. 그리고 욕심과 소유욕이 강해 움켜잡고 놓지 않으려는 사람, 다른 사람에 대해 비판을 잘 하고 화를 잘 내며 작은 일도 부풀려서 과장되게 밀하여 혼란을 일으키는 사람입니다. 또한 낮에는 정상적인 직업인인데 밤에는 술주정뱅이, 주벽꾼, 외도하는 사람, 도박꾼 등 이런 비인격자들이 많습니다.

에리히 프롬(Erich Fromm)은 자신의 물건, 체력, 기술, 지식, 감정, 외모, 미소까지 포함하여 삶 전체를 상품화하는 사람을 "마케팅 인격(Marketing Character)"이라고 했습니다.

이런 인격은 자기를 잘 포장해서 상대방을 믿게 하여 신뢰감을 심은 후 믿게 되면 남들로부터 자신이 필요한 것들을 얻어냅니다. 그 다음 다른 마스크로 바꾸어 쓰고 자신의 이익을 위해 또 다른 사람에게 계획적으로 접근하는 사람입니다.

우리말 속담에 '열길 물 속은 알아도 한길 사람 속은 모른다' 라는 말이 있습니다. 포장된 인격을 갖지 말고, 예수님을 믿고 회개하여 양심을 회복하고 새로운 인생이 되길 바랍니다. 양심은 하나님의 진리의 빛을 내는 창과 같습니다.

> "이것을 인하여 나도 하나님과 사람을 대하여 항상 양심에 거리낌이 없기를 힘쓰노라"(행 24:16)

> "깨끗한 자들에게는 모든 것이 깨끗하나 더럽고 믿지 아니하는 자들에게는 아무것도 깨끗한 것이 없고 오직 저희 마음과 양심이 더러운지라"(딛 1:15)

진정으로 거듭나는 새 사람이 되기를 바랍니다. 무엇보다도 인격이 훌륭한 사람이 존경을 받습니다. 하나님을 두려워하고 누가 보든 안 보든 정직하고 신실하게 살려고 노력하는 사람, 남에게 절대로 해를 끼치거나 폐를 끼치려고 하지 않는 사람이 되길 바랍니다. 그리고 남을 나보다 낮게 여기는 겸손한 사람, 불쌍한 자들을 돌아보는 긍휼의 정신, 사랑의 정신, 주는 것에 행복을 느끼는 사람, 마음의 여유를 가지고 남을 세워주고 키워주는 사람, 성경의 바나바 같은 사람, 이런 인격자들이 많이 생겨나길 바랍니다.

고귀한 인격의 성품이 몸에서 배어나는 사람이 많이 생겨나길 바랍니다.

외모, 직업 등 모든 것이 다 좋은데 인격까지 갖춰진다면 금상첨화가 아니겠습니까? 좋은 인격이 빠져나가고 겉치레만 화려한 인생들이여, 포장 인격을 만들지 마십시오. 겉과 속이 균형 잡혀 일치와 조화를 잘 이루는 훌륭한 인격을 갖추기를 더욱 힘쓰십시오.

주님을 잘 믿으므로 성화가 잘 이루어져 가기를 원합니다.

인격은 너무나 소중합니다. 먼저 사람이 사람다워야 합니다. 하나님이 원하시는 열매는 회개의 열매, 성령의 열매, 전도의 열매, 인격의 열매입니다. 성경인물 중 훌륭한 인격자가 요셉입니다. 요셉은 꿈꾸는 자였으나 그 꿈 때문에 형들의 시기 질투를 받아 애굽으로 팔려갑니다. 보디발의 집에서 신임을 받고 가정총무로 일하다가 보디발의 아내의 거짓말과 모함으로 감옥에 가게 됩니다. 그 감옥에 보낸 장본인은 다른 사람이 아니라 요셉을 가장 사랑하고 신뢰해서 가정총무로 세운 보디발이었습니다. 그 보디발이 영분별을 하지 못하고 부인(사단)의 말을 듣고 요셉을 감옥에 넣게 되는 것입니다. 믿는 도끼에 발등을 찍힌 것입니다. 그러나 감옥 안에서 술 맡은 관원과 떡 굽는 관원을 만난 요셉은 그들이 꾼 꿈을 해석해 주게 됩니다. 떡 맡은 관원장이 꾼 꿈은 3일 후에 죽는 것이고 술 맡은 관원장이 꾼 꿈은 다시 왕 옆에서 술 맡은 관원장으로 복귀하는 내용입니다. 그래서 요셉이 술 맡은 관원장에게 자기의 억울한 사연을 얘기하면서 복귀하면 억울한 자기 사연을 왕에게 얘기해 줄 것을 부탁합니다. 그러나 술 맡은 관원장은 약속을 해 놓고 자신의 복직에 기뻐서 꿈을 해석해 준 요셉을 잊어버리게 됩니다.

2년 후 왕이 이상한 꿈을 꾸어서 아무도 해석할 자가 없자 그제서야 요셉이 생각났습니다. 드디어 감옥에서 풀려난 요셉은 왕의 꿈을 해석해 주게 됩니다. 앞으로 7년 풍년과 7년 흉년이 드는 꿈 해석을 해 주게 되고 요셉은 마침내 바로의 신임을 받아 그 나라의 국무총리가 되었습니다. 그 후 이스라엘에 기근이 들어 자기 가족이 굶어죽게 되었을 때 가족들은 애굽으로 건너오게 되었습니다. 그 소문을 듣고 그 형제들을 불러들여서 만난 후 그 형제들에게 복수는 커녕 오히려 눈물어린 사랑으로 그들을 대접합니다.

형들이 그를 애굽에 팔았지만 하나님이 자신을 미리 보내신 거라며 하나님이 하신 일이라고 말했습니다. 조금도 형제들을 미워하지 않고 오히려 울며불며 부둥켜안고 감격하며 구별된 땅 고센 지역을 주어 행복하게 살게 했습니다.

얼마나 아름답고 훌륭한 인격자인가요?

우리도 요셉처럼 그리고 바나바처럼 하나님이 기뻐하시는 인격자가 됩시다. 인기가 사람들이 인정해 주는 것이라면 인격은 하나님이 인정해 주시는 것입니다.

우리 모두 아름다운 인격으로 성화됩시다. 성공한 사람은 부러움의 대상이지만 훌륭한 인격자는 존경의 대상이 됩니다. 그러나 존경의 대상자로 존경을 받는 것에 머무르지 말고 하나님께 영광 돌리는 삶이 됩시다.

"감독은 하나님의 청지기로서 책망할 것이 없고 제 고집대로 하지 아니하며 급히 분내지 아니하며 술을 즐기지 아니하며 구타하지 아니하며 더러운 이를 탐하지 아니하며"(딛 1:7)

토론...

- 인격에 대해서 얘기해 봅시다.
- 당신은 인격이 훌륭하다고 생각하십니까?
- 아니면 고칠 점이 많습니까?

정직 Honesty

"주께서 가라사대 내가 살았노니 모든 무릎이 내게 꿇을 것이요 모든 혀가 하나님께 자백하리라 하였느니라"(롬 14:11)

"사람의 행위가 자기보기에는 모두 정직하여도 여호와는 심령을 감찰하시느니라"(잠 21:2)

모든 사람은 정직해야 합니다. 하나님의 백성은 더욱 정직해야 합니다. 하나님께서는 깨끗하고 진실한 자를 가장 좋아하십니다.

"미련한 자의 입은 그의 멸망이 되고 그 입술은 그의 영혼의 그물이 되느니라"(잠 18:7)

하나님의 백성이 정직하지 않으면 신뢰가 떨어질 뿐 아니라 영향력을 발휘하지 못하게 됩니다. 거짓이 순간을 모면할 수 있는 수단은 되겠지만 시간이 흐르면 거짓은 드러나게 되어 있습니다.

거짓으로 깜짝쇼를 하면 안 됩니다.

아무리 천사처럼 가장하여 진실인 것처럼 꾸미고 꾀를 내어 거짓말을 해도 우리는 영혼이 있는 영적인 사람이기 때문에 영분별을 합니다. 언젠가는 진실과 거짓을 가려냅니다. 세월이 약이겠지요. 교묘하게 꾸며 거짓이 진실을 이기는 것 같지만 결국은 진실이 이길 것입니다. 진실이 역전승을 하게 되는 것입니다. 왜냐하면 하나님은 살아계시며 진실한 자의 편에 서 계시기 때문입니다.

사람은 속여도 하나님은 속이지 못합니다. 거짓 증언을 버리고 진실한 말만 하십시오. 하나님은 거짓말을 굉장히 싫어하십니다.

> "모든 거짓말 하는 자들은 불과 유황으로 타는 못에 참예하리니 이
> 것이 둘째 사망이라"(계 21:8)

거짓말하는 자를 지옥으로 던진다고 말씀합니다. 남들도 다 하는데 하며 거짓말을 가볍게 생각해서는 안 됩니다. 보디발의 아내가 거짓말을 하는 바람에 요셉이 2년 동안이나 감옥에 갇혀 눈물의 세월을 보냈습니다. 보디발 아내의 가벼운 거짓말이 요셉에게는 2년이란 긴 시간 동안 감옥살이를 해야 했던 것을 생각하고 거짓을 버리고 참말만 하시기 바랍니다.

당신의 잘못된 거짓 혀 때문에 착하고 순수한 사람이 고난을 당할 수 있습니다. 혀 관리를 잘 하시기 바랍니다. 말이 독이 될 수도 있고 해독제가 될 수도 있습니다. 악한 사람은 악독인 거짓을 버리고 의심을 버리고 진실하고 정직하기 바랍니다.

하나님께서 우리의 말을 다 듣고 계시며 우리의 모든 행동을 다

지켜보시고 계십니다. 정직은 보석보다 더 아름답고 정직한 사람은 훌륭한 인격을 지닌 존귀한 분입니다.

우리의 혀는 하나님의 의를 말하고 정직하게 참말만 하고 칭찬해 주며 격려해 주며 긍정적인 말만 하는데 사용되어야 합니다.

"그런즉 거짓을 버리고 각각 그 이웃으로 더불어 참된 것을 말하라 이는 우리가 서로 지체가 됨이니라"(엡 4:25)

거짓말은 없어져야 합니다. 이웃에게 진실을 말해야 합니다. 다른 사람에게 거짓말 하는 것은 결국 자신을 속이는 비열한 짓입니다.

정직한 자에게 하나님의 상급이 내릴 것입니다. 정직한 사람은 하나님의 선하신 사랑과 축복을 받습니다.

이웃과의 신뢰가 다져질 것입니다. 솔직한 사람에게는 친구가 생깁니다. 자신이 살려고 거짓으로 상대를 짓밟는 악한 혀는 하나님의 심판이 내릴 것입니다.

눈에 보이지 않지만 하나님을 두려워하십시오. 하나님께서는 눈에 보이는 예수님으로 오셨습니다.

모든 거짓과 악을 버리고 정직한 사람으로 인생을 새롭고 보람있게 살아가십시오.

남을 모함하거나 거짓증언을 하여 다른 사람을 억울하게 한 적은 없습니까? 인생은 길어봐야 80년입니다. 80년 후에 주님의 심판대 앞에 다 서서 심판을 받을 것입니다.

평계치 못할 것입니다. 짧은 80년에 인생을 다 걸고 위험한 모험을 하지 마십시오.

금방 옵니다. 80년 보다 더 빨리 죽음이 올 수도 있습니다. 정직하십시오.

하나님은 강한 자, 권력이 있는 자, 힘이 있고 돈이 있는 자 혹은 반대로 가난한 자, 병든 자, 약한 자냐에 따라 선택하는 것이 아니라 정직한 자, 하나님께서 보시기에 선한 자 편이십니다.

성령님이 탄식하시는 부정직한 자가 아니라 성령님이 기뻐하시는 선한 양심의 소유자인 정직한 사람이 되시기 바랍니다.

정직은 빛입니다. 정직은 아름다움입니다. 정직은 인생을 행복하게 살게 하는 자산입니다. 휘발유가 떨어진 자동차에 기름을 넣어 잘 굴러가게 하는 윤활유처럼 정직은 인생의 흐름을 순탄케하는 윤활유입니다. 정직한 자는 하나님이 들어 쓰십니다. 하나님이 기분 좋아하십니다.

그러한 성령의 사람에게 하늘에서 상이 내릴 것입니다. 이 땅에 거짓이 사라지고 정직만이 있게 되길 기도합니다. 하나님의 성령이 임해서 모두가 착하고 선한 양심이 되어서 이 세상이 밝고 아름답게 되길 기도합니다. 이 땅에 정직한 문화가 정착되기를 기대합니다.

- 정직에 대해 얘기해 봅시다.

- 당신은 정직합니까?

- 정직하기를 노력하십니까?

"서서 기도할 때에 아무에게나 혐의가 있거든 용서하라"(막 11:25)

"그 성중에 의인 오십이 있을찌라도 주께서 그곳을 멸하시고 그 오
십 의인을 위하여 용서치 아니하시리이까"(창 18:24)

"아브라함이 또 가로되 주는 노하지 마옵소서 내가 이번만 더 말씀
하리이다 거기서 십인을 찾으시면 어찌 하시려나이까 가라사대
내가 십인을 인하여도 멸하지 아니하리라"(창 18:32)

　용서란 뜻은 잘못이나 죄를 꾸짖거나 벌하지 않는다는 의미입
니다. 진정한 의미의 용서는 무조건 용서하는 것이기보다도 잘못
한 당사자가 정직하게 진정으로 회개했을 때 용서하는 것을 뜻합
니다.

　그런데 우리에게 요구하는 하나님의 말씀은 정직하게 죄를 회개
하고 반성하지 않는 원수까지라도 무조건 용서하라는 말씀을 하십
니다.

내게 잘못을 한 원수를, 재산상의 손해를 막대하게 입힌 원수를, 조금의 사과도 뉘우침도 없는 원수를, 계속적으로 악한 거짓말로 모함하는 원수를 어떻게 미움이나 분노를 가지지 않고 용서할 수 있을까요? 사람의 힘으로는 불가능합니다. 예수를 믿고 은혜를 받은 사람과 예수를 믿지 않고 은혜가 없는 사람의 차이는 원수를 용서하느냐, 복수하느냐에 있습니다.

하나님은 원수를 하나님께 맡기라고 말씀하십니다. 그리고 그 원수를 위해 기도하면 원수가 제거되든지 아니면 변하여 새 사람이 되든지, 하나님이 그 원수를 갚아주시는 것입니다.

시편 기자는 원수 때문에 고난당하는 모든 삶을 하나님께 아뢰고 있습니다. 하나님께 부탁하고 있습니다. 의로우신 재판장이신 하나님께 맡기고 있습니다. 악을 악으로 갚으면 더 큰 부작용이 일어납니다. 한 편의 에피소드가 있습니다.

수박밭을 경영하는 어느 농부가 매일 밤 수박을 도둑맞아서 아이디어를 냈습니다. 「여기 수박밭에 있는 수박 한 덩이에 주사기로 농약을 넣었으니 도둑이 따 먹고 죽어도 책임 안 지겠음(주인 백)」이라고 수박밭에 써 붙였습니다. 그런 후 주인은 안심하고 이젠 도둑이 수박을 도둑질 하지 않겠지 안심을 하며 일주일이 지났습니다. 일주일 후에 사건이 일어났습니다. 「이 수박 밭에 있는 수박 두 통에 농약을 넣었으니 그 수박을 따 먹고 죽어도 책임 안 지겠음. 하나는 주인이 알고 다른 하나는 도둑이 암(도둑 백)」이렇게 쓰여 있더랍니다.

악을 악으로 갚으면 그 악은 더 큰 악을 낳기 때문에 도저히 악을 이길 수가 없습니다. 단지 악을 이기는 길은 선이라는 단어뿐입니다. 하나님께 맡기고 용서하는 것입니다. 그리고 원수를 위해 새 사람이 되도록 기도하는 것입니다. 악을 악으로 갚지 말고 선으로 갚아야 합니다.

故 손양원 목사님은 자신의 아들 둘을 죽인 살인자 원수를 양아들로 삼았습니다. 어떻게 그런 일이... 상상이나 될 법한 얘기입니까?

그러나 사실입니다. 이것이 위대한 하나님을 믿는 자의 사랑입니다.

> 하나님께 용서받은 감격의 기쁨이 내게 잘못한 원수를 용서하는 기쁨의 감격으로 승화되어야 합니다.

이웃을 용서해야 할 진정한 이유는 우리도 하나님께 용서받은 그리스도인이기 때문입니다. 죄와 허물로 죽었던 우리를 예수 그리스도께서 이 땅에 오셔서 십자가에 못 박혀 죽으시고 그 피 값으로 우리 죄를 사하여 주셨습니다. 우리에겐 무조건 값없이 은혜로, 선물로 그를 믿는 자는 구원을 얻게 해 주신 하나님의 용서를 체험한 감격이 있기 때문입니다.

하나님께 용서받은 감격의 기쁨이 내게 잘못한 원수를 용서하는 기쁨의 감격으로 승화되어야 합니다. 서로 용서하는 마음이 없이는 결코 행복한 삶을 이룰 수가 없습니다.

"또 네 이웃을 사랑하고 네 원수를 미워하라 라고 이른 것을 너희가 들었으나 나는 너희에게 말하노니 너희 원수를 사랑하고 너희를 핍박하는 자를 위하여 기도하라 이같이 한즉 하늘에 계신 너희 아버지의 아들이 되리니 이는 하나님이 그 해를 악인과 선인에게 비취게 하시며 비를 의로운 자와 불의한 자에게 내리우심이니라"

(마 5:43~45)

"그 때에 베드로가 나아와 가로되 주여 형제가 내게 죄를 범하면 몇 번이나 용서하여 주리이까 일곱 번까지 하오리까 예수께서 가라사대 네게 이르노니 일곱 번 뿐만 아니라 일흔 번씩 일곱 번이라도 할찌니라"(마 18:21~22)

"당신들은 나를 해하려 하였으나 하나님은 그것을 선으로 바꾸사 오늘과 같이 만민의 생명을 구원하게 하시려 하셨나니"(창 50:20)

"너희는 모든 악독과 노함과 분냄과 떠드는 것과 훼방하는 것을 모든 악의와 함께 버리고 서로 인자하게 하며 불쌍히 여기며 서로 용서하기를 하나님이 그리스도 안에서 너희를 용서하심과 같이 하라"(엡 4:31~32)

토론...

■ 용서에 대해 얘기해 봅시다.

■ 당신은 원수를 용서합니까?

■ 당신은 용서를 받은 적이 있습니까?

　모든 것이 다 만족하고 행복해서 염려, 근심, 두려움, 불행 등이 없는 사람이 없습니다. 갑자기 사랑하는 가족이 죽든지, 난치의 병이 왔든지, 부도가 나서 일어설 수 없는 극한 상황에 있든지 여러 가지 일로 사람들은 절망을 하게 됩니다.

　그러나 이런 환경 속에서도 어려움을 딛고 일어서는 모험이 필요합니다. 삶을 어떻게 살아가겠느냐는 질문에서 우리는 절망이 아닌 소망을 선택해야 합니다.

　욕망이 실망을 낳고 실망이 낙망을 낳고 낙망이 절망을 낳고 절망이 사망을 낳습니다. 절망을 오게 하는 욕심을 버려야 합니다. 욕심을 가지고 어떤 일을 성취해 나가다 실패하면 절망이 오는데 자기 혐오감, 나아가서 우울증이 올 수도 있고, 진행되면 자살로 이어지는 수가 있습니다.(『절망이 아닌 선택』 저서 참고)

　절망이 오면 자기 증오를 해소하고 진정시키기 위해 술, 담배, 마약, 폭식 등으로 오히려 육신과 정신을 망치는 경우가 많습니다.

불안, 염려, 근심 등으로부터 벗어나기 위하여 일시적인 쾌락과 현실 도피, 몽롱함 등을 통해 그 순간을 잊으려고 합니다.

저는 병원에 약 10년간 근무하면서 많은 상담을 해 왔는데 이런 사람들을 만나게 됩니다. 절망이 우울증이나 자살로 이어지는 경우도 있지만 진지한 삶을 포기한 채 될 대로 되라는 식으로 전락하는 경우도 자주 봅니다. 성공 지향주의적 삶의 태도로 지나친 경쟁의식을 가지고 일을 하다가 실패했을 때 불안, 불행이란 단어를 불러오게 됩니다. 또한 남보다 앞서야겠다는 자아가 강해서 자신을 채찍질하다가 그것이 불가능하게 되었을 때 계속적인 증오감과 패배감으로 생활하다가 완전한 절망에 빠지게 됩니다.

삶에 실패했을 때, 실패는 성공의 어머니라는 얘기가 있습니다. 에이브라함 링컨 대통령은 대통령이 되기까지 수많은 실패를 한 주인공입니다. 그러나 실패를 딛고 일어섰습니다.

결국은 위대한 대통령이 되어서 흑인노예해방이라는 위대한 업적을 남긴 역사적 인물이 되었습니다. 성 어거스틴도 방탕의 생활을 하다가 어머니 모니카의 기도로 변화되어 많은 기독교 서적을 출간하였습니다. 웨슬리 목사님도 회심하여 감리교의 창시자가 되었고, 마르틴 루터도 종교개혁을 통해 개신교의 창시자가 되었습니다. 역사의 주인공들은 소망의 단어, 희망의 단어를 향해서 전진했습니다.

사람이 생을 살다가 절망상태가 올 수도 있겠지만 어떻게 극복하느냐가 중요합니다.

성경은 염려, 걱정, 절망 모든 것을 하나님께 맡기고 기도하라고 말씀합니다.

"아무것도 염려하지 말고 오직 모든 일에 기도와 간구로 **너희** 구할 것을 감사함으로 **하나님께 아뢰라** 그리하면 모든 지각에 뛰어난 하나님의 평강이 그리스도 예수 안에서 **너희** 마음과 생각을 지키시리라"(빌 4:6~7)

우리는 어렵고 힘든 절망의 상태를 우리 스스로 해결할 수 있는 능력이 없습니다. 주님께 맡기고 섭리하시는 주님을 바라보면서 기도해야 합니다. 그리고 그 분의 인도하심에 순종해야 합니다. 그러면 우리가 미처 알지도, 생각지도 못했던 가장 안전한 길로 주님은 우리를 인도해 주십니다. 아주 놀랍도록 가장 좋은 방법으로 말입니다. 마음의 여유를 가지게 되면 자신의 증오나 패배감에서 자기 수용, 자기 관용으로 바뀌면서 신경증적인 절망이 아니라 다시 일어설 수 있는 결정들과 행동들, 생각, 용기, 소망이 생기는 것입니다.

비로소 시간을 아끼게 되고 인내심이 생기고 강인한 체력을 기르고 나약함을 쫓아내는 담대함이 생기는 것입니다. 신앙으로 모든 것을 극복할 수 있기를 바랍니다.

이 세상의 다른 어떤 것으로 해결하려는 방법은 더욱 위험하며 더욱 더 패배와 절망 속으로 빠지게 됩니다. 하나님이 주시는 소망을 가지십시오. 악한 사단이 주는 염려, 근심, 절망, 이 모든 것을 예수님의 이름으로 물리치고 기도하여 성령을 충만히 받아 승리하시기 바랍니다.

신앙의 안목은 보이는 것이 아니라 보이지 않는 것에 가치를 두

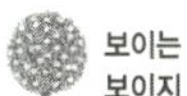

우리는 어렵고 힘든 절망의 상태를 우리 스스로 해결할 수 있는 능력이 없습니다. 주님께 맡기고 섭리하시는 주님을 바라보면서 기도해야 합니다.

어야 합니다. 보이는 것이 사라졌다고 너무 절망하지 말고 보이지 않는 영원한 것에 가치를 두고 거듭나는 새로운 삶으로 기쁨과 행복을 누리시기 바랍니다.

"우리의 돌아보는 것은 보이는 것이 아니요 보이지 않는 것이니 보이는 것은 잠깐이요 보이지 않는 것은 영원함이니라"(고후 4:18)

다시 한번 말하노니 절망이란 없습니다. 욥의 신앙을, 인내를, 소망을 생각하십시오.

예수님은 절망 중에 찾아오시는 자비의 하나님이십니다. 예수님은 어떠한 불행도 행복으로 바꿔주시는 능력이 있으신 사랑의 하나님이십니다.

도와 주는 이가 아무도 없을 때에도 주님은 당신과 함께 하시며 당신을 도우십니다.

인간의 밤이 깊어지면 하나님의 별은 더욱 더 반짝입니다. 아무 것도 없는 절망의 상태입니까? 당신 옆에 주님이 계십니다. 은혜의 동산으로 올라오십시오. 그리고 예수님을 만나십시오. 절망의 늪에서 예수님이 소망으로 높이 올려 주실 것입니다.

마음을 바꾸고 주님을 바라보면 하나님이 모든 상황을 바꾸어 주십니다.

승리의 삶을 사는 비결은 마음에 달려 있습니다. 예수님을 잘 믿는 믿음으로 인간 승리자가 되시길 바랍니다.

- 절망에 대해 얘기해 봅시다.

- 당신은 절망의 상황에 처해 본 적이 있습니까?

- 절망의 상황에서 어떻게 하면 일어설 수 있을까요?

우리는 새해가 되면 '새해 복 많이 받으세요'라고 만나는 사람마다 인사를 합니다. 세상에 복을 싫어하는 사람은 아무도 없습니다. 보통 사람들은 인복, 처복, 자식복, 재물복, 복덩이, 건강복 등 생활용품에 이르기까지 모든 일에 복의 개념을 두고 복 받기를 좋아합니다.

그래서 이 모든 것이 좋으면 '복 받은 사람'이라고 합니다.「복」 자가 들어가는 언어를 많이 사용하기를 상당히 좋아합니다. 그러나 진정한 복이란 하나님이 주시는 것입니다. 주님 밖에는 우리의 복이 없습니다.

"복 있는 사람은 악인의 꾀를 좇지 아니하며 죄인의 길에 서지 아니하며 오만한 자의 자리에 앉지 아니하고 오직 여호와의 율법을 즐거워하여 그 율법을 주야로 묵상하는 자로다"(시 1:1~2)

"심령이 가난한 자는 복이 있나니 천국이 저희 것임이요"(마 5:3)

하나님을 가까이 함이 복입니다. 복의 개념은 바로 하나님께 있습니다. 복은 다른 어떤 것에서 오는 것이 아니라 하나님이 내려주시는 것이기 때문입니다.

하나님이 내려주시는 복으로 우리는 영적인 복과 건강의 복, 지혜의 복, 자녀의 복, 물질의 복을 받고 살아가야 합니다. 이런 복은 어떻게 받을 수 있을까요?

복 받을 그릇이 준비되어야 합니다. 영혼이 먼저 잘 되어야 육적인 복도 받습니다.

죄인의 길에 서지 말고 악인의 꾀에 빠지지 말고 오만한 자리에 앉지 말아야 합니다. 그리고 여호와의 율법을 즐거워하며 묵상해야 합니다. 그러면 우리의 심령이 깨끗하고 가난하여 천국을 소유할 수 있는 아름다운 마음이 될 것입니다.

우리는 또한 복 받을 수 있는 선한 행위를 해야 합니다. 이웃을 돌보고 사랑하는 행위와 지혜로운 헌신을 해야 합니다. 주 밖에는 나의 복이 없다는 사실을 깨닫고 하나님께 복 받기를 기대합시다. 그리고 복 받을 수 있는 인격자가 됩시다.

'콩 심은 데 콩 나고 팥 심은 데 팥 난다' 는 속담이 있습니다. 죄를 심으면 벌을 받을 것이요 선을 심으면 복을 받을 것입니다. 무엇을 심든지 심은 대로 거둡니다.

로버트 맥체인 목사는 "하나님이 복 주시는 자질 가운데 예수님을 닮은 것처럼 위대한 것은 없다"라고 했습니다. 하나님께 마음을 드리고 몸을 드리고 타인을 인정해 주며 남을 대접하기를 즐겨

합시다. 열심히 주님을 섬기고 환란 중에 인내하며 소망 중에 즐거워하고, 기도하며 참사랑을 실천하면 복이 옵니다.

하늘의 복을 받을 수 있는 것은 바로 천국 열쇠를 가지는 것입니다.

"네 반석 위에 교회를 세우리니 음부의 권세가 이기지 못하리라"

(마 16:18)

그 천국 열쇠를 받으려면 교회를 세워야 합니다. 당신의 인생 위에 교회를 세우고 우리 자신들이 교회로 세워지기를 바랍니다.

학교든, 일터든, 지금 서 있는 곳이 어디든지 하나님이 주신 것으로 생각하고 그 위에 교회를 세우십시오. 이것이 하늘의 복의 창고를 여는 열쇠를 받는 비결입니다.

하나님께 복을 받아야 풍성케 되며 남에게 이 복을 나눠줄 수 있습니다. 왜냐하면 하나님이 주시는 복은 30배, 60배, 100배이기 때문입니다. 우리 스스로가 열심히 노력해서 얻는 복은 노력한 만큼에 불과합니다.

그러나 하나님께 먼저 맡기고 내가 최선을 다했을 때, 생각지도 않은 복을 하나님은 갑절로 내려주시는 것입니다.

욥처럼 하나님의 원리대로 복을 받으십시오. 그러나 가장 복이 많은 사람은 변화되어 예수님을 닮은 작은 예수가 되는 것입니다.

토론…

- 복에 대해 얘기해 봅시다.

- 당신은 복 있는 사람입니까?

- 당신은 복을 받지 못한 사람입니까?

"너희는 기쁨으로 나아가며·평안히 인도함을 받을 것이요, 산들과 작은 산들이 너희 앞에서 노래를 발하고 들의 모든 나무가 손바닥을 칠 것이며"(사 55:12)

"태초에 하나님이 천지를 창조하시니라"(창 1:1)

태초에 하나님이 우주 만물을 만드셨습니다. 자연은 하나님을 완전하게 계시합니다. 하나님께서는 자연을 통해 자신을 계시하고 보여 주셨습니다. 자연은 너무나 아름답고 깨끗하며 말이 없습니다.

"하늘이 하나님의 영광을 선포하고 궁창이 그 손으로 하신 일을 나타내는도다"(시 19:1)

저는 산을 좋아합니다. 산에 있는 나무와 꽃 그리고 바다도 좋아합니다. 제게 하나님의 창조 신비와 아름다움을 가르쳐 주는 자연

을 참 사랑합니다. 가을 산을 울긋불긋 물들인 단풍나무, 파도가
넘실거리는 푸른 바다, 청명한 가을하늘, 가뭄 때 내리는 반가운
단비, 자연은 너무나 아름답고 소중합니다. 그리고 소나무에 달려
있는 하이얀 눈꽃송이, 순백의 옷으로 갈아 입은
겨울산과 들의 정취, 봄바람에 흩날리는 청초한
벚꽃, 목련꽃과 장미, 들에 핀 야생화, 가을 시골
길을 수놓는 코스모스, 이 모든 아름다운 것들을
보면서 우주 만물을 지으신 하나님을 찬양합니다.

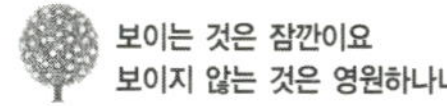

우리에게는 하나님께서 주신 자연을 잘 관리해야 할 책임이 있고 아름다운 환경으로 만들기를 노력해야 할 의무가 있습니다.

　피조물 된 우리는 자연을 주신 하나님께 감사해
야 합니다. 그리고 자연을 황폐케 하지 말고 사랑
해야 합니다. 하나님이 창조하신 자연을 원래의 깨끗함으로 잘 보
존해야 합니다.

　우리에게 맡겨주신 아름다운 자연을 잘 관리해야 합니다. 우리
에게는 하나님께서 주신 자연을 잘 관리해야 할 책임이 있고 아름
다운 환경으로 만들기를 노력해야 할 의무가 있습니다. 주 하나님
지으신 모든 세계를 아름답고 밝은 세상으로 만듭시다.

가을의 문턱에서

가을의 청아한 하늘에는
하나님이 보이는 듯 하네
눈을 들어 산을 보고 하늘을 보네
천지를 창조하신

하나님이 보이는 듯 하네
영으로 하나님이 함께 함을 느낀 것처럼
육으로도 하나님이 보이는 듯 하네
눈을 아래로 내리면
땅이 보이고 출세와 성공이 보이네
땅엣 것 잡으려고 악과 거짓을 행하는 사람이 보이네
인생들아 눈을 들어 아름다운 산을 보고 하늘을 보세
파아란 가을하늘에 하나님이 보인다네
심판날을 위한 기름등불을 준비하는 슬기로운 신부가 되세
위엣 것 사모하여 천국을 그려보세
청명한 가을하늘에
하나님이 우리를 주목하고 있네

어느 가을날 맑은 하늘을 바라보며 매료되어 지은 시 구절입니다.

참 아름다워라 주님의 세계는
저 솔로몬의 옷보다 더 고운 백합화
주 찬송하는 듯 저 맑은 새소리
내 아버지의 지으신 그 솜씨 깊도다

참 아름다워라 주님의 세계는
저 아침해와 저녁놀 밤하늘 빛난 별
망망한 바다와 늘 푸른 봉우리
다 주 하나님 영광을 잘 드러내도다

참 아름다워라 주님의 세계는
저 산에 부는 바람과 잔잔한 시냇물
그 소리 가운데 주 음성 들리니
주 하나님의 큰 뜻을 내 알 듯 하도다 (찬송 78)

 토론…

■ 자연에 대해 얘기해 봅시다.

■ 당신은 자연을 사랑하십니까?

■ 그렇다면 아름다운 자연을 주신 하나님께 감사한 적이 있습니까?

■ 우리가 쉽게 실천할 수 있는 자연을 사랑하는 방법에는 어떤 것이 있
을까요, 함께 나누어 봅시다.

우상숭배
Idolatry

"하나님을 알되 하나님으로 영화롭게도 아니하며 감사치도 아니하고 오히려 그 생각이 허망하여지며 미련한 마음이 어두워졌나니 스스로 지혜있다 하나 우둔하게 되어 썩어지지 아니하는 하나님의 영광을 썩어질 사람과 금수와 버러지 형상의 우상으로 바꾸었느니라"(롬 1:21~3)

"너희도 이것을 정녕히 알거니와 음행하는 자나 더러운 자나 탐하는 자 곧 우상숭배자는 다 그리스도와 하나님 나라에서 기업을 얻지 못하리니"(엡 5:5)

하나님은 우리에게 "나는 너를 애굽 땅, 종 되었던 집에서 인도하여 낸 너의 하나님 여호와로라 너는 나 외에는 다른 신들을 네게 있게 말찌니라 너를 위하여 새긴 우상을 만들지 말고 또 위로 하늘에 있는 것이나 아래로 땅에 있는 것이나 땅 아래 물 속에 있는 것의 아무 형상이든지 만들지 말며 그것들에게 절하지 말며 그

것들을 섬기지 말라 나 여호와 너의 하나님은 질투하는 하나님인 즉 나를 미워하는 자의 죄를 갚되 아비로부터 아들에게로 삼사 대까지 이르게 하거니와 나를 사랑하고 내 계명을 지키는 자에게는 천 대까지 은혜를 베푸느니라. 너는 너의 하나님 여호와의 이름을 망령되이 일컫지 말라 나 여호와는 나의 이름을 망령되이 일컫는 자를 죄없다 하지 아니하리라. 안식일을 기억하여 거룩히 지키라 엿새 동안은 힘써 네 모든 일을 행할 것이나 제 칠일은 너의 하나님 여호와의 안식일인즉 너나 네 아들이나 네 딸이나 네 남종이나 네 여종이나 네 육축이나 네 문안에 유하는 객이라도 아무 일도 하지 말라. 이는 엿새 동안에 나 여호와가 하늘과 땅과 바다와 그 가운데 모든 것을 만들고 제 칠일에 쉬었음이라. 그러므로 나 여호와가 안식일을 복되게 하여 그 날을 거룩하게 하였느니라."(출 20:2~11)라는 말씀을 주셨습니다.

이 말씀대로 계명을 잘 지켜 하나님을 기쁘게 해드리기 바랍니다.

사람들은 자연이나 바위나 큰 고목나무 또는 어떤 동물이나 사람의 형상을 만들어 그것을 섬기면서 복을 빌고 있습니다. 그리고 죽음 후에 자기를 좋은 곳(구원)에 가게 해주는 신처럼 섬깁니다. 그러나 그것은 우상입니다. 그러한 형상들에게 절을 하고 빈다고 여러분에게 복을 내리고 구원받게 해주는 것은 아닙니다. 미신을 믿는 것도 마찬가지입니다.

복의 개념은 하나님께 있습니다. 하나님이 우리에게 진정한 복을 내려 주시는 것입니다. 그리고 예수 그리스도를 믿어야 만이 예수님의 보혈로 죄사함 받아서 구원도 받습니다.

더욱 지혜를 가져서 다시 한번 깊이 생각해보고 깨닫는 은혜가 있기를 바랍니다.

하나님은 우리에게 절대로 우상숭배를 하지 말라고 명령했습니다. 그런데 이스라엘 백성들은 출애굽하여 광야에 있을 때 큰 죄를 지었습니다. 모세가 하나님께 십계명을 받기 위하여 시내산에 올라갔는데 빨리 내려오지 않자 기다리다 지친 이스라엘 백성들이 모세의 형 아론을 격동시켜 자기들이 가진 모든 황금을 모아 하나님이 가장 싫어하시는 금송아지 우상을 만들었습니다. 그리고 그 금송아지 우상에게 절을 하면서 우상을 섬기는 무시무시한 광경이 벌어지고 있었습니다. 그때 모세가 하나님이 직접 써주신 언약의 말씀, 십계명이 쓰여진 두 돌비(판)를 들고 내려 왔을 때 그 금송아지 우상을 보고 깜짝 놀랐습니다. 너무 의분이 일어나서 거룩한 분노로 두 돌판을 던져서 금송아지를 다 부셔버렸습니다. 그 이후 다시 시내산에 올라가서 십계를 받아 내려왔습니다.

모세는 40일 금식을 하고 철저하게 하나님과 교제하면서 받은 십계명이 쓰여진 두 돌판를 갖고 산을 내려왔을 때 얼굴에 광채가 났었습니다. 수건으로 얼굴을 가릴 정도로 번쩍번쩍 빛났습니다.

모세는 마음이 온유하고 이스라엘 백성을 위하여 기도를 하는 민족의 지도자이었기 때문에 하나님은 모세를 사랑했습니다. 그리고 이스라엘 백성이 하나님을 잘 섬기도록 십계명(율법)을 내려주신 것입니다.

십계명은 하나님이 직접 두 돌판에 쓰신 것입니다. 이 율법은 그리스도의 영광으로 완성된 것입니다.

여러분은 우상을 만들어 섬기는 어리석음을 범하지 마시기 바랍니다. 그리고 하나님보다 더 사랑하는 것도 우상입니다.(자식, 돈,

명예, 권력...) 그 어떤 것이라도 하나님 앞에 두어 하나님 이상으로 집착하고 사랑해서는 안 될 것입니다. 하나님은 사랑과 공의의 하나님이시면서 질투하시는 하나님이시기도 합니다.

하나님의 피조물 된 사람들은 우상과 미신을 섬기면서 하나님을 멀리하는 교만한 자가 아니라 겸손히 하나님을 경외하는 주님의 백성이 되어야 합니다. 우상을 버리고, 미신을 버리고 하나님을 진정으로 사랑하고 경배해야 합니다. 그리스도 그 분만이 우리의 삶에 주인되심을 고백해야 합니다.

이제 하나님과 사람 사이의 계명을 살펴봅시다.

우상을 버리고, 미신을 버리고 하나님을 진정으로 사랑하고 경배해야 합니다. 그리스도 그 분만이 우리의 삶에 주인되심을 고백해야 합니다.

"너는 나 외에는 다른 신들을 네게 있게 말찌니라"(출 20:3)(1계명)

"너를 위하여 새긴 우상을 만들지 말고 또 위로 하늘에 있는 것이나 아래로 땅에 있는 것이나 땅 아래 물 속에 있는 것의 아무 형상이든지 만들지 말며 그것들에게 절하지 말며 그것들을 섬기지 말라"(출 20:4~5)(2계명)

"너는 너의 하나님 여호와의 이름을 망령되이 일컫지 말라"(출 20:7)(3계명)

"안식일을 기억하여 거룩히 지키라"(출 20:8)(4계명)

이 계명을 잘 지켜 하나님께 영광 돌려드리는 참된 삶이 되시길 바랍니다.

■ 우상숭배에 대하여 얘기해 봅시다.

■ 십계명 중 하나님과 사람 사이의 죄를 얘기해 봅시다.

■ 당신은 우상숭배를 한 적이 있습니까, 없습니까?

■ 우상숭배를 절대로 하지 맙시다.

　죄는 원죄와 자범죄가 있습니다.

　원죄는 에덴동산에 있는 생명나무의 실과는 다 따 먹어도 좋으나 선악을 알게 하는 선악과는 먹지 말라는 하나님의 말씀을 어긴 아담과 하와가 선악과를 따먹는 불순종의 대가로 죄가 들어왔습니다. 그 죄의 결과로 남자는 종신토록 일을 해서 땀을 흘려야 먹을 소산이 생기고 여자는 아기를 낳는 해산의 고통을 가져야 했습니다. 또한 자범죄는 두 종류로 나뉘어지는데 실제로 살인, 성폭행, 강도, 간음, 도둑질, 사기 등 무서운 범죄를 저지른 감옥수 죄인(Prisoner)과 모함, 미움, 시기, 질투, 분냄, 거짓말 등 양심수 죄인(Sinner)이 있습니다.

　그리고 우상을 섬기고 하나님을 믿지 않는 교만한 죄도 있는데 이 모든 것을 죄라고 합니다. 그런데 이 죄들이 사람이 보기에는 큰 죄, 작은 죄, 혹은 죄 아닌 것 같다고 얘기하지만 하나님이 보시기에는 모두가 죄인 것입니다.

"모든 사람이 죄를 범하였으매 하나님의 영광에 이르지 못하더니"

(롬 3:23)

　모두가 죄인임에는 틀림없습니다. 이 모든 죄의 삯은 사망이고 사망 후에는 심판이 있습니다. 심판의 결과는 지옥입니다. "한번 죽는 것은 정한 것이요 이후에는 심판이 있으리니"(히 9:27)

　그런데 사람들은 지옥에 가지 않으려고 선행을 하고 종교행위를 합니다. 그러나 선행을 아무리 하고 도를 닦고 참선을 해도 죄는 100% 씻어지지 않습니다. 또한 다른 종교 활동으로도 죄는 씻어지지 않습니다. 왜냐하면 선행을 아무리 해도 사람에게는 양심죄라도 남아 있고 아무리 훌륭한 성인이라 할지라도 인간이기 때문에 원죄가 있기 때문입니다.

　소경이 소경을 인도하지 못하듯이 죄인이 죄인들을 인도할 수 없습니다. 하나님의 아들로 오신 신성을 가지신 예수 그리스도만이 우리의 죄를 100% 씻어줄 구주가 되는 것입니다.

"하나님이 세상을 이처럼 사랑하사 독생자를 주셨으니 이는 저를 믿는 자마다 멸망치 않고 영생을 얻게 하려 하심이라"(요 3:16)

　예수님을 믿기만 하면 우리 죄를 위해 십자가에 못 박혀 죽으시고 흘린 보혈로 우리의 죄값이 청산되어 천국으로 갈 수 있는 구원을 얻게 되었습니다.

　특히 이 죄의 종류 중에서 하나님을 믿지 않는 교만죄가 가장 커서 천국에 가지 못하고 지옥에 갈 수 밖에 없는데 이 문제는 우상숭배에서 상세히 다뤄 놓았습니다. 그러므로 본문에서는 사람과 사람 사이의 무서운 죄들을 다뤄 보기로 하겠습니다.

죄는 먼저 생각으로 와서 행동으로 나가고 그 결과로 엄청나게 큰 대가와 후회의 흔적이 남게 됩니다. 물론 생각 없이 우발적으로 저지른 죄도 있긴 하지만 대부분 이런 과정을 거쳐서 일어납니다. 성경에는 다윗 왕의 죄(살인과 간음)와 고난에 대해서, 디나의 강간사건(성폭행)에 대해서, 요셉의 고난(모함과 거짓말, 중상모략)에 대해서, 아합과 이세벨(나봇의 포도원 강탈) 등 여러 가지 죄의 사건들에 대해서 조금도 숨김없이 적나라하게 말씀하고 있습니다. 그리고 그 죄의 결과로 오는 하나님의 징계를 상세히 적어놓고 있습니다.

잊지 마십시오. 죄는 반드시 보응이 따릅니다. 엄청나고 무서운 죄의 대가를 치러야 합니다. 진정으로 회개하면 용서해주시는 하나님의 자비와 사랑이 있습니다. 또한 하나님의 공의라는 성품도 있기 때문에 대가는 반드시 치러야 하는 것입니다. 도자기는 깨어지지 않은 것이 상품가치가 높습니다. 금이 간 것은 가치가 없습니다. 다윗 왕처럼 죄를 짓고 진심으로 회개하는 것도 굉장히 중요하지만 죄를 짓지 않는 예방 차원이 더 중요한 것도 그 이유입니다.

죄를 짓고 회개하는 마음도 아름답지만 죄를 짓지 않으려고 노력하는 그 마음은 더욱 아름답습니다.

죄의 종류는 헤아릴 수 없을 정도로 다양하고 많지만 그 중에서

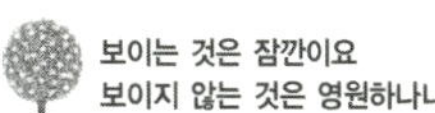

죄를 짓고 회개하는 마음도 아름답지만 죄를 짓지 않으려고 노력하는 그 마음은 더욱 아름답습니다.

도 살인, 강도, 성폭행, 간음, 성추행, 사기, 도둑질, 모함, 거짓증언 등 무섭고 끔찍한 죄악들이 일어나지 않도록 예방운동이 일어났으면 좋겠습니다. 이런 무섭고 끔찍한 죄를 하나님을 두려워하지 않고 저지르는 사람들이 있다면 입장을 바꿔놓고 생각해 보십시오.

당신 자신이나 당신의 가족이 살해당했다면... 당신의 여동생이나 누이나 혹 부인이 성추행이나 성폭행을 당했다면... 누군가 사기를 쳐서 당신의 재산에 큰 손실을 입혔다면... 당신의 집에 강도나 도둑이 들어와 사람을 해치고 중요한 물건을 훔쳐가 재산상의 손해가 생겼다면... 누군가 당신의 행복한 가정을 깨뜨리는 간음죄를 지었다면... 누군가 당신에게 거짓 증언을 하여 모함하고 억울하게 만들어 눈물을 흘리게 하고 창살 없는 감옥생활을 하게 했다면, 당신은 어떻게 견딜 수 있을지...

이 모든 악한 죄악이 자기 자신에게 일어난다면 그 비참함과 좌절을 견딜 수 있을지 생각하고 또 생각해 보십시오.

자기 자신에게는 이런 일이 절대 일어나서는 안 된다고 하면서 남은 당해도 된다고 생각하십니까? 너무나 악한 이기심이 아닙니까?

혹시 이런 악한 죄를 저지른 사람들이 있다면 이 글을 읽는 즉시 죄를 끊고 진정으로 회개하여 새 사람이 되기를 바랍니다.

"너희는 유혹의 욕심을 따라 썩어져가는 구습을 좇는 옛 사람을 벗어 버리고 오직 심령으로 새롭게 되어 하나님을 따라 의와 진리의 거룩함으로 지으심을 받은 새 사람을 입으라"(엡4:22~24)

자기 자신이 이런 무서운 일을 당해서는 안 된다는 생각이 들거든 남도, 이웃도 이런 무서운 일을 당해서는 안 된다고 생각해야합니다. 그리고 깊이깊이 회개하고 죄를 끊고 다시는 죄를 짓지 말아야 합니다.

어떤 마을에 부녀가 살았습니다. 아버지는 못된 강도였고 딸은 예수님을 잘 믿는 착한 처녀였습니다. 딸은 늘 강도짓을 하는 인간답지 못한 비열한 아버지에게 사람답게 사시라고 울면서 애원했습니다. 그러나 아버지는 사단의 노예가 되어 딸의 말을 듣지 않고 계속 강도짓을 했습니다. 하루는 딸이 굳은 결심을 하고 아버지께 편지를 썼습니다.

"아버지, 악마 같은 강도짓을 버리고 회개하고 예수님 믿어 새 사람이 되세요. 그리고 새로운 인생을 살기 바랍니다. 그리고 죄 사함 받아 행복하게 사세요."

이런 글을 적은 편지를 핸드백 속에 넣고 변장을 하고 아버지 뒤를 몰래 따라갔습니다. 그 아버지는 여전히 조용한 길목을 찾아 앉고 사람 나타나기를 기다리고 있었습니다.

그 때 이 딸이 그 길목에 나타나 걸어갔습니다. 아버지는 변장을 한 딸을 알아채지 못하고 흉기로 내리쳐 죽이고 핸드백을 들고 집에 왔습니다. 돈이나 귀중품을 꺼내려고 핸드백을 열자 편지 한 장이 나왔습니다. 읽어 보니 그 편지는 딸의 편지였고 그 핸드백의 주인은 바로 자기 딸이었습니다.

기가 막힌 사연입니다. 그 이후 아버지는 통곡을 하면서 자수하여 무기징역을 받고 회개하고 예수님 믿어 새 사람이 되었다고 합니다. 이렇게 꼭지까지 가야만 후회하고 새롭게 됩니까? 빨리 회개하고 예수 믿으십시오.

내가 소중하면 남도 소중하다는 사실을 잊지 말고 기억하십시오. 내 생명이 귀중하여 살고 싶다면 다른 사람의 생명도 귀중하며 살고 싶을 거라는 간단하고 쉬운 논리를 잊지 마십시오.(살인하지 말라)

당신의 여동생이나 누이, 부인의 성이 고귀하고 성결하게 지켜져야 한다면 다른 사람의 가족의 여성들의 성도 고귀하고 성결하게 지켜져야 한다는 사실을 잊지 마십시오.(성폭행, 성추행 하지 말라)

"도적질 하는 자는 다시 도적질 하지 말고 돌이켜 빈궁한 자에게 구제한 것이 있기 위하여 제 손으로 수고하여 선한 일을 하라"

(엡 4:28)

당신의 재산이 아깝고 소중하면 남의 재산의 소중함도 깨달아 강도, 사기, 도둑질하여 타인의 재산에 손실을 입히지 마십시오.(사기치거나 도둑질하지 말라)

당신의 가정이 행복하게 지켜지기를 원하면 남의 가정의 행복도 지켜져야 한다는 간단한 논리를 생각하고 행복한 가정을 깨지 마십시오.(간음하지 말라)

"음행과 온갖 더러운 것과 탐욕은 너희 중에서 그 이름이라도 부르지 말라 이는 성도의 마땅한 바니라"(엡 5:3)

"저희 중에 어떤 이들이 간음하다가 하루에 이만 삼천 명이 죽었나니 우리는 저희와 같이 간음하지 말자"(고전 10:8)

남을 애매하게 없는 일을 만들어서 모함하고 중상모략하고 거짓 증언하여 그 명예를 실추시키는 악한 죄를 짓지 마십시오.

자기 자신이 살려고 남을 모함하여 짓밟아 버리려는 악한 꾀를 삼가십시오. 우리말 속담에 '낮말은 새가 듣고 밤말은 쥐가 듣는다' 라는 말이 있습니다. 이것은 말을 조심하라는 뜻입니다. 모든 말과 행동을 하나님이 듣고 계시고 지켜보고 계신다는 사실을 잊지 마십시오.

거짓증언하고 모함하는 말의 실수를 하지 마십시오.

"사람이 무슨 무익한 말을 하든지 심판 날에 이에 대하여 심문을 받으리니 네 말로 의롭다 함을 받고 네 말로 정죄함을 받으리라"

(마 12:36~37)

"무릇 더러운 말은 너희 입 밖에도 내지 말고 오직 덕을 세우는 데 소용되는 대로 선한 말을 하여 듣는 자들에게 은혜를 끼치게 하라"

(엡 4:29)

또한 시기 질투의 눈으로 상대방을 보지 마십시오.

나보다 이웃이, 친구가, 직장 동료가 칭찬 받고 잘 되는 것을 배 아파 하지 말고 기뻐하십시오. 사촌이 땅을 사면 배 아파 하지 말고 박수쳐 주십시오. 이 모든 악한 죄악에서 벗어나 자유를 찾으십시오.

사단의 조종에서 벗어나 주님 안에서 다시 한번 깊이 생각하고 죄의 생각에서, 죄의 길에서 돌이켜 예수 믿고 진정으로 회개하고 새 사람이 되십시오.

죄는 그 모양이라도 버리고 복 있는 사람이 되십시오. 이 모든 죄는 욕심에서 오는 것입니다.

욕심(탐심)은 죄를 낳고 죄는 사망을 낳습니다. 탐심을 버리고 마음을 비우십시오. 그 비운 마음을 주님으로 가득 채워 보십시오. 그리고 하나님이 주시는 복으로 마음 편히, 행복하게 살아가십시오. 이 사회가 죄가 없는 밝고 아름다운 세상이 되기를 기대합니다.

하나님이 주신 십계명 중에서 사람을 향하여 주신 계명을 한번 살펴보겠습니다.

"네 부모를 공경하라(5계명)" 부모는 당신을 낳으시고 길러 주신 소중하고 존귀한 분이십니다.

"살인하지 말지니라(6계명)" 생명은 하나님이 주신 소중한 선물입니다.

"간음하지 말라(7계명)" 성은 하나님이 주신 고귀한 선물입니다.

"도적질하지 말라(8계명)" 재물은 하나님이 주신 축복입니다. 탈취하지 마십시오.

"거짓증거하지 말지니라(9계명)" 모함, 중상모략, 거짓말하지 마십시오. 혀는 언어를 참되게, 진실하게, 아름답게 사용하라고 주신 선물입니다.

"이웃의 집을 탐내지 말지니라(10계명)" 탐심(욕심)이 죄를 낳습니다. 자기 것으로 만족하십시오. 하나님이 주신 것만으로 감사하게 받아 누리십시오.

죄란 하지 말라는 것을 하는 것이 죄요, 하라는 것을 하지 않는 것이 죄입니다.

또한 죄는 하나님을 믿지 않는 교만입니다.

"여호와의 날 곧 잔혹히 분냄과 맹렬히 노하는 날이 임하여 땅을
황무케 하며 그 중에서 죄인을 멸하리니 하늘의 별들과 별 떨기가
그 빛을 내지 아니하며 해가 돋아도 어두우며 달이 그 빛을 비취
지 아니할 것이로다 내가 세상의 악과 악인의 죄를 벌하며 교만한
자의 오만을 끊으며 강포한 자의 거만을 낮출 것이며 내가 사람을
정금보다 희소케 하며 오빌의 순금보다 희귀케 하리로다 나 만군
의 여호와가 분하여 맹렬히 노하는 날에 하늘을 진동시키며 땅을
흔들어 그 자리에서 떠나게 하리니"(사 13:9~13)

토론…

- 죄의 정의에 대하여 얘기해 봅시다.
- 십계명 중 사람과 사람 사이의 죄를 얘기해 봅시다.
- 당신은 이런 죄를 저질러 본 일이 있습니까? 없습니까?
- 당신의 결단을 하나님께 기도하십시오.
- 죄가 있다면 진심으로 회개하고 다시는 죄를 짓지 마십시오. 죄가 없
  다면 앞으로도 절대로 죄를 짓지 않기를 노력하십시오. 사단의 유혹
  에서 승리하십시오.

천국·지옥
Heaven·Hell

이 세계는 눈에 보이는 육적인 세계와 눈에 보이지 않는 영적인 세계가 있습니다. 사람은 원래 영적인 세계도 볼 수 있었는데 우리 조상 아담과 하와의 죄로 인하여 영안이 어두워져서 볼 수 없게 되었습니다.

그러나 분명한 것은 천국도, 지옥도 확실히 있다는 것입니다.

'죽고 나서 가봐야 알지' 라며 무서운지도 모르고 태연하게 말하는 사람들은 죽고 나서 보면 이미 늦습니다. 후회해도 돌이킬 수 없기 때문입니다. 한번 들어가면 나오고 싶어도 못 나오고, 죽고 싶어도 죽지 않기 때문에 우리의 영혼이 영원히 있어야 하는 곳, 그 곳이 바로 천국과 지옥입니다.

지옥은 너무나 무섭고 뜨거우며 절대로 가서는 안 됩니다. 예수님 믿고 죄사함 받아서 꼭 천국에 가야 합니다. 천국은 천상천국과 지상천국이 있습니다. 천상천국은 하나님이 계시는 하늘나라입니다. 우리 믿는 성도들이 지향하고 있는 최종 목적지입니다.

영어로는 'Kingdom of Heaven' 입니다. 그곳은 각종 아름다운 보석으로 단장되어 있습니다. 이 세상에서 보석을 가지려고 욕심 부리지 마십시오. 천상천국은 너무나 아름답습니다. 또한 우리 마음에 지상천국이 있습니다. 하늘나라는 우리 마음 안에 이미 있습니다.

또한 하늘나라는 예배 공동체 안에도 있습니다. 그리고 말씀증거 중에 하늘나라가 임합니다. 성령의 임재 중에 하늘나라가 임합니다.

마태복음 5장 22절에서는 "나는 너희에게 이르노니 형제에게 노하는 자마다 심판을 받게 되고 형제를 대하여 라가라 하는 자는 공회에 잡히게 되고 미련한 놈이라 하는 자는 지옥불에 들어가게 되리라"라고 말씀하고 있습니다.

현세에서 죄악을 범한 사람이 사후(死後)에 가서 고통을 받는 환경을 형용한 말이 지옥(Hell)입니다. "한번 죽는 것은 사람에게 정하신 것이요 그후에는 심판이 있으리니"(히 9:27)

사람은 죽으면 영육의 분리가 일어나서 육체는 일단 묘나 화장터로 가지만(나중 재조직 부활됨) 분리된 영혼(Spirit)은 천국이나 지옥으로 나뉘어 가게 됩니다.

요한계시록 21장 4절에 보면 천국은 "모든 눈물을 그 눈에서 씻기시매 다시 사망이 없고 애통하는 것이나 곡하는 것이나 아픈 것이 다시 있지 아니하리니 처음 것들이 다 지나갔음이러라"로 설명됩니다.

또 요한계시록 21장 18~21절에는 "그 성곽은 벽옥으로 쌓였고 그 성은 정금인데 맑은 유리 같더라 그 성의 성곽의 기초석은 각

색 보석으로 꾸몄는데 첫째 기초석은 벽옥이요 둘째는 남보석이요, 셋째는 옥수요 넷째는 녹보석이요 다섯째는 홍마노요 여섯째는 홍보석이요 일곱째는 황옥이요 여덟째는 녹옥이요 아홉째는 담황옥이요 열째는 비취옥이요 열한째는 청옥이요 열둘째는 자정이라 그 열두 문은 열두 진주니 문마다 한 진주요 성의 길은 맑은 유리 같은 정금이더라"라고 묘사되어 있습니다. 이렇게 천국은 보석으로 둘러싸인 아름답고 좋은 곳입니다. 가고 싶지 않으십니까? 그러나 지옥은 "거기는 구더기도 죽지 않고 불도 꺼지지 아니하느니라 사람마다 불로써 소금 치듯 함을 받으리라"(막 9:48~49)로 묘사됩니다. 밤낮 바깥 어두운데서 이를 갈며 슬피 울어야 되는 곳입니다. 지옥은 피할 수 없는 곳입니다. 다시 나갈 수 있는 문도 없고 끝이 없는 곳입니다. 이 세상에서 감옥에 들어간 사람은 언젠가 형을 마치고 나올 수 있지만 지옥은 소망이 없는 곳입니다. 한번 지옥으로 들어가면 다시는 나오지 못합니다. 지옥은 온갖 죄인들이 섞여 있는 죄인 집합소입니다.

"그러나 두려워하는 자들과 믿지 아니하는 자들과 흉악한 자들과 살인자들과 행음자들과 술객들과 우상숭배자들과 모든 거짓말하는 자들은 불과 유황으로 타는 못에 참예하리니 이것이 둘째 사망(지옥)이라"(계 21:8)

지옥이 점점 더 무서워지지 않습니까?
너무나 뜨거운 곳이 아닙니까? 아직도 지옥의 개념이 느껴지지 않습니까?

(눅 16:23~24)

그리고 아브라함의 말을 들어보십시오. "아브라함이 가로되 애너는 살았을 때에 네 좋은 것을 받았고 나사로는 고난을 받았으니 이것을 기억하라 이제 저는 여기서 위로를 받고 너는 고민을 받느니라 이뿐 아니라 너희와 우리 사이에 큰 구렁이 끼어 있어 여기서 너희에게 건너가고자 하되 할 수 없고 거기서 우리에게 건너올 수도 없게 하였느니라"(눅 16:25~26)

천국과 지옥 중에 어디를 선택하시렵니까? 눈에 보이는 80년이란 이 땅의 삶 때문에 영원히 우리의 영혼이 살아야 하는 우리의 본향, 천국을 놓치시렵니까?

이 세상은 잠시 있다 사라지는 안개와 같습니다. 풀잎에 맺힌 이슬처럼 햇볕이 나면 금방 사라집니다. 80년대 영원, 게임이 되지 않는 비율입니다. 잘 생각해 보십시오.

지혜를 가져서 천국의 티켓을 소유하시기 바랍니다.

제2부 아름다운 세상을 위하여 **275**

결국 곧 영혼의 구원을 받음이라"(벧전 1:7~9)

예수를 믿어서 죽음 이후에 가는 천상천국과 이 땅에 살면서 누리는 지상천국(마음의 천국)을 다 누릴 수 있기를 바랍니다.

예수를 믿어서 죽음 이후에 가는 천상천국과 이 땅에 살면서 누리는 지상천국(마음의 천국)을 다 누릴 수 있기를 바랍니다.

하나님의 나라는 여러분의 마음 가운데, 정신 가운데, 몸 가운데 이미 와 있습니다.

범사가 잘 되고 강건한 삶의 기쁨도 누립니다. 또한 고난도 있습니다. 그러나 합력하여 선을 이룰 것입니다.

"또 내가 보니 죽은 자들이 무론 대소하고 그 보좌 앞에 섰는데 책들이 펴 있고 또 다른 책이 펴졌으니 곧 생명책이라 죽은 자들이 자기 행위를 따라 책들에 기록된 대로 심판을 받으니 바다가 그 가운데서 죽은 자들을 내어주고 또 사망과 음부도 그 가운데서 죽은 자들을 내어주매 각 사람이 자기의 행위대로 심판을 받고 사망과 음부도 불못에 던지우니 이것은 둘째 사망 곧 불못이라 누구든지 생명책에 기록되지 못한 자는 불못에 던지우더라"

(계 20:12~15)

누구든지 하나님의 생명책에 이름이 기록되어 있지 않는 사람은 모두 불못 지옥에 떨어진다는 말씀입니다. 사실입니다. 두려워하십시오. 무서워하십시오.

그러나 이 두려움과 무서운 불못에서 벗어날 길이 있습니다.

예수님만 믿으면 우리 죄가 예수님의 보혈의 값으로 용서함 받아서 뜨거운 불못을 면하고 아름다운 행복의 나라 천국으로 가게 되는 것입니다.

하나님은 우리 모든 인생들을 사랑하십니다. 단 한명도 지옥으로 떨어지는 것을 원치 않으십니다. 65억 인구 모두가 예수 믿고 죄사함 받아 하늘나라로 인도되기 바랍니다. 구원 받으십시오.

어떤 아름다운 가족의 이야기가 있습니다. 아들 삼형제를 둔 어머니의 임종시간이 가까워 졌습니다. 어머니는 자녀들에게 마지막 인사로 키스를 해 주었습니다. 그 어머니는 임종 직전에 자녀들에게 키스를 하면서 첫째와 둘째 아들에게는 굿나잇키스(잘 자라는 밤인사)를 했습니다. 그런데 어머니는 막내 엔디에게는 굿바이키스(잘 가라는 작별인사)를 해 주는 것이었습니다. 이상히 여긴 엔디는 "어머니, 첫째형이나 둘째형에게는 굿나잇키스를 하시면서 왜 저에게는 굿바이키스를 하십니까?"라고 어머니에게 여쭤보았습니다. 어머니는 이렇게 말씀했습니다. "엔디야, 네 형들은 예수님을 믿어서 하룻밤 자고 나서 내가 천국에 가 있으면 나중에 형들이 와서 다시 만날 수 있기 때문에 굿나잇키스로 잘 자라고 인사했지만 너는 예수님을 믿지 않아 죽으면 지옥으로 떨어져서 영원히 엄마하고는 못 만나기 때문에 굿바이라고 작별인사를 했단다." 막내 엔디는 깜짝 놀라 울면서 "엄마, 나도 예수님 믿고 나중에 엄마 만나러 천국 갈 테니까 굿바이가 아니라 굿나잇키스를 해주세요."라고 말했습니다.

엔디는 빨리 현명한 판단을 내리고 천국을 선택했습니다.

머뭇거리지 마십시오. 미루지 마십시오. 사단은 여러분의 이런 점을 노립니다. 즉시 하나님의 자녀가 되기를 결정하십시오.

"가로되 주 예수를 믿으라 그리하면 너와 네 집이 구원을 얻으리라"(행 16:31)

또한 천국은 밭에 감추인 보화와 같습니다.

"천국은 마치 밭에 감추인 보화와 같으니 사람이 이를 발견한 후 숨겨두고 기뻐하여 돌아가서 자기의 소유를 다 팔아 그 밭을 샀느니라 또 천국은 마치 좋은 진주를 구하는 장사와 같으니 극히 값진 진주 하나를 만나매 가서 자기의 소유를 다 팔아 그 진주를 샀느니라 또 천국은 마치 바다에 치고 각종 물고기를 모는 그물과 같으니 그물에 가득하매 물가로 끌어내고 앉아서 좋은 것은 그릇에 담고 못된 것은 내어 버리느니라 세상 끝에도 이러하리라 천사들이 와서 의인 중에서 악인을 갈라내어 풀무불에 던져 넣으리니 거기서 울며 이를 갊이 있으리라"(마 13:44~50)

지옥은 무섭고 뜨겁습니다. 천국은 아름답고 행복한 곳입니다. 우리 모두 예수 믿고 천국 갑시다. 아직도 지옥행 열차 앞에서 울고 있습니까? 방향을 바꿔 천국행 열차를 타고 함께 활짝 웃어 봅시다.

Heaven is so real!(천국은 확실히 있다!)

- 천국과 지옥에 대해 얘기해 봅시다.
- 천국이 있다고 생각하십니까?
- 지옥이 있다고 생각하십니까?

성은 하나님이 주신 아름다운 선물입니다. 하나님이 남자 아담을 창조하시고 독처하는 걸 안타깝게 여기셔서 아담의 갈비뼈를 취해 여자 하와를 만드셨습니다. 에덴동산에서 행복하게 사는 최초의 부부 모습은 하나님이 보시기에 무척 아름다웠습니다.

그런데 시기질투가 난 뱀이란 사단이 여자 하와를 유혹하여 하나님이 금지한 선악과를 따먹게 하고 하와가 남편 아담에게도 먹게 하였습니다.

하나님의 명령에 대한 불순종의 대가로 죄가 들어오게 되었습니다.

그 이후 그들은 벗은 모습이 부끄럽게 되었고 아름다운 성에 죄악이 물들어 추한 성으로까지 타락하게 되었습니다. 그 이후 인류 사회에서는 성으로 인한 많은 범죄가 일어나게 되었습니다.

원래 성은 하나님께서 주신 위대한 선물로서 충만한 은혜 가운데 하나님의 경이로운 신비의 세계로 들어가는 것입니다.

성은 결혼생활에 꼭 필요한 것이며 결혼의 연합이 자식 간이나 부모보다도 더 중요하다는 것을 많은 이들이 깨닫고 있습니다. 그러나 이 성을 올바르게 사용했을 때만이 가장 고귀한 것이 되는 것입니다.

> "이러므로 남자가 부모를 떠나 그 아내와 연합하여 둘이 한 몸을 이룰지로다"(창 2:24)

성은 사랑의 약속인 결혼으로 가장 성스럽고 아름다운 것이 되는 것입니다. 그러나 아름다운 성이 죄악으로 타락하여 우리를 슬프게 하고 있습니다.

이제 그 범죄의 종류들을 다뤄보기로 하겠습니다.

(1) 성폭력

성폭력은 야한 옷차림을 한 여성이나 품행이 좋지 않은 여성이 당하는 개인에 국한된 일이 아닙니다. 여성들의 일상생활을 위협하는 매우 심각한 사회문제 중의 하나입니다.

성폭력은 성폭력에 대한 막연한 불안과 조심만으로 피할 수 있는 것이 아닙니다. 성폭력의 피해자는 대부분이 여성입니다. 강간, 추행, 성적 희롱, 성기 노출, 어린이 추행, 윤간, 노인 윤간, 부부 강간, 강도 강간 등 인간에게 가해지는 모든 신체적, 언어적, 정신적 폭력을 포함하는 개념입니다. 성폭력 범죄의 실태로 봐서 강도 강간의 경우 매년 5,000~6,000건의 성폭

원래 성은 하나님께서 주신 위대한 선물로서 충만한 은혜 가운데 하나님의 경이로운 신비의 세계로 들어가는 것입니다.

력 사건이 신고된다고 합니다.

너무나 수치스럽기 때문에 체면, 자존심 때문에 또는 잘못된 수법 때문에 신고도 하지 못하고 아예 기피하는 경우가 많아서 실제 신고하는 경우는 사건의 2.2%에 불과합니다.

국제경찰 인터폴의 통계에 의하면 우리나라 성폭력 발생률은 세계 3위입니다. 성폭력은 물리적인 강제로서 행해지는 것보다 훨씬 높게 나타납니다. 우리나라의 법은 증거나 증인이 있어야 하고 생명의 위협을 받을 정도로 위험했다는 것을 입증해야 합니다. 또한 친고죄로 신고를 해야만 하기 때문에 피해자들이 피해를 당하고도 법의 보호를 받지 못하는 경우가 대부분입니다. 늦은 감이 있지만 성폭력이 심각해서 학교나 교회에서도 예방차원으로 여성을 위한, 기독인을 위한 성폭력 지침서를 마련하고 각 교회와 신학교에 배포된다니 참으로 감사한 일입니다.

사회적으로도 '성폭력 관련법'이 강하게 만들어져 처벌이 필요하고 이런 일로 행복하게 살아야 할 수많은 여성들이 평생 상처를 안고 슬프게 살아가는 일이 없도록 해야겠습니다.

[성폭력에 대한 잘못된 통념들]
① 나와 상관없는 일이다.
② 대부분의 성폭력은 캄캄한 밤이나 한적한 골목길에서 낯선 사람에 의해 우연히 일어날 것이다.
③ 성폭력은 주로 젊은 여성들이나 야한 옷차림의 여성들에게 일어날 것이다.
④ 성폭력의 가해자는 정신이상자일 것이다.

⑤ 끝까지 저항하면 강간은 불가능한 것이다.

⑥ 강간은 폭력이 아니라 다소 난폭한 성관계다.

⑦ 여성들이 스스로 조심하는 것 외에 뾰족한 방법이 없다.

이러한 생각들은 분명히 잘못되었고 피해자는 5세 어린이부터 70세 할머니까지 연령제한이 없을 정도로 다양합니다.

[7가지 성폭력 예방책]

① 성폭력에 대한 우리 사회의 잘못된 통념을 깨고 올바른 인식을 심어준다.

② 남녀평등의 올바른 성문화를 정착시킨다.

③ 퇴폐 향락 산업을 규제한다.

④ 올바른 성 인식 및 성 행동을 돕는 체계적인 성교육을 실시한다.

⑤ 성 역할 고정관념 등과 같은 성의 사회화와 관련된 올바른 인식과 평등교육을 실시한다.

⑥ 피해자에 대한 보호 정책을 수립한다.

⑦ 성폭력 특별법과 통제차원대책 등을 실시한다.

(자료출처: 한국상담선교연구원)

성폭력의 피해자는 대부분 여성들입니다. 남성들은 순결에 대해서 큰 타격을 입지 않는 대신 여성들은 심리적으로 큰 쇼크를 받습니다. 육체적, 정신적 충격이 한꺼번에 옵니다.

그런 일로 인하여 우울증에 빠져 있는 여성들도 많은가 하면 심지어 자살을 하거나 자살하고 싶은 충동을 많이 느낀다고 합니다.

모욕감으로 견디기 힘든 경우도 많습니다. 이처럼 심각한 문제로 대두되는 성폭력이 일부 남성들에게는 아무것도 아닌 것처럼 성욕구를 채우기 위한 수단으로 또는 성폭행 후에 스토커로 변하여 그것을 빌미로 돈을 뜯어내는 악랄한 수법으로까지 자행되고 있습니다.

여성의 한 사람으로서 몹시도 강한 의분이 일어납니다. 한 여성의 인생을 파괴시킨다는 사실을 망각한 채 이 시간도 어느 장소에서는 성폭력이 일어나고 있는 것입니다. 여성이 각별히 조심하는 것 외에는 뾰족한 대책이 없는 사회의 방치도 문제가 됩니다.

그런 사실을 밝히면 오히려 조심하지 못한 여성의 탓으로 돌리거나 서로 좋아해놓고 성폭행을 당했다고 말한다고 우기면 대책이 없는 것입니다.

가해자의 말을 믿어버리는 이 사회 사람들의 생각의 관점이 성폭행을 근절시키기는커녕 오히려 부추기는 꼴이 됩니다.

도덕적으로 남녀평등이라는 관점을 가지고 남성우월주의 관념을 배타해야 할 것입니다. 악한 남성들은 자기 여동생이나 누이나 아내가 당했다면, 자기 딸이 당했다면 어떤 심정일까 생각해 봐야 합니다. 내가 여자로 태어났다면, 자신의 일처럼, 자기 가족의 일처럼 입장을 바꿔놓고 생각한다면 그런 악한 행동은 절대로 하지 않게 될 것입니다.

여성을 성 욕구의 대상으로 가치를 두는 속물근성의 생각부터 철저히 제거해야 할 것입니다. 진정으로 좋아하고 사랑해서 결혼 상대자로 생각하고 프로포즈하는 것 외에는 여성들에게 접근하지 마십시오. 이 사회도 더욱더 건전하고 밝은 사회의 건설을 위해서 성폭력의 심각성을 깨닫고 예방대책과 교육을 철저히 시행해야 할 것입니다.

그리고 성폭행을 저지르는 일부의 남성들을 철저히 처벌해서 다시는 이런 죄를 짓지 않도록 대책을 마련해야 합니다. 그리고 새 사람이 되도록 복음을 전해야 합니다.

하나님이 주신 아름다운 성을 아름답게 사용하는 지혜가 온 세상에 충만해져서 진정한 성의 가치가 잘 보존되어지길 소망합니다.

"사람들은 자기를 사랑하며 돈을 사랑하며 자긍하며 교만하며 훼방하며 부모를 거역하며 감사치 아니하며 거룩하지 아니하며 무정하며 원통함을 풀지 아니하며 참소하며 절제하지 못하며 사나우며 선한 것을 좋아 아니하며 배반하여 팔며 조급하며 자고하며 쾌락을 사랑하기를 하나님 사랑하는 것보다 더하며 경건의 모양은 있으나 경건의 능력은 부인하는 자니 이같은 자들에게서 네가 돌아서라"(딤후 3:2~5)

토론…

- 성폭력에 대해서 얘기해 봅시다.
- 성폭력이 일어나지 않도록 좋은 아이디어를 얘기해 봅시다.
- 사회적인 제도에 대해서 얘기해 봅시다.

(2) 혼전 성관계

고려대 구병삼, 홍명호 교수팀 11,424명 설문조사에 의하면 국내 10대 여성 2명 중 1명은 성관계와 결혼이 무관하다는 생각을 갖고 있으며 2/3는 성행위시 피임하지 않는 것으로 드러났습니다. 이런 현상으로 인해 유산, 미숙아 분만 등 의학적, 사회적 문제는 더욱 심각해지고 있습니다. 20대 전국 대학생 1,200명을 설문 조사한 사례에 의하면 혼전 성관계에 대한 인식은 다음과 같습니다.

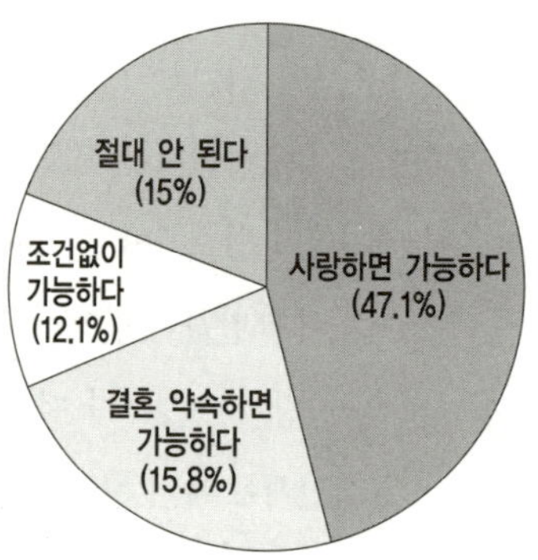

[출처 : 한국대학신문]

통계자료에 의하면 대학생 4명 중 3명이 혼전 성관계를 긍정적으로 생각하고 있는 것으로 나타났습니다. 한국도 이미 혼전 성관계의 문제점이 심각한 것으로 나타났습니다. 혼전 성관계가 우리 사회에 미친 악영향은 유산, 미숙아 분만, 미혼모의 증가, 종교적인 죄, 분만된 아이들이 고아가 되고 입양이 되며 정서적 불안이 나타났습니다.

개인적인 순결이 지켜지지 않을 때 정신적인 충격, 스스로의 인격 형성에 악영향을 끼치며 이런 일의 후유증으로 죄의식, 분노,

고민, 괴로움, 우울증, 자살 등 인격이 파괴되며 가정이 올바르게 형성되지 못하고 어지러운 세상이 될 것입니다.

무사히 잘 태어난 아이라도 결혼을 한 정상적인 가정에서 자라지 못하고 결손가정의 영향으로 비뚤어진 아이들로 타락할 확률이 매우 높습니다.

사회가 단번에 해결하기 어려운 문제의 난관에 부딪힌 것입니다. 우리사회는 성교육의 개념과 목적을 정확히 규명해야 할 것입니다.

① 성교육

결혼 전의 임신, 낙태 등에 의한 죄책감 극복, 혼전성관계 문제들을 다루며 청소년을 돕고 환경과 생리적 충동을 이기고 절제할 수 있는 도덕적 가치관을 갖도록 하는 것이다.

② 교육목적

- 성에 관한 과학적 지식을 체계적으로 가르쳐야 한다.
- 사랑과 결혼의 기초가 되는 성도덕을 확립시켜 주도록 해야
  한다.

〈출처 : 한국상담선교연구원〉

이러한 구체적인 성교육을 통하여 이 시대를 움직여 나갈 우리의 청소년들이 흠 없이 잘 성장해서 올바른 가치관을 가지고 가정생활을 잘 영위하길 기대합니다. 결혼을 약속한 사이라면 손을 잡

고 팔짱을 끼는 것, 가벼운 포옹까지는 괜찮다고 생각합니다.

밝은 미래를 살아가야 할 우리의 자녀들에게 이 문제는 매우 중요하며 혼전의 남녀들은 체계적으로 교육받고 진정한 성의 가치에 대해 깊이 생각하고 잘 깨달아 혼전 성관계를 기피해야 할 것입니다.

결혼을 약속한 관계일지라도 아름다운 웨딩드레스를 평생에 한 번 입어보는데 허리가 잘록한 멋있는 몸매로 웨딩드레스를 입어야 되지 않겠습니까? 그런데 배가 불러 모양이 아름답지 못한 신부의 모습이나 결혼식을 음울한 표정으로 지켜보는 자녀가 있다면 아름다운 결혼식이 될 수 있을까요?

행복하고 감격에 찬 아름다운 결혼식에 하객이 축복해주기 보다는 인상을 찌푸리는 모습이 될 것입니다.

청년들이 이런 실수를 아무렇지도 않게 생각한다면 이 사회가 무척이나 혼탁하고 어지러울 것입니다.

사랑하는 미혼 청년들이여, 혼전 성관계는 죄입니다. 우리 몸은 성전입니다. 성전을 아름답게 잘 지켜야 합니다. 결혼 후의 결혼생활 동안 성 결합이 여러분을 기다리고 있습니다. 하나님께서 주신 성을 존귀하게 생각하고 남녀 모두 순결을 지키십시오.

각별히 조심하여 아름다운 결혼식을 올리시기 바랍니다. 하나님이 보시기에 가장 아름다운 결혼생활이 되시기를 바랍니다.

"청년이 무엇으로 그 행실을 깨끗게 하리이까 주의 말씀을 따라 삼갈 것이니이다"(시 119:9)

■ 혼전 성관계에 대해 얘기해 봅시다.

■ 당신은 긍정적으로 생각하십니까? 부정적으로 생각하십니까?

■ 혼전 성관계를 막는 좋은 아이디어를 나누어 봅시다.

(3) 성매매

우리나라나 세계 어느 나라에서는 장소를 정해놓고 성매매가 자행되는 곳이 각 도시마다 있다고 합니다. 하나님이 부부의 사랑과 자손번영을 위해 내려주신 아름다운 선물인 성이 타락하여 퇴폐 향락산업으로 바뀌어 성매매가 이루어지고 있는 것입니다. 기가 막힐 노릇입니다. 하나님의 저주를 면치 못할 것입니다. 어느 훌륭한 여자 경찰청장이 이런 퇴폐업소들이 미성년자 상대로 영업을 하지 못하도록 하는 조치를 통해 일대 개혁을 일으킨 적이 있습니다. 얼마나 속 시원하던지 우리 모두 힘찬 박수를 보내야 합니다. 이런 분에게 금배지를 달아주어야 합니다.

자기 배우자 외에 다른 성을 원하는 것을 성경에서는 간음행위라고 규정합니다.

10대 여성을 상대로 원조 성행위를 하는 기막힌 일을 행하는 남성들도 있다고 합니다. 이 세상의 도덕이 어디로 갔는지 정말 한탄할 노릇입니다. 자기 딸같은 아이와 말입니다.

당신 딸은 절대 다른 남자와 그런 짓을 하는 것은 상상조차 안 된다고 하면서 남의 딸은 괜찮습니까? 어른이 되어서 철없는 아이들을 잘 타일러서 가정으로 돌려보내야 되지 않겠습니까? 이기심과 더러운 정욕을 버리십시오.

성매매를 하는 사람들은 이런 일이 하나님 앞에 얼마나 가증하며 위선적이고 죽을 수 밖에 없는 죄인지 알아야 합니다. 지옥에 떨어져 영원토록 불못에서 뜨겁게 고생하며 지내야 하는 큰 죄라는 사실을 깨닫고 회개하십시오. 그리고 비참하고 인간답지 않은 생활에서 벗어나기 바랍니다.

사람답게 살며 인격자답게 살기 바랍니다. 하나님이 아름답게 만들어준 성을 아름답게 간직하며 자기의 배우자와 아름답고 행복하게 지내야 할 것입니다. 우리 몸은 성령 하나님이 거하시는 하나님의 전입니다.

> "너희 몸은 너희가 하나님께로부터 너희 가운데 계신 성령의 전인 줄을 알지 못하느냐 너희는 너희의 것이 아니라 값으로 산 것이 되었으니 그런즉 너희 몸으로 하나님께 영광을 돌리라"(고전 6:19~20)

> "음행을 피하라 사람의 범하는 죄마다 몸 밖에 있거니와 음행하는 자는 자기 몸에게 죄를 범하느니라"(고전 6:18)

우리 몸이 깨끗해야 성령님이 기뻐하시며 우리 안에 잘 내주하십니다. 우리 몸이 정결치 못하면 성령님이 근심하며 탄식하시고 떠나갈 것입니다.

성령이 떠나간 우리의 몸은 사단의 밥이 되어 살다가 지옥으로 영원히 떨어집니다. 또한 이 땅에서의 삶도 피폐한 쓰레기 인생이 될 것입니다.

한번 태어난 인생, 고귀하게 가치 있게 생각하며 자존감을 가지십시오.

될대로 되라는 식의 저주의 삶에서 하루 속히 벗어나서 새로운 인생으로 거듭나십시오. 예수님을 믿고 하나님을 만나십시오. 인간답게 새로운 삶으로 방향을 바꾸십시오.

자비의 하나님, 긍휼의 하나님이 당신을 기다리고 계십니다.

"여호와께서 말씀하시되 오라 우리가 서로 변론하자 너희 죄가 주홍같이 붉을지라도 눈과 같이 희어질 것이요 진홍같이 붉을지라도 양털같이 되리라"(사 1:18)

국가적으로도 이런 모든 퇴폐 성매매 향락산업은 한 군데도 남김없이 철저히 없애버려야 합니다. 그렇지 않으면 이 나라도 예외 없이 하나님의 큰 재앙을 면키 어려울 것입니다. 이런 여성들이 악한 죄에서 벗어나 새롭게 사람다운 인생을 살 수 있도록 국가에서 새로운 건전한 일을 할 수 있는 어떤 대책을 마련해야 할 것입니다. 이명박 전 서울시장님과 부산시장님께서 2007년까지 서울과 부산지역에 이 향락산업을 없앤다니 참으로 반가운 일입니다. 그러나 전지역으로 확대해서 철저히 없애고 좋은 아이디어를 내서 그들이 사람답게 새롭게 살아가도록 대책을 연구하고 마련해야 할 것입니다.

성매매는 하나님의 큰 저주가 내릴 것입니다. 죄악의 도시 소돔과 고모라를 멸망시킨 것처럼 하나님의 저주의 핵폭탄이 쏟아질 것입니다.

인생들이여 하나님을 두려워하십시오. 그리고 최소한 인간의 윤리를 지키십시오. 하나님이 없다고 하면서 인간의 기본윤리까지 망각한 채 자기 소견대로 막 살아가는 쓴 뿌리가 돋는 죄악의 인생을 살지 마십시오. 하나님을 사랑하고 신뢰하는 지혜로운 인생들이 되어서 이 나라를 향한, 각 개인들을 향한 하나님의 진노를 멈추게 하십시오.

깨끗하고 아름다운 살기 좋은 나라가 되며 아름다운 인생들이 되어서 진정한 행복을 누릴 줄 아는 이 나라의 국민으로서 떳떳하게 살아가기를 바랍니다.

"진리가 예수 안에 있는 것같이 너희가 과연 그에게서 듣고 또한 그 안에서 가르침을 받았을진대 너희는 유혹의 욕심을 따라 썩어져가는 구습을 쫓는 옛 사람을 벗어버리고 오직 성령으로 새롭게 되어 하나님을 따라 의와 진리의 거룩함으로 지으심을 받은 새 사람을 입으라"(엡 4:21~24)

"그러나 두려워하는 자들과 믿지 아니하는 자들과 흉악한 자들과 살인자들과 행음자들과 술객들과 우상숭배자들과 모든 거짓말하는 자들은 불과 유황으로 타는 못에 참예하리니 이것이 둘째사망이라"(계 21:8)

■ 성매매에 대해 얘기해 봅시다.

■ 국가적으로 근절시키는 방법을 얘기해 봅시다.

■ 그리고 이런 죄악들을 제거하기 위해 기도하고 전도합시다.

(4) 동성애

> "너는 여자와 교합함 같이 남자와 교합하지 말라. 이는 가증한 일
> 이니라"(레 8:22)

하나님은 하나가 되어야 한다는 목적으로 남자와 여자(male and female)를 창조하셨습니다. 남자와 여자가 연합하여 한 가정을 이루어 아름다운 결혼생활을 하게 만드셨습니다.

> "이러므로 남자가 부모를 떠나 그 아내와 연합하여 둘이 한 몸을
> 이룰지로다"(창 2:24)

이것이 성경의 교훈이고 하나님이 원하시고 기뻐하시는 성생활입니다. 그런데 자연스럽지 못하고 신이 저주하는 비정상적인 동성끼리의 사랑은 도무지 이해할 수가 없습니다.

저는 병원에 있으면서 동성애의 결과로 하나님께 저주받은 병을

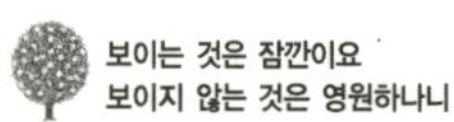

하나님은 인간을 창조하
시되 남자와 여자를 만
드시고 가정을 이루게
하셨습니다. 이것이 하
나님의 창조질서입니다.

얻은 에이즈 환자를 몇 번 만나본 일이 있습니다. 그래도 불쌍히 생각하고 사랑의 정신으로 복음을 전하고 상담을 해서 회개하고 예수를 믿게 했지만 안타깝기 그지없습니다.

하나님의 기적적인 치유의 능력으로 고쳐주실지 일찍 죽음을 맞을 것인지는 잘 모르겠지만 어쨌든 수혈이 잘못 되어서 얻은 병도 아니고 동성애의 결과로 얻은 병이라면 신의 저주가 내린 것입니다. 잠깐 분별없는 쾌락이 영원히 죽을 수밖에 없는 무서운 질병에 걸려서 외롭고 비참하게 인생을 마감하는 것을 봅니다. 의학이 발달된 현대에서도 고칠 수 없는 저주의 병으로 말입니다.

인생은 정상적으로 사람답게 살아야 합니다. 인생은 자기 멋대로 하고 싶은 대로 살아가는 것이 아닙니다. 왜냐하면 하나님은 인간을 창조하시되 남자와 여자를 만드시고 가정을 이루게 하셨습니다. 이것이 하나님의 창조질서입니다. 하나님의 창조질서를 위배한 동성애는 하나님 앞에서나 사람 앞에서 분명히 큰 죄악입니다. 성경에는 동성애를 철저히 금합니다.

"이와 같이 남자들도 순리대로 여인 쓰기를 버리고 서로 향하여 음욕이 불일 듯 하매 남자가 남자로 더불어 부끄러운 일을 행하여 저희의 그릇됨에 상당한 보응을 그 자신에 받았느니라"(롬 1:27)

성직에 여자가 안수 받는 것에 대해서 아직도 비판적인 시각이 있는데도 불구하고 외국 어디에서는 죄악이 가득한 동성애자에게 안수를 준다니 말도 안 됩니다. 하나님을 두려워하십시오. 하나님은 가증한 것을 너무 싫어하십니다. 동성애는 본질 사랑이 아니라 변질 사랑이라 절대로 하면 안 됩니다.

하나님의 법을 떠나 인간의 법을 자꾸만 만들지 마십시오. 성은 건전하고 아름답게, 성스럽게 부부애로 사용해야 합니다. 혹시라도 이런 죄악에 빠져 있다면 뉘우치고 회개하고 정상적인 생활의 사람으로 돌이키기 바랍니다. 주님 품으로 돌아오면 바뀔 수 있습니다.

당신의 생각을 바꾸고 이성을 좋아하며 동성은 순수한 우정이며 친구가 될 것입니다. 서로가 잘 어울리는 남성과 여성의 결합이 되도록 하십시오. 얼마나 아름다운 한 쌍입니까?

동성애는 고칠 수 없는 저주의 병, 에이즈에 걸리게 할 뿐 아니라 하나님과 사람에게 영원히 버림받아 무섭게 불타는 지옥 불에 떨어지게 합니다.

정신을 차리고 인생을 바꾸십시오. 죄를 철저히 회개하고 용서해 주시는 하나님을 바라보며 하나님의 품으로 돌아오십시오. 하나님께 기도하며 정상적인 체질의 사람이 되십시오.

그리고 하나님의 사랑 안에서 축복받는 이성과의 사랑이 싹트길 바랍니다. 그리스도 안에서 경건하고 행복한 인생이 시작되길 바랍니다.

저주받은 인생을 빨리 청산하고 예수 믿고 죄사함 받아 축복받는 새로운 인생이 되길 바랍니다.

"주의 약속은 어떤 이의 더디다고 생각하는 것같이 더딘 것이 아니라 오직 너희를 대하여 오래 참으사 아무도 멸망치 않고 다 회개하기에 이르기를 원하시느니라 그러나 주의 날이 도적같이 오리니 그 날에는 하늘이 큰 소리로 떠나가고 체질이 뜨거운 불에 풀어지고 땅과 그 중에 있는 모든 일이 드러나리로다 이 모든 것이 이렇게 풀어지리니 너희가 어떠한 사람이 되어야 마땅하뇨 거룩한 행실과 경건함으로 하나님의 날이 임하기를 바라보고 간절히 사모하라 그 날에 하늘이 불에 타서 풀어지고 체질이 뜨거운 불에 녹아지려니와 우리는 그의 약속대로 의의 거하는 바 새 하늘과 새 땅을 바라보도다"(벧후 3:9~13)

토론...

■ 동성애에 대해 얘기해 봅시다.

■ 주위에 동성애에 빠진 사람이 있는지 살피고 기도하고 상담합시다.

■ 그들을 그리스도께로 인도하고 새 사람이 되게 도와줍시다.

■ 당신은 이성과 정상적인 사랑을 합니까?

"네가 이 세대에 부한 자들을 명하여 마음을 높이지 말고 정함이
없는 재물에 소망을 두지말고 오직 우리에게 모든 것을 후히 주사
누리게 하시는 하나님께 두며 선한 일을 행하고 선한 사업에 부하
고 나눠 주기를 좋아하며 동정하는 자가 되게 하라."

(딤전 6:17~18)

　사람의 사고 속에는 '돈만 있으면 안 되는 것이 없다' 라고 생각
하는 사람들이 많습니다. 현대는 돈이 사람의 가장 큰 우상입니
다. 돈이 있으면 힘이 있고 권력이 있습니다.

　돈이 있으면 안식처가 좋아지고 의복이 좋아지며 아이들 공부도
풍족하게 시키고 유학도 시킬 수 있습니다. 돈이 있어야 의, 식,
주 외 기타 좋은 것들을 얻을 수 있는 것입니다.

　학생들은 그들의 교육비나 용돈을 충당할 재원을 찾아 아르바이
트 자리를 구하면 기뻐 뛰는 것을 많이 봅니다. 병이 나서 아파도

돈이 있는 사람은 병원에서 수술이나 치료를 받을 수 있습니다. 이렇듯 돈은 우리 생활에 필수적으로 필요한 삶의 수단입니다.

돈 그 자체는 나쁜 것이 아닙니다. 그러나 이 돈이 잘못되었을 때는 어마어마한 재앙을 가져올 수 있습니다.

내가 돈의 주인이 아니라 돈이 내 주인이 되어서 돈을 사랑하는 사람은 머릿속에 돈으로 가득 차 있습니다. 하나님 없는 돈은 인간의 쓰디쓴 아픔만 가져다줍니다. 돈이란 개념을 잘 알아서, 벌 때도 깨끗하게 잘 벌고 쓸 때도 잘 써야 합니다.

돈을 버는 데 수단방법을 가리지 않고 버는 데 문제가 있고 함부로 막 쓰는 데 문제가 있습니다. 돈 낭비는 바로 시간의 낭비와도 같습니다. 시간의 낭비는 인생을 낭비하는 것입니다.

하나님 없는 모든 돈은 불행의 씨를 만듭니다. 돈 때문에 큰 죄악들이 일어납니다. 저는 상담을 많이 하기 때문에 이 세상에 일어나는 일들을 많이 들어서 알고 또 뉴스나 신문보도를 통하여 우리가 알 수 있습니다.

살인이나 강간행위도 복수로 인한 소수의 원한관계 빼고는 돈을 얻기 위해 일어나는 무서운 죄악입니다. 하나님의 큰 진노가 내릴 것입니다.

성이 돈과 권력을 얻기 위한 수단으로 사용되어서는 결코 안 될 것입니다. 돈을 갖기 위하여 남의 재산에 큰 손실을 주는 사기행각과 도둑질, 이것 또한 무시무시한 죄악이라는 사실을 알고 이런 악한 죄악에서 떠나기 바랍니다.

"너희 몸은 너희 몸이 아니라 하나님의 전이니라"라는 성경말씀을 명심하십시오. 그리고 예수님 믿고 새로운 인생이 되십시오.

이런 일은 당신들의 삶을 비극으로 끝나게 하는 악마라는 사실을 잊지 마십시오. 빨리 악마의 소굴에서 벗어나서 건전하게 살아가십시오. 돈의 노예가 되지 말고 깨끗하고 건전한 직업에 가치를 두십시오. 또한 일확천금을 꿈꾸는 사고를 버려야 합니다.

로또 복권 사는 것을 좋아하는 사람들은 조금 더 인생을 깊이 생각해보면 좋겠습니다. 삶의 여정속에 적지 않은 부작용이 있다는 것을 생각했으면 좋겠습니다. 정신에 성실함이 무너져 가고 있습니다. 차근차근 성실하게, 진실하게 열심히 일해서 생활하고 저축하고 아름다운 꿈을 꾸고 행복하게 살아가는 것이 바람직한 삶의 태도가 아닙니까? 무조건 성실하게 살아서는 물가도 높고 잘 살 수가 없다는 생각과, 티끌모아 태산은 절대 안 된다는 생각은 버리시기 바랍니다. 일확천금을 구하는 도박이나 복권당첨이 되어야 된다는 생각이 참신하고 성실한 인생들의 가치관을 허무하게 깨뜨리고 있는 것입니다. 그렇게 해서 정직하게 차근차근히 돈을 벌려는 생각보다 어떻게 하든지 수단과 방법을 가리지 않고 한꺼번에 돈을 많이 벌려는 생각이 많은 것입니다.

탐욕을 버리고 정직하고 성실하게 살기 바랍니다.

직업은 중요합니다. 건전한 직업은 신선합니다. 그 직업의 한 달 수입이 얼마나 되느냐에 따라 '직업이 좋다, 좋지 않다'로 평가해서는 안 됩니다. 돈의 액수가 아니라 얼마나 건전하고 신선하며 보람이 있는 직업인가가 더 중요합니다. 물론 이런 조건이 다 갖춰지고 월급 액수도 많다면 금상첨화겠죠.

그러나 돈의 액수가 적어도 생명을 살리는, 지옥으로 갈 영혼을 건지는 성직자는 가장 신선한 아름다운 직업입니다. 사실 성직자는 직업이라고 하지 않고 하나님께 소명을 받은 사명자라고 합니다.

저는 병원에 파송되어 국내 선교사로 일을 하기 때문에 멀리 가지 않아도 병원 안에서 훌륭한 직업을 가진 사람들을 많이 봅니다.

의사는 육적으로 많은 생명들을 살려 냅니다. 병들어 죽어가는 사람들을 살려 활짝 웃게 만들어 퇴원하게 해 줍니다. 간호사는 주사를 놓고 혈압을 재며 약을 챙겨주고 환자의 불편한 점들을 밤새 돌보아 줍니다. 병원 직원들은 각자 맡은 분야에서 열심히 성실하게 일을 합니다. 중환자실에서는 잠깐 눈만 떼는 순간에도 숨을 거둘 수 있는 환자들을 위해 24시간 로테이션으로 지켜보고 있습니다.

응급실에서는 피투성이가 된 응급 환우들이 아우성치며 있을 때 전쟁터처럼 요란한 그 자리를 의사, 간호사, 조무사, 경비원 할 것 없이 총동원해 응급조치를 취하면서 사람들을 살려내고 있습니다. 또한 너무 감사한 것은 청소를 하는 직원들입니다.

닦아도 닦아도 또 다시 검은 먼지와 흙이 묻은 신발에 더러워지는 병원 계단, 복도, 골목, 구석 모두를 불평하지 않고 열심히 닦으시고, 화장실과 끊임없이 나오는 위생용품들을 깨끗이 청소하시는 아주머니들이 얼마나 아름답고 감사한지 모릅니다.

차량을 관리하는 경비부, 행여나 불의한 사고가 일어나지 않을까 분주하고 철저하게 병원 안을 뛰어다니며 주위를 살피시는 경비원들 모두가 감사한 분들입니다.

또한 여기저기서 환자복들, 의료품들을 가득 싣고 운반하는 성실한 아르바이트 대학생들, 이들은 돈은 많지 않지만 성실히 땀 흘리며 일하고 밤에는 공부하러 학교에 갑니다. 얼마나 자랑스러운지요. 또한 돈 한 푼 받지 않고 자원봉사 하시는 분들도 너무 많습니다. 자기 발로 걷지 못하여 세면대에 못가는 거동이 불편한 환우들에게 봉사자들이 오셔서 냄새나는 머리를 감겨주고 얼굴을 닦아 줍니다.

환우들을 위해 사용해야 하는 거즈수건이나 필요한 도구들을 정리정돈해주고 병원 내부 길을 안내하는 자원봉사자들, 여러 형태의 봉사가 아름답게 이루어지고 있습니다.

돈이 없고 가난한 환우들을 위하여 독거노인을 위하여, 부모 없는 고아들을 위하여, 개척교회 목회자 가정이 입원했을 때 병원 사회 복지기관과 우리 원목실에서 구제를 합니다.

그 이외에도 내가 알지 못하는 구석구석에서 아름다운 일을 하는 직원들이 많이 있습니다.

또한 원목실에는 목사님이 계시고 전도사로 제가 일을 하고 있습니다.

예수를 믿는 사람도 병에 걸리면 약해져서 믿음이 떨어집니다. 또한 예수를 믿다가 탕자처럼 떠나버렸던 잃은 양들도 많습니다. 아예 믿지 않는 불신자와 우상숭배자도 많습니다. 다른 종교자도 많습니다. 남편이나 부인, 자녀 중에서 안 믿는 짝 믿음 가정도 많습니다.

이런 모든 사람들을 저희 병원교회에서 예배드리게 해서 영혼을 소생시킬 수 있는 말씀을 전합니다. 불신자에게는 복음을 전해서 예수 믿게 하고 믿다가 타락한 잃은 양을 찾고 믿음이 약한 자에게 상담을 해서 하나님의 온전한 백성으로 거듭나게 하는 일을 하고 있습니다.

이렇게 일이나 직업이란 돈을 얼마나 버느냐가 중요한 게 아니라 어떤 보람된 일을 하는가, 내가 그 일로 얼마나 큰 기쁨을 누리고 있는가에 더 가치를 두어야 합니다.

우리 인생의 가치관이 바뀌어야 됩니다. 돈을 얼마나 벌었느냐가 아니라 이렇게 벌었느냐가 중요한 것입니다. 깨끗하고 정직하게 벌어야 되는 것입니다. 죄를 지어가면서까지 돈을 벌어야 합니까? 빈손으로 왔다가 빈손으로 가는 인생인데 너무 돈에 집착하지 마십시오.

전하는 말에 "돈은 개같이 벌어서 정승같이 써라"는 말은 틀린 것입니다. 돈은 깨끗하게 정직하게, 신실하게 벌어서 정승같이 써야 되는 것입니다. 하나님 나라에(선교헌금, 감사헌금, 십일조, 건축헌금), 이웃을 위해(장학헌금, 구제헌금), 자신의 가정을 위해 선하게 써야 합니다. 돈지갑의 회심이 일어나야 합니다. 정직하게, 깨끗하게, 정당하게 수고한 대가만큼만 돈지갑에 넣으십시오. 불의한 돈을 절대로 갖지 마십시오. 탐욕과 욕심을 버리십시오. 내 것이 아니면 절대로 관심을 갖지 마십시오.

"너희가 하나님과 재물을 겸하여 섬길 수 없느니라"(마 6:24)

"삼가 모든 탐심을 물리치라 사람의 생명이 그 소유의 넉넉한 데 있지 아니하니라"(눅 12:15)

"무릇 네게 구하는 자에게 주며 네 것을 가져가는 자에게 다시 달라지 말라"(눅 6:30)

"한 부자가 그 밭에 소출이 풍성하매 심중에 생각하여 가로되 내가 곡식 쌓아 둘 곳이 없으니 어찌할고 하고 또 가로되 내가 이렇게 하리라 내 곳간을 헐고 더 크게 짓고 내 모든 곡식과 물건을 거기 쌓아 두리라 또 내가 내 영혼에게 이르되 영혼아 여러 해 쓸 물건을 많이 쌓아 두었으니 평안히 쉬고 먹고 마시고 즐거워하자 하리라 하되 하나님은 이르시되 어리석은 자여 오늘밤에 네 영혼을 도로 찾으리니 그러면 네 예비한 것이 뉘 것이 되겠느냐 하셨으니 자기를 위하여 재물을 쌓아 두고 하나님께 대하여 부요치 못한 자가 이와 같으니라"(눅 12:16~21)

당신의 소유를 이웃을 위해 선하게 사용하십시오.

직업이란 그 사람의 얼굴이고 인격입니다. 의사, 판사, 교수 이런 직업만 꼭 좋은 직업이라고 말할 수 없습니다. 환경미화부, 미용사, 소방사 등 정직하고 성실하게 보람을 가지고 하는 일도 좋은 직업입니다. 훌륭한 직업입니다.

돈의 개념은 인생에 좀 필요한 수단이지 그 자체가 목적이 될 수 없습니다. 돈의 유혹이 우리의 정신건강을 좀먹지 못하도록 잘 다스리기 바랍니다. 돈의 노예가 되지 마십시오. 돈을 우상화 하지 마십시오. 우리는 이 땅에서 모든 것을 관리하는 청지기에 불과합니다.

돈 때문에 어둡게 살아가는 부끄러운 인생이 되지 말고 바른 가치관으로 떳떳하게 밝게 살아가는 행복한 삶이 되시길 바랍니다.

죽음 후에는 어떻게 돈을 벌었나 낱낱이 숨김없이 드러날 것입

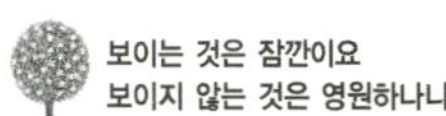

돈의 개념은 인생에 좀 필요한 수단이지 그 자체가 목적이 될 수 없습니다. 돈의 유혹이 우리의 정신건강을 좀먹지 못하도록 잘 다스리기 바랍니다.

니다. 남의 것은 남의 것이지 내 것이 아닙니다. 악랄한 수법으로 빼앗지 마십시오.

악하게 돈을 벌지 말고 깨끗하고 정직하게 번 돈으로 아름답게 사용하십시오.

인생의 진정한 가치와 보람을 느끼고 살아가는 고귀한 삶을 영위하길 바랍니다.

"돈을 사랑함이 일만 악의 뿌리가 되나니"(딤전 6:10 상)

"내가 어려서부터 늙기까지 의인이 버림을 당하거나 그 자손이 걸식함을 보지 못하였도다"(시 37:25)

"많은 재물보다 명예를 택할 것이요 은이나 금보다 은총을 더욱 택할 것이니라"(잠 22:1)

 토론…

■ 돈에 대해 얘기해 봅시다.

■ 당신은 정직하고 깨끗하게 돈을 버는 직업을 갖고 있습니까?

■ 주위를 살펴서 정당하게 돈을 버는 직업이 아닌 사람들을 권면하여 복음으로 새롭게 합시다.

술(알코올 중독)

Drinks

　술 때문에 이 세상은 흔들리고 있습니다. 또한 술 때문에 많은 죄악이 일어나고 있습니다. 우리나라의 술 소비량은 세계 2위를 차지한다는 통계가 있습니다. 놀랄만한 소비량입니다.

　술로 인해 폐인이 되거나 간염, 간암이 와서 죽은 사람과 알코올 중독자들이 약 150만 명에 이른다는 얘깁니다. 알코올 예비 중독자도 250만 명이나 이른다고 합니다.

　알코올 중독은 본인도 사람답지 못하게 살아가지만 함께 하는 가족도 사람답게 못 살아갑니다. 사람이 누려야 하는 기본 인권마저도 박탈당하게 됩니다. 거기다가 술 마시고 얌전히 자지 않고 주벽까지 있는 사람의 가정은 완전히 지상 지옥입니다. 우리 사회에서 알코올 중독자 때문에 직접적인 고통을 당하는 가족이 약 400만 명에 이르고 있다니 큰 문제가 아닐 수 없습니다. 술은 소화과정을 거치지 않고 바로 혈액 속에 흡수되기 때문에 배설 속도가 늦습니다. 과음하면 농축이 생기는데 혈액 속에 100~150 이상

알코올이 농축되어 있을 때 알코올 중독이라고 합니다. 이렇게 중독 현상이 나타나면 신체나 정신활동에 심각한 장애가 옵니다.

본인뿐만 아니라 온 가족이 정상적인 생활을 할 수 없는 파괴된 가정생활이 될 수 있습니다. 술의 작용이 어떤 현상을 나타내는지 〈건강길잡이〉에서 참고한 내용을 토대로 살펴보기로 히겠습니다.

술은 소화가 잘 되지 않고 혈장을 통해 세포나 신체 조직 속으로 흡수되어서 혈액을 따라 뇌와 장기, 체조직으로 퍼져 나갑니다. 알코올이 위점막에 작용이 커지므로 위염이 생기고 또한 뇌의 기능을 약화시켜 판단력을 흐리게 하고 감정을 이완시켜 체력 저하, 기억력 저하 등 복잡한 생리작용을 일으킵니다.

신경계통을 마취 상태에 빠뜨려 이성의 통제가 없어지고 심지어 기억상실까지 일으킵니다.

술을 조금만 마셔도 얼굴이 금새 붉어지는 사람은 체내에 알코올 대사에 필요한 알코올 탈수소 효소와 아세트알데히드 탈수소 효소가 적거나 없어서 시스템 문제가 생기는 것으로 술을 삼가야 합니다.

과음하면 구토를 하는 사람은 위 내부의 술의 농도가 높아 위내 점액이 분비되어 위 문마개가 닫힙니다. 술이 소장으로 이동하여 흡수되지 않고 계속 위내에 머물다가 위문부 경련을 일으켜 구토를 하게 되는 것입니다.

또한 뇌에는 더 많은 혈액이 공급되어서 혈관에 흡수된 알코올 성분이 뇌에 즉시 영향을 미치게 되어 처음에는 기분 좋은 이완상태를 느끼다가 차차 말이 많아지고 자제력이 떨어집니다. 여기에 술을 더 마시면 청력 둔감, 발음 부정확, 물체가 흐릿하게 보이다

가 시야가 가물가물해지면서 잠시 후에 의식을 잃게 되는 경우가
생기게 됩니다.

1. 술에 의한 인체 변화

술은 중추 신경계인 뇌간 망양체에 직접 작용하기 때문에 이 속
에 있는 상행성 망양 억제계가 대뇌필 작용을 억제하는 데 그 작
용이 마비되면 대뇌피질의 기능이 항진된 상태가 된다. 이 때 사
람들은 기분이 좋아지면서 말이 많아지고 감정이 고양되어서 행
동이 거칠어진다. 또한 알코올 섭취 후 얼굴이 창백해지는 사람은
생체 속에 아드레날린을 분비하여 혈관을 수축시키고 심장의 박
동수를 상승시키며 이런 말초혈관을 수축시키는 작용에 의해 말
초혈관의 혈류가 나빠져서 얼굴이 창백해진다.

2. 술의 대사와 숙면

흡수된 알코올은 간에서 산화 분해되어 칼로리로 변하는 데 간
이 해독작용을 할 수 있는 양이 사람마다 차이가 있다. 대개 1시간
에 맥주 1/4병 정도다. 간은 다른 약물, 식품의 독, 해로운 물질 성
분도 분해해야 되기 때문에 술을 지속적으로 마시거나 한꺼번에
많은 양을 마시면 간에 큰 부담을 준다. 간도 잠자는 시간에는 쉬
어야 한다. 자기 전의 과음은 알코올 분해량을 늘게 해 간을 쉴 수
없게 하고 숙면을 방해한다. 술로 인해 지방간, 간염, 간경변(경
화), 간암 등의 질병이 생기고 간의 손상은 생명의 위협이 되므로
삼가야 한다.

3. 해장술

사람들은 '술은 술로 풀고 독은 독으로 푼다'는 검증되지 않은 말들을 하는데 잘못된 얘기다. 과음을 한 후 숙취를 해소하기 위해 해장술을 하는 것은 오히려 해독작용으로 인해 지쳐 있는 간과 위장에 더욱 해가 되어 기능을 상실시킨다. 일시적으로 두통, 속쓰림이 가시는 듯한 것은 단지 마취제나 마약 투여 같은 현상으로 일시적 고통을 느끼지 못하도록 마비시킬 뿐이다. 해장술은 절대로 마시면 안 된다.

4. 알코올 대사와 성기능

알코올은 성욕은 증가하나 발기력은 오히려 감소시키고 발기를 지속시키거나 유지, 능력을 감소시키는 것으로 알려져 있다. 과음은 대뇌까지 마비, 남성의 발기 마비, 중추신경 마비 및 사정이 이루어지지 않아 불감증을 일으킨다.

술을 깨면 정상이 되지만 지속적인 반복 음주는 고질적인 임포텐스가 될 수 있다.

5. 여성과 알코올 대사

여성은 음주를 하면 남성보다 훨씬 빠른 속도로 중독된다. 그 이유는 여성은 알코올 분해효소가 남성의 절반 밖에 갖고 있지 않기 때문이다. 같은 양의 술이라도 여성은 해를 더 많이 받게 되어 간장 질환의 발생률이 훨씬 높다. 임산부가 술을 마실 경우 태아에게 알코올 증후군(FAS) 등 치명적인 피해가 생긴다. 회식자리 등에서 마시지 않겠다는 여성에게 술을 권하는 악취미의 술문화는 없어져야 한다.

6. 알코올 중독의 증상

술을 지속적으로 마시면 만성적인 알코올 중독이 된다. 사고능력 저하, 인격와해, 간의 산화, 능력 퇴화 등의 증상이 나타나고 이미 중독된 사람이 정기적으로 술을 안 마시면 불쾌감, 우울, 구토, 강박적 사고, 금단증상 등이 나타난다.

7. 파생되는 문제

- 음주운전과 교통사고, 대물사고, 상해 및 사망사고
- 음주로 인한 가정폭력, 폭행, 강간, 살인, 싸움 등 큰 죄악으로
  이어지며 정상적인 삶을 살지 못하고 불행을 초래한다.

술을 마시고 취하게 되면 두 얼굴을 가진 사람이 됩니다. 이 모두가 술로 인해 일어나며 술을 마시고 그런 행동을 하도록 하는 것은 사단의 조종입니다. 자기 조절이 불가능합니다.

술로 인한 모든 사건들은 인간의 기본 인권마저 파괴하며 조그만 행복까지도 파괴시킵니다.

사회적으로 금주, 금연 운동이 일어나야 합니다. 알코올 중독으로 가정이 파괴되고 사회의 큰 사건들이 많이 일어나고 있습니다. 이 사회와 교회가 이런 점을 고칠 수 있는 방안을 모색하는 사명감이 필요합니다.

알코올 중독자들은 자신의 의지로 고칠 수도 없는 자제력을 상실한 환자들입니다. 사회, 교회, 이웃이 함께 연구할 과제입니다.

"술 취하지 말라 이는 방탕한 것이니 오직 성령의 충만을 받으라"

(엡 5:18)

"포도주는 붉고 잔에서 번쩍이며 순하게 내려가나니 너는 그것을
보지도 말지어다"(잠 23:31)

우리 몸은 하나님의 전입니다. 술로 더럽히면 안 됩니다.

"누구든지 하나님의 성전을 더럽히면 하나님이 그 사람을 멸하시
리라"(고전 3:17)

술 대신에 향기로운 커피 한 잔이나 녹차를 마시십시오. 부모가
집 나간 자식을 돌아올 때까지 포기하지 않고 기다리는 것처럼 하
나님께서는 오늘도 당신이 돌아오기를 기다리고
계십니다. 주님께로 돌아오십시오. 천국잔치가 베
풀어질 것입니다.
하나님의 은혜가 당신의 삶을 행복하게 해 줄
것입니다. 술로 인해 질병에 걸리거나 일찍 죽지
마시고 술을 끊고 건강하게 신앙생활을 하십시오.
그리고 행복한 삶을 사십시오.

보이는 것은 잠깐이요
보이지 않는 것은 영원하나니

우리 몸은 하나님의 전
입니다. 술로 더럽히면
안 됩니다.

- 술에 대해서 얘기해 봅시다.

- 당신은 술을 드십니까?

- 술을 끊을 생각이 있으십니까? 결단하십시오.

- 주위에 술을 마시는 사람에게 복음을 전하고 술을 끊도록 권면합시다.

담배는 사람에게 백해무익합니다. 건강 잃고, 돈 없애고 왜 피우는지 모르겠습니다. 담배를 피우는 사람은 다른 좋은 방법을 생각해보고 담배를 끊으시기 바랍니다. 결단하십시오. 담배에 함유되어 있는 타르와 기타 여러 물질들은 발암물질로 알려져 있습니다.

담배의 니코틴은 집중력을 떨어뜨리고 불안감을 유발시켜 안절부절 못하게 하며 니코틴에 중독이 되면 건강에 치명적인 타격을 주어 죽음까지 초래할 수 있습니다. 담배는 폐암이나 기관지암뿐만 아니라 여러 암을 일으키는 주범입니다.

하루에 한 갑을 피우는 사람이라면 1년에 최소한 365갑을 피우는 데 365갑에다가 20개비를 곱하면 7,300개비라는 숫자가 나옵니다. 1년에 몇 개비를 피웁니까? 또 이것을 20세부터 80세 죽을 때까지 피운다면 얼마나 많이 피우게 될까요? 7,300개비에 60년을 또 곱해 봅시다. 438,000개비, 어마어마한 숫자입니다. 한번 상상해 보십시오. 정말 끔찍합니다. 80세까지도 못 살고 아마 중도에 암으로 죽는 사람이 훨씬 많을 것입니다.

몸속에 발암물질, 쓰레기를 가득 축적해 놓고 살고 있지 않습니까? 이런 무서운 것을 왜 피우십니까? 꼭 끊기를 권합니다.

이제 의학적으로 담배의 유해성분에 대해서 살펴보기로 하겠습니다.

담배의 유해성분에 관한 과학적 연구결과에 따르면, 담배에는 약 4,000여 종이나 되는 많은 발암물질과 독성 화학물질이 들어 있는 것으로 밝혀졌습니다.(Dube and Green, 1982) 이 중 20여 종이 특수한 발암물질입니다.

담배연기는 기체, 액체, 미세한 입자가 섞여 있는 연무질(aerosol)입니다. 담배연기는 주류연과 비주류연이 있는데 주류연은 담배를 필 때 입으로 빨아들이는 성분이고, 비주류연은 담배의 끝에서 나오는 연기와 종이를 통해 직접 나오는 물질입니다. 직접흡연자는 주류연과 비주류연을 다 마시게 되고 간접흡연자는 비주류연을 마시게 되는 것입니다.

주류연의 95% 이상이 4,000여 종의 발암물질과 유해물질 성분으로 되어 있습니다. 직접 흡연자가 흡연시 마시게 되는 발암물질과 독성물질 중 중요한 것은 다음과 같습니다.

주요 함유물질	작 용
일산화탄소	연탄가스 중독 주원인
아세톤	페인트 제거제
포름알데히드	매운맛, 최루탄 사용
디메틸니트로사민	발암물질
나프탈렌	좀약
니코틴	살충제, 제초제, 마약
카드미움	자동차, 배터리 사용

주요 함유물질	작 용
카본 모노사이드	자동차 배기가스 중에 있는 독성
벤조 피린	강력한 발암물질
비닐 크롤라이드	PVC 원료
청산가리	사형 가스실에서 사용되는 독극물
암모니아	
우레탄	산업용 용제
아세닉	비소, 흰개미의 독
페놀	석탄산, 소독제
부탄	라이터의 원료
디디티	살충제
타르	

이 물질 중 건강에 가장 해로운 물질은 타르, 일산화탄소(CO), 니코틴 등 3가지 성분입니다. 타르는 담배진이라고 부르는 독한 물질로 수천종의 독성 화학물질이 들어 있습니다. 담배가 건강에 주는 해독이 타르 속에 들어 있는데 약 20여 종의 발암물질이 포함되어 있습니다. 타르는 담배연기를 통하여 폐로 들어가 혈액에 스며들어 몸의 모든 세포, 장기에 피해를 주고 잇몸, 기관지에 직접 해를 끼쳐 표피 세포 등을 파괴, 염증을 일으킵니다.

담배 한 개비를 피울 때 흡입되는 타르의 양은 약 10㎎입니다. 하루에 한 갑씩 담배를 1년간 피울 때 타르의 양은 유리컵 하나에 꽉 찰 정도가 됩니다.

그리고 일산화탄소는 무연탄 냄새가 나는 물질입니다. 담배를 피우는 것은 무연탄 냄새를 지속적으로 맡고 있는 것과 같고 일산화탄소는 혈액의 산소운반 능력을 감퇴시켜 만성 저산소증 현상으로 신진대사장애와 노화현상을 일으킵니다.

 아름다운 삶

니코틴은 담배의 중독을 일으키는 마약성 물질로 담배 한 개비에는 10㎎ 정도의 니코틴이 들어 있습니다. 우리 몸에 흡수되는 니코틴 양은 1㎎ 정도지만 흡연정도에 따라 3㎎을 넘을 수도 있습니다. 동맥 내 혈류 속으로 흐르면서 심장을 거쳐 7초 만에 뇌로 운반됩니다. 아편과 같은 수준의 중독을 일으키기 때문에 마약으로 분류되고 있는 물질입니다. 담배를 피우기 시작하면 매 30~40분 간격으로 한 대씩 피워야만 하는데 담배 속에 중독을 유발하는 니코틴이 함유되어 있기 때문입니다.

이와 같이 담배에는 인체에 해로운 물질이 많이 들어 있어 장기간 피울 경우 중독현상이 생기고 기관지암이나 폐암, 그 이외의 암을 유발시켜 죽음까지 초래합니다.

목숨을 앗아가는 이 담배를 왜 피우십니까? 당신의 인생은 존귀합니다.

어떤 사람은 성경에 담배 피우지 말라는 말씀은 없다고 이유를 대기도 합니다. 성경 이전에 당신의 건강을 생각하십시오. 인생의 가치를 기억하고 자존감을 가지십시오. 당신의 몸을 학대하지 마십시오. 몽롱한 시간 속에서 벗어나 정신을 차리고 새롭게 되십시오.

이렇게 무서운 질병을 일으켜 생명까지 앗아가는 담배를 어떻게 하든지 끊어야 합니다.

> "너희가 먹든지 마시든지 무엇을 하든지 다 하나님의 영광을 위하
> 여 하라"(고전 10:31)

담배 피우는 것이 하나님께 영광이 됩니까? 아름답지 못합니다.

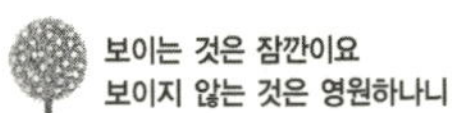

기도함으로 성령의 도우심을 구하십시오. 또한 당신의 건강을 생각하고 자신을 사랑하십시오.

한번 태어난 인생, 건강하고 행복하게, 보람 있게 살아야 되지 않겠습니까?

끊겠다는 의지를 가지십시오. 불신자는 예수님을 믿고 성령님의 도우심을 받아 경건에 이르기를 힘써 보십시오. 신자라도 담배를 핀다면 하나님이 기뻐하지 않는 것을 절제하기 바랍니다. 말씀을 읽고 기도하십시오. 주님을 진정으로 만나보십시오.

하나님의 무한한 자비와 사랑이 당신을 부르고 있습니다. 당신을 기다리고 있습니다.

당신을 가장 기쁘게, 가장 행복하게 해 주는 하나님의 사랑의 손길이 온유한 비둘기 같은 성령님이 당신의 마음에 찾아 오실 것입니다.

담배를 끊고 건강하고 행복한 삶을 살기 바랍니다.

■ 담배에 대해 얘기해 봅시다.

■ 당신은 담배를 피웁니까? 안 피웁니까?

■ 피우신다면 왜 피우십니까?

■ 끊을 의지가 있습니까?

제사
Sacrifice

천지를 창조하신 하나님께서 우리에게 부탁하시기를 너는 나 외에 다른 신을 섬기지 말라 땅 아래 있는 것이나 하늘에 있는 어떤 형상이든지 만들지 말고 그것에 절하지 말라고 하셨습니다. 하나님께서는 우상숭배를 하는 것을 제일 싫어합니다.

우상숭배는 우리를 하나님의 형상으로 창조해 주신 하나님을 모욕하고 하나님을 믿지 않는 인간의 교만입니다.

기독교는 제5계명에 '네 부모를 공경하라' 는 계명이 있습니다. 1~4계명은 하나님과의 관계이며 6~10계명은 사람과의 관계입니다.

사람과의 관계에서 6계명에 살인하지 말라보다 더 앞서서 하나님은 우리에게 부모를 공경하라고 명령합니다. 그런데 왜 제사는 지내지 말라고 할까 그 문제를 다루어 보려고 합니다.

사람은 죽으면 육체와 영혼이 분리가 됩니다. 분리된 후에 육체는 일단 산소나 화장터로 가서 한 줌 흙이나 재로 되지만(나중 재조직 부활) 영혼은 천국 아니면 지옥으로 가서 영원히 살고 제사밥을 얻어먹으려고 이 땅에 나오지 않습니다.

그러면 제사상을 차리고 지방을 쓰면 누가 올까요? 누군가가 와서 앉습니다. 그것은 바로 공중에 떠돌아 다니다가 남의 집 제삿날을 귀신이(사탄) 귀신같이 알고 와서 앉는 것입니다. 그리고 무엇을 할까, 밥이나 국이나 여러 음식들이 없어집니까?

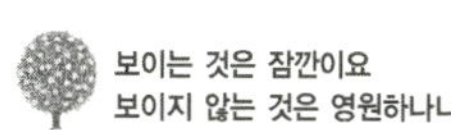

우상 숭배는 우리를 하나님의 형상으로 창조해 주신 하나님을 모욕하고 하나님을 믿지 않는 인간의 교만입니다.

만약 진짜로 먹어치워서 음식이 다 없어진다면 그렇게 많이 안 차릴 것 같습니다. (다 그런 것은 아니지만) 그것이 아니고 마귀는 경배받기를 좋아해서 사람들이 절을 하면 그것을 받고 흐뭇해합니다.

마태복음 4장에 예수님이 40일 금식하신 후 사단에게 이끌리어 시험받으실 때 "만일 내게 엎드려 경배하면 이 모든 것을 내게 주리라" "예수께서 말씀하시되 사단아 물러가라 기록되었으되 주 너의 하나님께 경배하고 다만 그를 섬기라 하였느니라"

이렇게 사단은 예수님한테도 경배를 받으려고 난리였습니다. 그래서 사람들한테도 경배 받으려고 제사상에 앉아있는 사단(귀신)에게 속지 말고 제사상도 차리지 말고 절하지 마십시오.

"대저 이방인의 제사하는 것은 귀신에게 하는 것이요, 하나님께 제
사하는 것이 아니니 나는 너희가 귀신과 교제하는 자 되기를 원치
아니하노라 너희가 주의 잔과 귀신의 잔을 겸하여 마시지 못하고
주의 상과 귀신의 상에 겸하여 참예치 못하리라"(고전 10:20~21)

제사는 귀신에게 절하는 것이기 때문에 우상숭배입니다. 성경은 살아계시는 부모를 공경하라고 말씀하고 있습니다. 왜냐하면 돌아가시면 아주 좋은 천국으로 가셨기 때문에 다시는 이 땅으로 제사밥 얻어 잡수시러 내려오지 않습니다.

제사상을 차리면 부모나 조상의 영혼이 앉아 있는 것이 아니라 귀신이 앉아 있기 때문입니다. 제사상을 차리지 말고 살아계시는 부모님을 잘 공경하는 문화가 정착되고 가정이 되기를 바랍니다.

예수 믿고 우상을 버리고 참된 인생을 사시기 바랍니다. 예수 믿는 분들은 믿음을 가지셔서 절대로 제사를 지내지 마시기 바랍니다.

그것이 하나님이 기뻐하시는 신앙입니다. 성도의 본분을 잘 지키시고 하나님이 제일 싫어하시는 우상을 멀리하시고 살아계신 부모님께 효도하십시오.

이 땅에서 잘 되고 장수하는 복을 받을 것입니다. 마음이 부모님의 돌아가신 날짜가 정 그리워지는 분은 그 날을 기념하는 의미로 추도예배를 드리는 것이 좋습니다. 그러나 진정한 효도는 살아계실 때 공경하는 것입니다.

토론...

- 제사에 대해서 얘기해 봅시다.
- 당신은 제사를 지내십니까? 제사는 우상숭배입니다. 제사를 없애십시오.

장애우
The Disabled

손가락 4개로 아름다운 선율이 흐르게 합니다. 천사처럼 날개를 달고 건반 위를 빠르게 움직이는 모습은 참으로 아름답습니다. 피아노 소리가 우리의 마음을 환희의 도가니로 몰아갑니다. 모차르트를 연상케하는 연주는 황홀 그자체입니다. 그 주인공은 장애우 이희아 씨입니다. 그리고 시력장애 강영우 박사님, 자폐아 수영선수 이지훈 씨 모두 한국이 자랑하는 하나님의 자녀로서 훌륭한 분입니다. 우리 모두 힘찬 박수를 보냅시다. 이렇게 하나님의 은혜로 훌륭하게 된 분들도 있지만 그렇지 못한 장애우들도 많습니다. 안타까운 마음으로 느낀대로 적어볼까 합니다.

우리 아이들이 건강하게 자라주는 것만큼 기쁜 일이 또 있을까요?

그러나 우리의 현실 속에는 정상적으로 자라지 못하고 장애로 인해 고통을 겪는 사람을 볼 수 있습니다. 본인도 힘들고 부모의 가슴에도 아픈 상처를 남겨주는 사례가 참 많습니다.

제가 근무하는 병원만 해도 수많은 아이들이 소아과 병동에서 난치의 병으로, 장애로 치료를 받거나, 수술을 받거나, 교정을 받는 경우가 많습니다. 심방을 하고 전도를 하면서 많이 만나게 됩니다. 정말 어떨 땐 가슴이 찡하고 눈물이 나기도 합니다.

남성 호르몬과 작은 성기는 있는데 남성의 고환이 외부에 표출되지 못하고 내부에 있어서 밖으로 꺼내야 하는 수술을 받아야 하는 성 장애를 가진 아이, 뇌성마비, 신체부자유 아이들을 보면서 느끼는 게 참 많았습니다.

장애의 종류도 다양하고 복합적이고 증상도 가지각색입니다.

그러나 모든 공통분모는 고통과 불편함과 괴로움과 상처뿐이라는 것입니다.

그나마 이렇게 병원에 와서 고치기 위해 치료받는 아이들은 조금이라도 행복한 편입니다. 우리 주변에는 이런 혜택조차 받지 못하는 아이들, 관심의 대상에서 아예 벗어난 불쌍한 장애우들이 얼마나 많은지요. 가족이 있어도 수치심 때문에 노출해서 치료하기보다는 덮어두는 경향이 있고 아예 가족도 없이 방치된 아이들도 많습니다.

전문 연구기관이 있어서 때로는 시설 아이들이 사회복지과 출신의 선생님을 붙여 병원에 와 치료받는 아이들도 있지만 이런 시설기관조차 너무 부족해서 모든 장애 어린이들이 다 보호받지 못하는 현실이 참 안타깝습니다.

외국에는 장애우 시설이 너무 잘 되어 있고 장애우들을 위한 특혜가 많아서 장애우들이 살아가기에 너무 좋고 활력이 넘치는 삶을 살고 있습니다.

우리나라도 이런 시설 보호소나 전문 연구기관이 더욱 많이 필요하고 치료 방안도 체계적으로 마련해 주어야 할 것입니다.

특별히 우리 한국 교회들은 각종 장애우들을 위한 특별 프로그램들을 개설하고 이들에게 신앙을 바탕으로 한 새로운 도전을 줄 수 있는 시스템 변화를 도모해야 할 때입니다.

우리는 이들을 외면하지 말고 진정으로 사랑의 마음으로 보살펴 주어야 합니다. 장애우도 하나님의 자녀이며 다만 신체나 정서에 불편함이 있을 뿐, 이들을 하나님의 말씀으로 잘 교육하고 양육하면 위대한 송명희 시인처럼 훌륭한 하나님의 일꾼들이 많이 배출되리라 믿습니다. 장애우를 위한 복지시설과 혜택이 아직은 미흡한 우리의 현실입니다. 다양하게 준비하고 키워주는 외국의 문화시스템처럼 국내에도 좋은 복지시설이 많이 마련되어서 장애우들에게 더욱 관심을 가지며 혜택을 주어야 합니다. 그리고 우리 일반인의 인식이 새롭게 되어 정상인과 똑같이 인정해 주고 그들에게도 인생의 가치관을 확립시켜 주어 살 만한 가치가 있다는 자부심을 심어주어야 합니다.

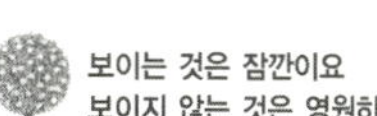

> 우리 일반인의 인식이 새롭게 되어 정상인과 똑같이 인정해 주고 그들에게도 인생의 가치관을 확립시켜 주어 살 만한 가치가 있다는 자부심을 심어주어야 합니다.

또한 일할 수 있는 일터를 마련해 주어야 합니다.

우리나라에 장애우가 420만 명 가량 있다고 들었습니다. 우리가 장애우를 살리는 일자리를 주는 새 일을 해야 합니다. 그리스도인부터 새 일을 시작해야 합니다.

사업체를 운영하시는 크리스천이십니까? 몇 명의 장애우라도 직원으로 써 주십시오. 일자리를 공급해 주십시오.

교회 사무실에서는 단 한명에게라도 일자리를 주십시오. 저희 동부교회에서도 훌륭하신 목사님과 장로님들의 사랑으로 다리가 편찮으신 목사님, 전도사님을 부교역자로 청빙하셔서 하나님의 사역을 잘 감당하고 계십니다.

장애우 한두 명씩이라도 채용하고 일자리를 공급해서 하나님이 기뻐하시는 아름다운 복지사회를 만들어가야 합니다.

이제는 교회도 장애우 복지관에 도움을 많이 주고 신앙으로 그들을 잘 보살필 수 있도록 노력해야 합니다. 또한 장애우가 생활하기 편리한 시설들도 많이 생겨서 다른 선진국들처럼 모든 사회 구성원들이 행복한 복지사회가 이루어지기를 바랍니다.

토 론...

■ 장애우에 대해서 얘기해 봅시다.

■ 당신은 건강한 정상인입니까?

■ 장애우에 대한 모든 배려를 토론해 봅시다.

　인생에서 가장 불쌍한 존재가 바로 고아들입니다. 부모에 의해 태어나기는 했지만 그들을 돌봐 줄 사람이 없는 불쌍한 아이들입니다. 고아가 된 유형도 다양합니다.

　부모가 돌아가셔서 아이들만 남은 고아, 부모가 낳은 후 버려진 고아, 멀리 입양 보내서 외국인 부모에 의해 키워지는 입양고아들이 있습니다. 또는 이혼과 가정 파탄으로 부모가 집을 나가버려 혼자 남겨진 고아, 할머니나 친척에 의해 키워지는 고아, 편부모 아이들 등 우리 사회에서는 고아들이 너무 많습니다.

　이 불쌍한 아이들을 어떻게 해야 할까요? 죽지만 않는다면 어떤 방법으로도 육신은 자라겠지만 인격적으로 잘 자라지 못해서 여러 가지 어려운 점들이 속속 드러나게 됩니다.

　고아 역시 노인복지관이나 요양원을 설립하듯이 훌륭한 고아원 시설을 많이 설립해서 신앙인격으로 잘 길러야겠습니다. 고아원이 있긴 하지만 그 수가 부족할 뿐 아니라 경제적인 후원도 넉넉

지 못하고 더욱 아쉬운 것은 복음으로 양육하지 못하는 안타까움
이 있습니다.

성경에는 고아와 과부를 사랑하고 돌봐주라고 말씀하고 있습니
다. 이것이 진정한 경건이라고 말씀합니다.

어떤 종교기관에서는 고아들을 데려다가 먹을
것, 입을 것, 잠잘 곳을 제공하고 그 종교를 학습
시키며 키웁니다. 그렇게 해서 자란 아이들은 고
맙고 감사해서 그 곳을 떠나지 못하고 어릴 때부
터 교육받은 그 종교 교훈에 세뇌가 되어서 영원
히 그렇게 살게 되는 것입니다.

이렇게 되면 수많은 고아들은 그리스도의 사랑
과 구원에서 점점 더 멀어지게 되는 것입니다. 이제는 우리 사회
가, 우리 교회가 고아원에 관심을 많이 갖고 이들이 따뜻한 가정
이 있는 아이들처럼 복지 혜택을 받게 하고 신앙으로 잘 교육시켜
야 될 것입니다.

> "마땅히 행할 길을 아이에게 가르치라 그리하면 늙어도 그것을 떠
> 나지 아니하리라"(잠22:6)

> "또 아비들아 너희 자녀를 노엽게 하지 말고 오직 주의 교양과 훈
> 계로 양육하라."(엡 6:4)

그렇게 해야 이 사회에 문제아들이 사라질 것이며 죄악도 많이
사라질 것입니다. 부모는 없지만 자신들을 신앙인격으로 잘 키워
준 교회와 사회에 너무 감사함을 느끼며 훌륭한 사람으로 세워질

것입니다. 불쌍한 고아들의 안식처를 많이 마련하여 주십시오.

교회가 먼저 시작해야 됩니다.

노인복지관이나 고아복지관을 많이 설립해서 모든 독거노인과 고아들을 돌보아 행복하게 살 수 있는 혜택을 주어야겠습니다. 그리스도인 모두가 하루 한 끼 금식을 해서라도 모금을 하여 이런 시설들을 설립해야 할 것입니다. 어떤 아이들은 하루 한 끼도 겨우 먹을까 말까 한 형편에 있는데 너무 잘 먹고 지나치게 많이 먹어서 성인병이나 비만에 걸린다면 이것 역시 하나님의 사람으로서 너무 부끄러운 일이 아닐까요?

당신의 자녀들이 너무 귀엽고 예쁩니까? 당신의 자녀들이 기특하고 자랑스럽습니까? 그러면 고아들도 예뻐하고 사랑하십시오. 죠지뮬러는 평생을 고아의 아버지로 훌륭하게 사셨습니다. 행함이 있는 믿음으로 그 사랑을 실천합시다.

그들을 우리가 사랑하여 그리스도인으로 키웁시다. 이 나라의 기둥이 되고 하나님 나라의 일꾼이 될 것입니다.

"선행을 배우며 공의를 구하며 학대받는 자를 도와주며 고아를 위하여 신원하며 과부를 위하여 변호하라 하였느니라"(사 1:17)

하나님께서 고아의 아버지가 되심을 잊지 맙시다.

■ 고아에 대해 얘기해 봅시다.

■ 고아원이나 고아복지관을 교회에서 설립하는 방안을 얘기해 봅시다.

■ 그들을 수용해서 하나님 말씀으로 양육하고 교훈합시다.

부모 공경

Respect of Parents

"자녀들아 너희 부모를 주안에서 순종하라. 이것이 옳으니라. 네 아버지와 어머니를 공경하라 이것이 약속 있는 첫 계명이니 이는 네가 잘 되고 땅에서 장수하리라"(엡 6:1~3)

부모님은 우리를 낳아서 길러 주신 분들입니다. 눈이 오나 비가 오나 자녀를 위해서 먹을 것 안 먹고, 입을 것 안 입고 허리띠 졸라 매고 일을 해서 자녀들을 양육합니다. 온갖 정성을 다해서 키우고 교육 잘 시키려고 어떠한 고생도 마다하지 않습니다.

어떤 어머니는 파출부까지 하면서 자식 교육에 열을 올리고 있습니다.

저는 가까운 곳에서 만나는 소아과 병동의 어머니들을 많이 봅니다. 질병에 걸린 수많은 아이들의 엄마들은 자기 자녀를 위하여 온 힘을 다해 간호하면서 아이들을 돌봅니다.

장기 환자 어머니들은 병원이 아예 집입니다. 부모는 자식을 위하여 온 정성을 다 쏟습니다.

저는 가끔 바꿔서 생각해 봅니다. 부모가 편찮으셔서 병원에 입원해 있으면 자녀들이 저렇게 정성을 쏟을까. 가끔 효성이 지극한 자녀들도 있지만 직장 때문에 간병인들에게 맡겨두는 경우가 많고 식접적으로 간호하는 자녀분들은 그리 많지 않습니다. 그런 분들은 그나마 효도하는 분들입니다. 병원비 책임지고 간병인으로 하여금 돌볼 수 있도록 해 드리는 것은 아주 잘 하는 것입니다.

그러나 대학 공부 다 시켜서 좋은 직장 얻도록 뒷바라지 다 해주고 결혼 시켜 놓으면 부모님의 은혜는 잊어버리고 자기들 살기에도 바빠서 부모님 돌볼 겨를도 없습니다. 여성분들 중에는 시부모님 모시면 아예 결혼 안 하겠다는 분도 많다고 합니다. 혹시 여러분은 늙지 않고 계속 젊은 여성으로 살 수 있을 것이라 생각하십니까?

심은 대로 거둡니다. 사랑을 심으면 당신도 사랑 받고, 미움을 심으면 당신도 늙어서 자식에게 미움을 받습니다. 또한 아주 몹쓸 자식들도 있습니다.

미리 유산을 나눠주지 않는다고 부모를 죽이는 자식도 있다니 기가 막힐 노릇입니다.

또한 살아있는 부모를 여행 보내준다며 멀리 제주도로 모셔가서는 버려두고 돌아와서 집을 이사가는 자식도 있습니다. 어디 사람이 할 짓입니까? 언젠가 당신도 부모가 될 텐데 당신의 자녀가 당신에게 그렇게 한다면 어떻겠습니까?

심은 대로 거둔다는 법칙을 잊지 마십시오. 인간의 근본도덕이 땅에 떨어진 이 시대에 누구에게 탓을 돌리겠습니까? 병원에 입원한 노인들 가운데서도 자녀가 없거나 있어도 돌보아 주지 못하는 어르신네들이 많이 계신데 참 마음이 아픕니다.

이젠 시대가 너무 많이 변하여 가고 부모를 공경하라는 말은 하나의 구호로 허공에 메아리칠 뿐입니다. 세상은 점점 악해져 가고 있습니다.

이럴 때 우리 그리스도인은 제 5계명인 "네 부모를 공경하라"는 하나님의 명령을 잘 지켜야 할 것입니다. 부모를 잘 공경하는 것이 인간의 마땅한 도리가 아닙니까?

당신들이 자녀를 키울 때 자녀에게 쏟는 모든 정성을 당신의 부모님도 당신들을 키울 때 그 이상으로 정성을 쏟으면서 키우셨다는 것을 기억하십시오.

부모님을 사랑하고 공경하십시오. 또한 자기 부모만 부모가 아니라 모든 연세 많으신 어른들은 다 부모님처럼 생각해야 합니다. 모든 이웃의 어른들, 교회의 어른들을 공경하십시오. 부모를 잘 섬기고 공경하시기 바랍니다. 이제는 다른 선진국들처럼 국가적으로 사회복지차원에서의 제도적 뒷받침이 잘 이루어져야 될 것입니다.

미국에서는 60세 이상이면 연금이 나옵니다. 그래서 누구나 노후 대책을 위해서 돈을 모아 놓지 않습니다. 돈이 있으면 자녀에게 유산으로도 남기지 않고 사회로 환원시켜 좋은 일을 합니다. 그리고 깨끗하게 죽음을 맞이합니다.

선진국의 사회복지 제도를 보고 좋은 점을 배워서 우리나라도 우리의 사정에 맞게 실시해야 될 것입니다. 우리사회도 이제 독거 노인들, 자녀가 있지만 같이 살 수 없는 어려운 노인들, 경제적 도움을 전혀 받지 못하는 노인들, 많은 도움이 필요한 불쌍한 노인들을 위해 노인복지관이나 요양원이 많이 마련되어서 노인복지혜택이 골고루 풍족하게 제공될 수 있어야 합니다. 노인의 히브리어 어원에는 "나이든, 존경할 만한"이란 의미를 가집니다. 노인은 가족의 보호나 사회의 보호를 받아야 할 대상입니다.

"너는 센 머리 앞에서 일어서고 노인의 얼굴을 공경하며 네 하나님을 경외하라 나는 여호와니라"(레 19:32)

잠언 23장 22절에도 "너를 낳은 아비에게 청종하고 네 늙은 어미를 경히 여기지 말지니라"라고 말씀합니다. 이처럼 부모를 공경하고 어른을 공경하는 것은 하나님의 명령입니다.

이젠 고령화 시대에 자녀들에게만 의탁할 것이 아니라 사회복지 차원에서의 실버타운이 형성되고 각 지역교회와 협력한 노인복지 시스템이 활발하게 이루어져야 될 것입니다.

또한 노인복지는 단순히 먹고 사는 경제문제뿐만 아니라 노년을 행복하게 지낼 수 있는 문화, 신앙 등이 포함된 실버산업을 발달시켜야 합니다. 노인들을 위한 구체적인 봉사활동 프로그램을 운영해야 합니다. 독거노인의 경제적인 문제, 신앙, 노인대학, 노인법률상담, 독거노인 효도관광, 가정방문, 가사활동지원, 수지침 등 질병치료, 노인목욕, 취미활동 등을 실시하여 노년의 삶에 의미를 주어야 합니다. 언제 돌아가실지 모르는 노인들에게 활기와 즐거움, 진정한 삶의 행복을 줄 수 있는 실버타운, 요양원, 노인복지관 등이 많이 설립되어서 지역교회와 함께 경제적인 것과 신앙, 자원봉사를 담당하며 행복한 삶을 살도록 도와주어야 합니다.

하나님이 부르실 때 평안히 천국 가시도록 구원의 문을 열어주어야 합니다.

토 론…

■ 부모공경에 대해 얘기해 봅시다.

■ 당신은 효도를 잘 하십니까?

■ 실버타운이나 요양원, 노인복지에 대해 좋은 지혜를 나누어 보시고 이루어지도록 기도합시다.

자살
Suicide

2004년 OECD 통계에 따르면 자살인구가 2,400만 명으로 추정되고 있습니다. 한국이 자살률 1위이며 하루에 36명씩 자살을 한다고 합니다.

우울증 바로 전 단계를 극복 못할 때 죽음을 선택하는 확률이 높다고 합니다. 직접적 원인은 가족의 학대, 경제적 결핍, 사회적 무관심 등으로 나타났으며 연령층으로는 60대 이상의 노인이 자살을 가장 많이 하는 것으로 드러났습니다.

자살예방협회에 따르면 이럴 때 자살을 의심하라고 합니다. 1단계-성직자와 의사, 주변동료들을 찾아간다. 2단계-식사, 대화가 줄고 유언을 쓰거나 행동이 이상하다. 3단계-아끼던 물건을 나눠주고 속옷을 갈아입는다. 이런 행동들을 보일 때 관심을 가지도록 권합니다.

인간은 창조주 하나님의 피조물입니다. 모든 생명은 우리 자신이 주관하는 것이 아니고 하나님께 달려 있습니다. 내가 살고 싶다고 살고, 죽고 싶다고 죽는 것이 아닙니다. 하나님이 오라고 부르실 때까지는 내 생명이라고 내 마음대로 좌지우지할 수 있는 것이 아닙니다.

죽고 싶다는 생각마저도 그 마음속에 사단이 들어와 부추기며 조종하는 것입니다.

사단의 속박에서 빨리 벗어나야 합니다. 모든 것이 발전하고 문화가 발달하고 GNP가 올라가는 삶 속에서 자살하는 인구는 날로 증가하고 있습니다. 살기 좋은 세상이요 e-편한 세상이라고 노래합니다. 아파트 이름까지 그렇게 짓고 있는 현실이지만 또다른 이면에는 어렵고 힘든 현실을 도피하기 위하여 자살을 선택하는 사람들을 종종 보게 됩니다.

최근 인터넷의 자살 사이트 등을 통해 사람들은 자유로이 죽음을 접할 수 있습니다. 생명은 가족관계가 얽혀 있기 때문에 자신은 죽음을 선택하고 도피하지만 그 남은 가족은 슬픔과 고통 속에서 여생을 살아가야 합니다.

예를 들어서 힘들다고 부모가 자살하면 그 자녀들은 고아가 되어 수많은 세월을 눈물과 아픔 속에 고통으로 살아가야 합니다. 생각해 보십시오. 이기적이 되지 마십시오.

자살이 모든 문제의 해결책이 될 수 없습니다. 인간의 존엄성은 극한 상황일지라도 함부로 무시될 수 없는 최고의 가치가 있는 것입니다.

왜냐하면 여러분은 하나님의 형상으로 창조된 존귀한 하나님의 피조물이기 때문입니다. 모든 사람은 가치가 있고 귀합니다. 자신의 생명을 존중해야 합니다.

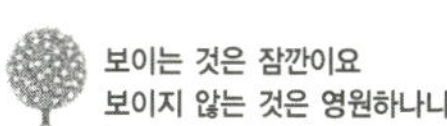

인간은 창조주 하나님의 피조물입니다. 모든 생명은 우리 자신이 주관하는 것이 아니고 하나님께 달려 있습니다.

우리가 낙심되는 일을 만날 때, 죽고 싶은 생각이 들 때, 조용히 침묵하면서 숨을 한번 몰아쉬고 깊이깊이 생각하십시오.

격렬한 행동을 삼가고 하나님을 생각해 보십시오. 불신자라면 예수님을 믿어 보십시오.

성령님이 도와 주셔서 절망에서 소망으로 바뀌지는 놀라운 체험을 하게 될 것입니다.

성경 인물 중에서도 자살한 사람이 있습니다.

아히도벨(삼하 17장), 시므리(왕상 16장), 유다(마 27장)입니다.

자살은 아무 유익이 없습니다. 그냥 지옥으로 가는 것입니다.

엄격히 자살은 죄입니다. 예수님을 믿든지 믿지 않든지 자살하면 지옥으로 떨어집니다. 죽음이란 모든 고통에서 끝나는 것이 아니라 또 다른 영적 세계로 옮겨가는 것입니다. 이사가는 것입니다. 우리는 천국으로 이사가야지, 지옥으로 이사가면 큰일입니다.

고통을 피하려고 자살하면 더 큰 고통이, 불타는 지옥이 당신을 기다리고 있을 것입니다. 여우 피하려다 곰을 만나는 격입니다. 자살하려는 충동은 사단 마귀가 우리를 죽이고 멸망시키기 위해 충동질하는 것입니다. 속지 마십시오. 예수님을 믿고 죄사함 받아서 행복하게 살 수 있는 길을 선택하십시오.

인생길이 막막할 때 눈을 들어 산을 보십시오. "나의 도움이 어디서 올꼬 여호와 하나님에게서로다" 이 세상에 곤고한 일이 많고 죽을 일만 쌓여 있지만 하나님을 바라보십시오.

"하나님은 우리의 피난처시요 힘이시니 환란 중에 만날 큰 도움이시라"(시 46:1)

하나님께서 주신 생명에 자신이 손을 대지 마십시오. 하나님을 기만하는 큰 죄입니다. 생명은 존귀합니다. 여러분은 사랑받을 가치가 있는 존귀한 존재입니다.

이지선 씨를 아시는지요?

한국에서 여자대학교 중에서는 최고의 대학이라 불리는 명문대학, 이화여대에 다니던 아름답고 꿈 많던 여학생이었습니다. 도서관에서 공부를 하고 오빠와 함께 자동차를 타고 집으로 귀가하는 길에 교통사고가 나서 자동차에 불이 붙어 온몸과 온 얼굴에 화상을 입고 겨우 살아나게 되었습니다. 너무 힘들고 고통스러워 죽고 싶다는 생각까지 해 보았습니다.

그러나 주님이 주신 은혜와 사랑으로 그 모든 것을 이기고 기쁘게 승리의 삶을 살아가고 있다고 간증하는 것을 보았습니다. 이것이 신앙의 힘입니다.

절망을 딛고 소망으로 일어섰습니다. 『지선아 사랑해』라는 책을 내어 세상의 화제가 되었습니다. 지선 씨를 사랑하는 네티즌 친구가 몇 천 명이 넘습니다.

예수님을 믿는 사람은 하나님께서 담대한 소망을 주셔서 모든 것을 신앙으로 극복하고 오히려 자기와 비슷한 사람, 아니 건강한 사람에게까지 소망을 주는 비전의 사람이 될 수 있습니다.

"겉사람은 후패하나 우리의 속사람은 날로 새롭도다"(고후 4:16하)

혹시 죽고 싶은 생각이 문득문득 드십니까? 잠깐 멈추시고 생각해 보십시오. 지선 씨를 일으키신 하나님을 만나 보십시오. 잠잠히 하나님을 바라보십시오.

하나님의 자비한 손길이 당신을 어루만져 주실 것입니다. 그리고 절망과 자살이라는 무서운 생각에서 벗어나 자유함을 주실 것입니다. 자기보다 더 힘든 모델을 생각해 보십시오.

사단은 자살을 부추기지민 하나님은 자살을 미워하십니다. 그리고 성령님은 슬퍼하십니다.

당신의 모든 우환을 하나님께 진술해 보십시오. 주님께서 당신의 부르짖음을 들으시고 소망을 주어 생명의 길, 축복의 길, 평안의 길로 인도해 주실 것입니다.

놀라운 기쁨과 인생의 참 의미를 깨닫게 될 것입니다. 죽음은 인간이 풀어야 할 영원한 과제였는데 예수님이 해결사가 되어 주셨습니다. 하나님의 사랑을 통해서 말입니다.

예수 믿고 승리하십시오.

"수고하고 무거운 짐 진 자들아 다 내게로 오라 내가 너희를 쉬게 하리라"(마 11:28)

"내가 사망의 음침한 골짜기를 다닐찌라도 해를 두려워하지 않을 것은 주께서 나와 함께 하심이라"(시 23:4)

토 론...

- 자살에 대해 얘기해 봅시다.

- 당신은 자살의 충동을 느낀 적이 있습니까?

- 그 때를 이긴 경험을 나누어 봅시다.

낙태
Abortion

우리의 현실사회에서 낙태라는 이름 하에 많은 생명들이 살해되고 있습니다. 뉴스보도에 의하면 20초에 1명씩 세계 제1위라니 심각한 문제입니다. 설문조사에 의하면 52.5%가 교회에서 낙태에 대한 교훈을 듣지 못했다고 합니다. 낙태는 엄연히 살인행위입니다. 생명은 우리의 것이 아니요 하나님이 주신 것입니다. 생명을 중시하는 사회 분위기가 매우 중요합니다.

그 무엇과도 비교할 수 없는 존귀한 가치가 있는 것입니다. 하나님은 사람들에게 6계명에 "살인하지 말라"라고 명령하셨습니다. 하나님의 형상으로 지음받은 사람을 통하여 영광 받으시기를 원하시는 것입니다.

현실은 낙태가 심각한 문제로 대두되었고 기독교에서는 낙태 반대 운동도 벌이고 있습니다. 저는 「인체, 신비의 세계」라는 전시회를 관람한 적이 있습니다. 전시장에는 죽은 시신에 썩지 않는 약을 넣어서 시신을 그대로 보관해 많은 사람들에게 신비로운 인체의 다양한 모습들을 관람하도록 해 놓았습니다.

인간의 겉가죽을 살짝 벗겨낸 속살의 모습을 그대로 볼 수 있었습니다. 그리고 머리 부분을 반으로 쪼개서 그 속에 큰골, 작은골, 연골들을 볼 수 있게 해 놓고 오장육부를 다 들여다 볼 수 있도록 해 놓은 신비의 모습을 보았습니다.

그 중에서도 특히 여인이 자궁 속에서 자란 태아를 개월별로 전시해 놓아서 태아의 자라는 과정도 볼 수 있었습니다. 자궁 안에 거꾸로 들어 있는 태아의 모습은 완전한 사람의 모습을 한 아기였습니다.

그것을 보고나니 낙태는 자궁 속에 살아 있는 아기를 그냥 죽이는 살인행위와 다를 바 없다고 더욱 생각하게 되었습니다. 혼전 성관계로 미혼모가 낙태한다거나 아이가 너무 많아 또는 원하지 않게 생긴 아이라 할지라도 유산하면 안 됩니다. 인간의 존엄성이 파괴되는 행위이며 하나님의 법에 금하는 살인죄가 적용되기 때문입니다.

낙태를 하지 않도록 철저한 성교육이 잘 실시되어야 할 것입니다. 학교나 교회에서 성에 대한 지식, 태도, 성욕, 결혼, 순결, 임신, 분만 등 모든 성 지식을 습득시키는 방법으로 하나님이 주신 성에 대한 바른 자세와 바르게 성을 관리하는 교육이 철저히 시행되어야 합니다. 학교교육과 교회교육에서 성교육을 잘 시켜서 성의 소중함과 존귀함을 인식시켜야 합니다.

성의 순결성과 우리 몸이 하나님의 성전이라는 사실을 절실히 느끼도록 가르치고 성의 가치를 가르쳐서 성에 대한 존귀한 가치

보이는 것은 잠깐이요
보이지 않는 것은 영원하나니

성의 순결성과 우리 몸이 하나님의 성전이라는 사실을 절실히 느끼도록 가르치고 성의 가치를 가르쳐서 성에 대한 존귀한 가치관을 심어주어야 합니다.

관을 심어주어야 합니다.

도덕적인 관점을 넘어서 하나님의 관점으로 가르쳐서 무서운 죄를 저지르지 않도록 미리 예방할 수 있도록 해야 합니다.

남녀 신체의 생리적 차이, 남녀 성의 특성이해 등 이런 지식을 습득케 함으로써 건전하고 아름다운 성의식과 성문화가 잘 이루어져야 합니다. 그래서 자라나는 청소년 때부터 아름다운 성과 몸을 잘 관리하는 지혜를 갖게 해야 합니다.

낙태 금지, 불건전한 성관계의 죄악성을 철저히 인식시키고 청소년들을 잘 훈련시킵시다. 그리고 성인으로 성숙할 때까지 그 정신을 기억하여 성으로 인한 죄악이 없는 건전하고 아름다운 사회가 형성되어 순결이 지켜지는 성문화가 되기를 기대합니다.

토론…

■ 낙태에 대해서 얘기해 봅시다. 당신은 낙태를 해 본 적이 있나요?
■ 생명의 존엄성을 얘기해 보고 낙태근절문화를 이룩해 나갑시다.

하나님께서는 아담을 만들고 혼자 있는 것이 외로워보여서 아담을 잠들게 하시고 갈빗대를 뽑아 돕는 배필 여자 하와를 만드셨습니다.

아담은 하나님이 만들어 준 하와를 보고 너무나 좋고 기쁘고 아름다워서 "이는 내 뼈 중의 뼈요 살 중의 살이라"(창 2:23)라며 감탄사를 연발했습니다. 그리고 에덴동산에서 행복하게 살았습니다.

하나님께서는 사람에게 결혼이라는 선물을 주셔서 한 가정을 이루게 하셨습니다. 가정은 가장 포근한 안식처이며 사랑이 깃든 보금자리입니다. 밖에서 하루 일과를 마치고 퇴근해서 집에 가면 얼마나 편안한지 감사할 따름입니다. 사랑하는 가족이 있고 읽고 싶은 책이 있고 찬양을 들을 수 있고 식사를 할 수 있고 잠을 잘 수 있고 CBS(기독교방송)를 보고 들을 수 있고 가정은 정말 행복한 안식처입니다.

그런데 가정이 없는 사람들을 생각해 보셨습니까?

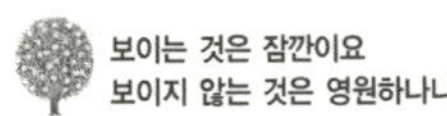

가족이 없고 가정 없이 살아야 하는 불쌍한 인생들을 생각해 보셨습니까? 밤이 되어도 갈 곳도 없고 오라고 하는 곳도 없는 인생들을 아십니까?

우리의 가정은 얼마나 행복한 안식처요 보금자리인지요. 사랑하는 예쁜 아내와 토끼 같은 귀여운 자녀가 있는데 그 가정의 고마움과 감사함과 사랑과 행복을 모르는 사람들이 많지 않습니까?

또한 가정 안에서 미워하며 싸우고 대화도 없이 무관심 속에서 술 먹고 폭행하고 외도하고 결국에는 파탄에 이르게 되는 가정이 있지 않습니까?

이혼을 하지 않으려면 먼저 결혼을 잘 해야 합니다. 결혼할 때 조건을 보지 말고 성격과 신앙인격을 제일 먼저 보십시오. 그 다음 건전한 일을 하는지 직업을 보십시오. 평생을 살아도 후회가 없을지, 잘 맞을지 기도를 많이 해서 배우자를 선택하십시오. 무엇보다도 서로가 사랑해야 합니다.

가정은 부족한 점을 서로 보완하면서 만들어 간다고 하지만 전혀 불가능한 사람도 있습니다.

하나님께서 짝 지워주시는 사람하고 결혼하시기 바랍니다. 성경에는 하나님께서 짝 지워 주신 것을 사람이 갈라놓을 수 없다고 하십니다.

"또 일렀으되 누구든지 아내를 버리거든 이혼증서를 줄 것이라 하였으나 나는 너희에게 이르노니 누구든지 음행한 연고 없이 아내를 버리면 이는 저로 간음하게 함이요 또 누구든지 버린 여자에게 성경은 음행한 연고 없이는 이혼하지 말라고 했습니다. 바울 선생님은 고린도전서 7장에서 이혼에 대해 이렇게 말씀하고 있습니다.

"혼인한 자들에게 내가 명하노니(명하는 자는 내가 아니요 주시라) 여자는 남편에게서 갈리지 말고 (만일 갈릴찌라도 그냥 지내든지 다시 그 남편과 화합하든지 하라) 남편도 아내를 버리지 말라"

그러나 여러 가지 문제로 가정에 파탄이 일어나면 행복한 가정이 아니라 '적과의 동침'이 되어 몇 해를 지내면서 그야말로 살벌한 가정이 되고 마는 것입니다.

우리나라도 이혼이 사회적으로 큰 이슈가 될 정도로 많은 가정이 깨어지고 있습니다. 서로 이해하고 양보하고 헌신하고 사랑하지 못하고 이기적인 사람이 되기 때문에 못해주는 것만 기억되는 것입니다. 그리고 도저히 살 수 없는 가정도 때로는 있습니다.

이런 저런 이유로 깨어지는 가정이 많습니다. 요즘엔 '초라한 더블보다 화려한 싱글이 낫다'라는 유행어까지 있다고 합니다. 남녀 모두에게 결혼에 대한 가치관은 많이 달라져 있습니다. 그래서 조금만 노력하면 헤어지지 않아도 되는 문제들을 해결하지 못해 조그만 일에도 잘 싸우고 이혼을 하게 되는 것입니다.

사랑하기 때문에 결혼했지만 기대와는 달리 너무 다른 모습들이 발견되고 자신과 잘 맞지 않으면 사랑하지 않기 때문에 이혼한다고 합니다.

결혼한 커플들이여! 가정의 소중함을 깨닫기 바랍니다. 인생이란 결혼 초기에는 사랑하다가 중반기가 되면 갈등이 옵니다. 남자는 일에 바쁘고 여자는 자식 키우는 데 전념하다 보면 부부사이가 뜨는 기간이 옵니다 그런 갈등의 시기를 잘 참고 견디면 다시 자식들이 다 자란 다음에 직장에서 명퇴한 다음에 늙어서 행복한 한 쌍으로 다시 결합이 되기도 합니다.

그 미래를 미리 바라보는 지혜로운 사람이 되기 바랍니다. 그런데 제가 상담한 사람 중에는 정말 이혼이 불가피한 가정도 있었습니다. 술을 먹고 매일 주벽하면서 폭행을 일삼고 외도를 하고 칼을 목에 갖다 대면서 찌르려고 하는 살인미수까지 저지르는 경우, 이는 그야말로 가정이 아니라 지옥일 것입니다.

이렇게 미움이 쌓이고 정신적인 결함이 있어서 생명의 위협까지 느낀다면 이혼해야 되지 않겠습니까? 어떤 여성이 남편이 너무 술을 먹고 병적으로 주벽을 해서 친정어머니에게 헤어지겠다고 했답니다. 그러나 어머니는 성경에는 이혼이 안 된다고 참고 살라고 하며 계속 이혼을 반대했답니다. 몇 번 친정어머니께 애기했다가 강력한 반대 때문에 할 수 없이 죽지 못해 살았는데 그 딸은 그 고통을 이기지 못해 그만 병이 나서 죽고 말았습니다.

죽고 난 후에 친정어머니는 자기 때문에 딸이 죽었다고 통곡하더랍니다. 이 정도라면 차라리 이혼을 하는 게 낫지 않았겠습니까?

이혼한 사람을 보고 무조건 정죄해서도 안 됩니다. 가정의 사연을 정확히 알고 오죽했으면 그랬을까 이해해야 합니다. 생명을 잃어가면서까지 살 수는 없지 않습니까?

이런 극한 상황의 예외적인 가정 외에는 자녀들을 위해서라도 잘 화합하여 화평을 이루기를 힘쓰며 용서하고 사랑하고 늘 기도

하면서 행복한 가정을 이루며 살기를 바랍니다.

또한 예방책으로 기도 많이 해서 신중하게 결혼을 결정하시기 바랍니다.

모든 갈등은 신앙으로 잘 극복하고 서로 이해하고 사랑하고 헌신하십시오. 가정은 가장 아름다운 행복의 보금자리입니다.

"여호와 하나님이 아담을 깊이 잠들게 하시니 잠들매 그가 그 갈빗대 하나를 취하고 살로 대신 채우시고 여호와 하나님이 아담에게서 취하신 그 갈빗대로 여자를 만드시고 그를 아담에게로 이끌어 오시니 아담이 가로되 이는 내 뼈 중의 뼈요 살 중의 살이라 이것을 남자에게서 취하였은즉 여자라 칭하리라 하니라 이러므로 남자가 부모를 떠나 그 아내와 연합하여 둘이 한 몸을 이룰지로다"(창 2:21~24)

"이러한 즉 이제 둘이 아니요 한 몸이니 그러므로 하나님이 짝지워 주신 것을 사람이 나누지 못할지니라"(마 19:6)

■ 이혼에 대해 얘기해 봅시다.

■ 당신의 가정은 화평합니까?

■ 가정의 소중함을 깨닫고 부부가 서로 사랑하며 자녀를 더욱 사랑하십시오.

우울증
Melancholia

　우울증에는 경한 우울증, 심한 우울증, 멜랑코리아(Melancholic featwes), 정신병적 양상, 가면우울, 긴장우울, 갱년기 우울증 등 그 증세에 따라 다양한 현상들이 나타나는 우울증, 그 종류들이 다양하고 그 증세들도 다양합니다.

　저는 병원 전도사로 사역을 하다 보니까 환우 중에 우울증 환자를 많이 만나게 되었습니다. 너무 안타깝고 불쌍한 사람들입니다. 우울증은 지도자든, 평민이든 누구나 할 것 없이 걸릴 수 있는 증세입니다. 이 증세를 극복하지 못하면 자책감, 열등감, 좌절 등을 체험하다가 심해지면 감정의 기복이 심한 증상이 나타나게 됩니다. 이때 분노가 극도로 치솟으면 물건을 던지고 자신의 머리를 벽에 들이받는 등 자해행위를 하게 됩니다.

　더 심하면 계속적으로 죽고 싶다는 생각을 하면서 의지, 의욕 모든 것이 다 없어지면서 삶을 포기하고 자살행위까지 하게 되는 것입니다.

우울증은 의학적으로 완전히 치료가 되지 않는 병입니다. 단지 더 심하지 않도록 위험한 행동을 할 때 분비되지 않는 호르몬을 투입하고 진정시키는 약물을 넣어서 진정시키는 방법 뿐입니다. 이것이 바로 정신병이며 사단이 준 병입니다.

우울증은 강하게 기도하여 사단을 쫓아내야 합니다. 정신적인 안정을 잘 취할 수 있도록 가족이 잘 돌보아 주어야 하며 스트레스를 받지 않도록 신경 써서 보살펴 주어야 합니다.

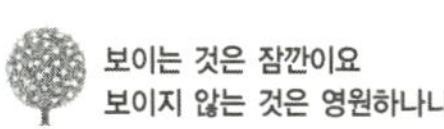

하나님은 치료하시는 여호와 라파이십니다. 육신의 질병뿐만 아니라 영혼, 마음의 질병까지 치유하시는 분입니다.

하나님은 치료하시는 여호와 라파이십니다. 육신의 질병뿐만 아니라 영혼, 마음의 질병까지 치유하시는 분입니다. 하나님께 간절히 기도하여 치유받기를 바랍니다.

불신자는 병원치료와 신앙을 가져서 기도의 능력과 함께 치료를 받아야 합니다.

우울증은 자신도 고통스러우며 그 가족도 힘들게 합니다. 또한 우울증은 항상 우울하고 집중이 잘 안 되고 모든 것이 귀찮고 무기력하게 됩니다. 때로는 기분이 굉장히 좋아지는 조울증 증세도 있습니다.

기분이 바닥으로 떨어지는 우울증과 굉장히 기분 좋은 조울증, 둘 사이를 왔다 갔다 하면서 감정의 기복이 심한 사람들도 있습니다.

보통 사람과는 다르게 너무 감정의 기복이 심해서 사회에서도 고립됩니다. 그런 환경들이 병을 더욱 악화시키기도 합니다.

가족들과 친구들의 각별한 돌봄이 필요하며 멸시하지 말고 외면하지도 말고 위해서 많이 기도해 주어야 합니다.

예수님을 잘 믿도록 도와주어야 하며 성령님의 도우심을 받아 치료하시는 하나님의 능력으로 깨끗이 치료함 받게 해야 합니다. 그래서 새롭게 되어 행복한 삶을 살 수 있도록 인내하면서 도와주어야 합니다. 우선 우울증에 안 걸리도록 노력해야 합니다. 통계적으로 우울증이나 암에 잘 걸리는 사람의 성격을 조사해 보면 내성적이고 착한 사람이 이 병에 잘 걸린다고 합니다.

어려움과 고난을 탁 털어버리지 못하고 마음에 상처를 받아 혼자 삭히려다 제대로 되지 않았을 때 우울증으로 진전되는 것입니다.

고난이 와도, 환란이 와도, 기분 나쁜 소리를 들어도, 스트레스를 받아도 괴로워하지 말고 하나님 말씀으로 잘 인내하고 극복해야 우울증에 걸리지 않습니다.

염려와 근심, 열등감, 고독감, 절망에 사로잡혀 사단의 노예가 되면 절대로 안 됩니다. 사람들의 성격에는 내성적인 사람들과 외향적인 사람들이 있습니다.

내성적인 사람은 기분 나쁜 소리를 듣거나 스트레스를 받으면 밖으로 툭 털어버리지 못하고 혼자 끙끙거리는 스타일입니다. 상처를 잘 받는 사람입니다. 이런 사람들은 성격이 온순하고 착합니다. 아이들도 내성적인 아이들은 잘못을 지적할 때 조용하게 상처받지 않도록 좋은 점을 칭찬해 주면서 안 좋은 점을 옥에 티라고 설명해주면서 고치도록 해야 설득력 있게 받아들이고 고칩니다. 그렇지 않고 심하게 야단치면 심한 상처를 받아 침체에 빠지거나 자살까지 합니다.

외향적인 사람은 기분 나쁜 소리나 스트레스를 받으면 훌훌 털어버리는 스타일입니다. 웬만해선 상처도 잘 안 받습니다. 외향적인 아이들은 반대로 잘못을 지적할 때 조용하게 타이르는 식으로 하면 말을 잘 안 듣습니다. 이런 아이는 호되게 야단을 쳐야 무서워하면서 고치려고 합니다.

그러나 어른은 어느형이든지 인격적으로 대해야 합니다.

우리 아이가 내성적인 아이인지, 외향적인 아이인지 성격을 잘 파악해서 훈계하는 방법도 선택해야 합니다. 그렇게 해야 교육의 효과를 얻을 수 있습니다.

아이의 성격과는 상관없이 부모 방식대로 훈계를 하니까 아이들이 잘 받아들이지 않고 개선이 안 되는 것입니다. 물론 환경에 의해 성격이 달라진 예외도 있습니다.

예수 믿고 예수형으로 바뀐 사람들도 많습니다. 보편적인 개념을 가지고 나는 아닌데 하며 너무 화내지 마십시오. 무슨 일이든 예외는 있으니까요.

그러므로 상처를 잘 받는 사람과 잘 받지 않는 사람의 유형이 있기 때문에 말을 함부로 하면 안 되는 것입니다. 항상 조심해서 말을 하시기 바랍니다. 말에 독이 들어가서 상대방에게 병을 만들어 주는 것입니다. 언어폭력을 삼가십시오.

우울증이 생겼습니까? 예수님을 믿어 보십시오. 주님이 당신을 따뜻하게 감싸주시고 보호해 주실 것입니다. 그리고 간절히 기도해 보십시오. 주님께서 치료의 능력을 내려 주셔서 우울증 증세를 없애 주실 것입니다.

귀신이 쫓겨나가는 기적을 체험하셔서 건강한 사람으로 회복될 것입니다. 예수님 믿기로 결정하십시오. 구원의 행복열차, 치료의 행복열차를 타지 않으시렵니까?

■ 우울증, 조울증에 대해서 얘기해 봅시다.

■ 당신은 우울증 증세를 체험해 본 적이 있습니까?

■ 당신은 현재 우울증이 있습니까? 우울증에 걸리지 않으려면 어떻게 해야 합니까?

"내가 너를 치료하여 네 상처를 낫게 하리라"(렘 30:17하)

"내 이름을 경외하는 너희에게는 의로운 해가 떠올라서 치료하는 광선을 발하리니 너희가 나가서 외양간에서 나온 송아지 같이 뛰리라"(말 4:2)

아담과 하와의 죄로 인하여 이 땅에 죄가 생기게 되었습니다. 그 죄의 결과로 가난과 질병과 모든 고난이 왔습니다. 그러나 가난, 질병, 고난 이런 것들이 꼭 죄의 결과라고는 말할 수 없고 신앙의 연단과 훈련 가운데 나타나는 현상이기도 합니다. 죄의 결과로 왔던, 과로해서 바이러스 때문에 왔던, 하나님의 훈련 과정으로 왔던 간에 질병이라는 자체는 괴롭고 힘든 것입니다.

현재는 의학의 눈부신 발전으로 질병들이 많이 완치되면서 수명이 길어지기는 했지만 그래도 수명의 한계성 때문에 질병을 못 고치고 죽음을 맞는 경우도 있습니다.

　질병과 죽음을 연관시키는 환자들이 많이 있기 때문에 질병이 오면 두려움과 상실감에 빠지게 됩니다. 환자들은 병 자체에 의한 통증, 자존심의 손상, 신체 조절 능력의 상실, 사회적인 단절과 고립으로 인한 소외감을 가집니다. 그리고 하고 싶은 일을 못하고 병원 침대에 누워 있는 무력감 등으로 괴로움을 당하고 있습니다. 특별히 다른 질병보다도 암이나 뇌졸중, 당뇨합병증, 경추나 척추 손상환자, 에이즈환자 등 난치병의 환자들에게는 그 상실감이 무척 큽니다.

　초기, 중기, 말기에 따라 완치가 되고 안 되고 차이는 있지만 일단 이 진단을 받으신 분은 마음이 약해지면서 분노하고 좌절하며 상실감에 쌓여 외로워하면서 절망감에 싸이게 됩니다. 때로는 포기도 합니다.

　우리는 하나님을 믿으면서 이런 질병으로부터 자유함을 받기 위하여 기도하면서 즐거운 마음으로 생활해야 합니다. 교통사고가 나지 않도록 기도해야 합니다. 스트레스를 받지 않고 일할 수 있어야 하고 몸에 맞는 음식관리와 꾸준한 운동을 통해 중한 질병이 생기지 않도록 예방해야 합니다. 원망, 불평, 부정적인 생각, 분노를 잘 하면 아드레날린이 분비되어서 병이 잘 생깁니다. 그러나 반대로 늘 기뻐하고 긍정적인 생각을 하며 원수를 용서하고 즐겁게 신앙으로 살면 엔돌핀이 많이 생성되어서 병에 잘 걸리지 않습니다.

　하나님께서 주신 은혜에 감사하면서 생활하십시오. 질병은 떠나갈 것입니다. 그리고 일단 질병이 오면 기도해서 하나님의 은혜로만 고칠 수도 있지만 병원도, 의사도, 약도, 전우주적으로 다 하나님의 섭리 하에 있는 것입니다.

병원에 오셔서 치료를 받으시고 수술하자면 수술하시고, 약물치료를 하자면 약물치료하시고 뭐든지 의사선생님의 처방대로 순종하십시오. 그리고 기도하십시오.

병원치료와 기도를 겸하여 같이 하시면 빠른 효과를 볼 수 있습니다. 만약 병원에서 치료가 불가능하다고 진단받은 환자라면 생명은 하나님께 달려있기 때문에 그 생명을 하나님께 맡기고 최선을 다해서 기도원이나 교회에서 치유기도를 하면 좋겠습니다.

특별히 신유은사를 받으신 목사님께 안수기도도 받으시면 좋겠습니다. 그리고 말기 암환자의 신앙태도는 그 시간동안 모든 것을 진심으로 회개하시는 시간을 가지며 하나님과 아주 밀접한 관계를 맺을 수 있는 시간을 가졌으면 좋겠습니다. 고쳐 주시든 안 고쳐 주시든 상관없이 하나님과 인격적으로 진정한 사귐을 가지십시오. 그렇게 해서 기적을 일으켜 고쳐 주시면 감사하고 그리 아니하실지라도 천국에 가서 구원받는 것만으로도 감사할 수 있는 넉넉한 신앙인격자가 되시기 바랍니다.

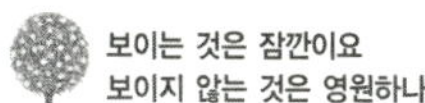

고쳐주시는 하나님을 바라보시고 기대감과 담대함을 가지셔서 승리하시고 질병에 걸리지 않도록 예방을 잘 하시기 바랍니다.

"그가 찔림은 우리의 허물을 인함이요 그가 상함은 우리의 죄악을 인함이라 그가 징계를 받음으로 우리가 평화를 누리고 그가 채찍에 맞음으로 우리가 나음을 입었도다"(사 53:5)

아무쪼록 고쳐주시는 하나님을 바라보시고 기대감과 담대함을 가지셔서 승리하시고 질병에 걸리지 않도록 예방을 잘 하시기 바랍니다. 그리고 그리스도인들은 환자들을 위하여 기도해 주시고 외롭지 않도록 심방과 돌봄, 물질 후원 등을 통해 아름다운 사랑을 나누시기 바랍니다.

> "여호와께서 또 모든 질병을 네게서 멀리하사 너희가 아는 바 그 애굽의 악질이 네게 임하지 않게 하시고 너를 미워하는 모든 자에게 임하게 하신 것이라"(신 7:15)

> "너희가 너희 하나님 나 여호와의 말을 청종하고 나의 보기에 의를 행하며 내 계명에 귀를 기울이며 내 모든 규례를 지키면 내가 애굽 사람에게 내린 모든 질병의 하나도 너희에게 내리지 아니하리니 나는 너희를 치료하는 여호와임이라"(출 15:26)

토론...

- 질병은 왜 찾아오는가?
- 질병에 걸려본 적이 있습니까?
- 질병에 걸린 분들을 위해 기도하고 돌보아 준 적이 있습니까?

죽음이란 무엇입니까? 당신은 죽음을 생각해 본적이 있습니까? 우리 인생은 어디서 와서 왜 살며 어디로 가는지 알고 있습니까?

한번쯤은 조용한 장소에서 조용히 생각해 보십시오. 사람이 죽으면 어떻게 될까, 죽음 이후의 4차원의 세계는 있을까, 영적 세계가 존재하는 것일까 아니면 죽으면 아무것도 모르는 모든 것이 끝나는 상태가(소멸) 되는 것일까를 깊이 생각해 보는 시간을 가져 보십시오.

왜냐하면 우리는 죽기 싫어도 누구든지 죽음을 맞이하는 때가 오기 때문입니다.

"죄의 삯은 사망이요"(롬 6:23)

그 시기가 빠르고 늦고의 차이지 죽음을 면할 수 있는 사람은 아무도 없습니다. 그래서 성경은 '인생은 강건하면 70' 이라고 했습니다. 그러나 최근 의학의 발달로 수명이 길어지기는 했지만 사람답게 활동할 수 있는 기간은 70~80년입니다. 그 이상은 자존감과 인격이 상실되어서 밥만 먹고 지내는 세월뿐입니다.

그러므로 죽음에 대한 이해를 가져야 합니다. "죽어봐야 알지"라는 막연히 도전적이고 회피적인 생각으로는 접근이 불가능합니다. "사는 게 무엇인지도 모르는 인간이 먹고 살기도 바쁜데 무슨 죽음을 생각하겠는가?"라는 생각도 아무런 도움이 되지 않습니다.

죽음에 대한 공포와 불안이 있으면서도 무관심한 척, 현실이 바쁘니까 눈에 보이는 돈벌이에만 정신이 팔려 눈에 보이지 않는 죽음 이후의 영적 세계를 생각하지 않고 아예 무시하며 지내는 것입니다. 죽음의 문제를 사람의 사고로 직관하는 것보다 하나님의 지혜로 생각하며 무엇보다 말씀에 순종하십시다.

죽음이 임박했을 때 죽는 순간까지 살려달라고 애원하는 사람들이 있고 명예를 위해 당당히 죽음을 맞는 사람이 있습니다. 또한 정해진 인생의 여정이니 무조건 맞이하는 사람들이 있고 소망 가운데 새로운 세상, 천국을 바라보며 찬송과 기쁨으로 "나는 간다 주님 품으로"하며 죽음을 맞는 그리스도인들이 있습니다. 죽음의 정의는 육체와 영혼이 분리되는 것입니다. 분리된 육체는 시신이 되어 일단 묘지나 화장터로 가서 한 줌 흙으로 변합니다. 그리고 주님 재림하실 때 재조직되어서 부활됩니다. 그리고 분리되어 떨어져 나온 영혼은 천국 아니면 지옥이라는 영원의 처소에 가서 영원히 살게 됩니다.

"한 번 죽는 것은 사람에게 정하신 것이요 그 후에는 심판이 있으리니"(히 9:27)

　사람은 모두가 죄인이기 때문에 우리의 영혼이 그냥은 천국에 못 들어갑니다.

"모든 사람이 죄를 범하였으매 하나님의 영광에 이르지 못하더니"
(롬 3:23)

　왜냐하면 하나님은 거룩하시고 깨끗하신 분이기 때문에 더러운 죄인하고 어울리실 수가 없습니다. 목욕을 1년 동안 하지 않은 사람과 지내려고 하면 냄새가 나서 도저히 함께 있을 수가 없습니다. 목욕을 시켜서 냄새와 더러움을 깨끗이 씻어 낸 후에야 함께 지낼 수 있는 것처럼 사람은 죄인이기 때문에 죄의 더러움을 깨끗하게 씻어 죄사함을 받아야 천국으로 올라가 거룩하신 하나님과 화평하게 지낼 수 있습니다.
　그 죄의 더러움을 씻을 때는 비누나 세제로는 안 됩니다. 선행으로도 양심으로도 씻을 수 없습니다. 다른 종교로도 죄사함을 받을 수 없습니다.

"그러면 어떠하뇨 우리는 나으뇨 결코 아니라 유대인이나 헬라인이나 다 죄 아래 있다고 우리가 이미 선언하였느니라 기록한 바 의인은 없나니 하나도 없으며 깨닫는 자도 없고 하나님을 찾는 자도 없고 다 치우쳐 한가지로 무익하게 되고 선을 행하는 자는 없

나니 하나도 없도다"(롬 3:9~12)〈선행〉

"자기 양심이 화인 맞아서 외식함으로 거짓말하는 자들이라"(딤전 4:2)〈양심〉

"다른 이로서는 구원을 얻을 수 없나니 천하 인간에 구원을 얻을 만한 다른 이름을 우리에게 주신 일이 없느니라"(행 4:12)〈다른 종교〉

오직 예수 그리스도만이 우리의 죄를 씻어 주실 구세주로 오신 것입니다.

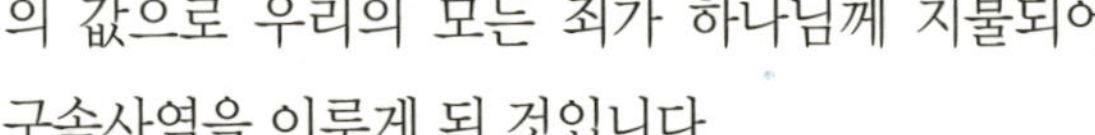

그 예수님을 믿기만 하면 십자가에 못 박혀 죽으신 거룩한 보혈의 값으로 우리의 모든 죄가 하나님께 지불되어 구속사역을 이루게 된 것입니다.

그래서 무섭고 두려운 죽음이 해결되어 평안하고 기쁜 죽음을 맞게 되는 것입니다.

"친히 나무에 달려 그 몸으로 우리 죄를 담당하셨으니 이는 우리로 죄에 대하여 죽고 의에 대하여 살게 하려 하심이라"(벧전 2:24)〈십자가 사건〉

죽음이 두렵습니까? 죽음은 모든 것이 끝나는 소멸성이 아니라 다른 세계로 옮겨 가는 것입니다. 하늘나라로 이사 가는 것입니다.

천국은 영원히 사는 곳입니다. 지옥도 영원히 사는 곳입니다.

지옥은 불이 타는 불못에서 영원히 고통당하는 곳입니다. 죽고

보이는 것은 잠깐이요
보이지 않는 것은 영원하나니

죽음은 모든 것이 끝나는 소멸성이 아니라 다른 세계로 옮겨 가는 것입니다. 하늘나라로 이사 가는 것입니다.

싶어도 죽지 못합니다.

"두려워하는 자들과 믿지 아니하는 자들과 흉악한 자들과 살인자들과 행음자들과 술객들과 우상숭배자들과 모든 거짓말하는 자들은 불과 유황으로 타는 못에 참예하리니 이것이 둘째 사망이라"(계 21:8)〈지옥〉

이 고통을 어떻게 영원히 감당하시렵니까?

행복한 죽음을 선택하십시오. 천국은 영원히 행복하게 하나님을 찬양하며 주님과 함께 사는 곳입니다.

"나는 부활이요 생명이니 나를 믿는 자는 죽어도 살겠고 무릇 살아서 나를 믿는 자는 영원히 죽지 아니하리니"(요 11:25)〈부활〉

"내가 진실로 진실로 너희에게 이르노니 내 말을 듣고 또 나 보내신 이를 믿는 자는 영생을 얻었고 심판에 이르지 아니하나니 사망에서 생명으로 옮겼느니라"(요 5:24)

빨리 예수 믿고 구원 받으십시오. 죽음의 공포와 두려움에서 자유함을 받으십시오. 죽음은 천국으로 이사 가서 영원히 주님과 행복하게 사는 아름다운 삶입니다. 지옥은 영원히 고통스럽고 불행하게 사는 곳입니다. 당신은 죽음과 함께 천국, 지옥 어느 쪽을 선택하시겠습니까? 생각하고 또 생각해 보십시오.

죽음 후의 삶이 분명히 있기 때문에 현재의 삶은 경건하게 살아야 합니다.

사단의 밥이 되어서 지옥으로 끌려가지 마십시오. 하나님의 천사를 따라 천국으로 올라가십시오.

“영접하는 자 곧 그 이름을 믿는 자들에게는 하나님의 자녀가 되는 권세를 주셨으니”(요 1:12)〈영접〉

“사람이 마음으로 믿어 의에 이르고 입으로 시인하여 구원에 이르느니라”(롬 10:10)〈영접기도〉

하루라도 빨리 예수님을 영접하고 하나님의 자녀가 되십시오. 입으로 시인하여 구원을 받으십시오.

‘타이타닉’ 이란 영화를 보셨습니까? 타이타닉이라는 큰 배가 빙산에 부딪혀 부서지면서 배가 차츰차츰 침몰하며 모두가 물에 빠져 죽게 되었을 때 사람들이 아우성치며 돈을 다 뿌리는 것을 보셨습니까? 죽음의 길목, 그 때 필요한 것은 돈이 아니라 바로 구명보트였던 것입니다. 또한 한쪽에서는 ‘나 같은 죄인 살리신 주 은혜 고마워’ 라며 찬송을 연주합니다. 그 구명보트와 찬양이 죽음에서 천국으로 인도하는 그리스도입니다.

당신은 천국과 지옥 어디를 선택하여 죽음을 맞으시렵니까?

천국은 행복한 곳입니다. “모든 눈물을 그 눈에서 씻기시매 다시 사망이 없고 애통하는 것이나 곡하는 것이나 아픈 것이 다시 있지 아니하리니 처음 것들이 다 지나갔음이라”(계 21:4) 〈천국〉

“그 성곽은 벽옥으로 쌓였고 그 성은 정금인데 맑은 유리 같더라 그 성의 성곽의 기초석은 각색 보석으로 꾸몄는데 첫째 기초석은 벽옥이요 둘째는 남보석이요 셋째는 옥수요 넷째는 녹보석이요 다섯째는 홍마노요 여섯째는 홍보석이요 일곱째는 황옥이요 여덟째는 녹옥이요 아홉째는 담황옥이요 열째는 비취옥이요 열한째는 청옥이요 열두째는 자정이라 그 열두 문은 열두 진주니 문마

다 한 진주요 성의 길은 맑은 유리 같은 정금이더라"(계 21:18~21) 〈천국〉

지옥은 고통스런 곳입니다. "거기는 구더기도 죽지 않고 불도 꺼지지 아니하느니라 사람마다 불로 소금 치듯 함을 받으리라"(막 9:48~49) 〈지옥〉

또한 죽음 후에도 영향을 끼칠 수 있는 인생으로 살아야 합니다. 보람 있는 인생을 살다가 예수님을 믿어 구원받는 축복된 삶이 되시기를 바랍니다.

토 론...

- 죽음을 어떻게 생각하십니까?
- 죽음의 두려움에 싸여 본 적이 있습니까?
- 죽으면 어디로 간다고 생각하십니까?

호스피스는 암이나 다른 심각한 질병으로 죽음이 다가온 환우들을 돌보아 주고 통증이나 마음의 괴로움을 위로해 주는 사람입니다. 인간답게 평안히 지내다가 죽음을 현실로 받아들일 수 있도록 도와주며 마지막 순간에 죽음을 편안히 맞을 수 있도록 돌봐주는 활동을 말합니다.

또한 환자뿐만 아니라 남은 가족들도 사랑하는 가족의 죽음을 맞은 상황을 잘 극복하도록 도와주는 활동도 포함합니다.

'Hospice' 라는 말은 라틴어 'hospes' 에서 기원되었는데 '접대하는 사람' 이란 단어와 '손님' 이라는 단어를 합친 말입니다. 손님에게 편안한 장소를 제공하고 접대를 잘 하라는 뜻에서 유래된 것입니다.

호스피스의 태동은 영국에서 시작되었습니다. Saunder 박사에 의해 1960년대에 성 크리스토퍼 호스피스가 설립되었고 이것이 후에 미국, 호주, 캐나다로 퍼져 지금은 세계에서 잘 사는 나라들에서 실시되고 있습니다. 우리 이웃 일본도 호스피스 시설과 호스피스팀이 수십 개가 있고 우리나라도 종교 기관과 기독교 병원을 통해서 호스피스 운동이 시작되어 잘 실시되고 있지만 아직은 그 수가 많이 부족하다고 생각합니다.

1980년대 가톨릭 의대 성모병원, 전주 예수병원, 연세의료원, 대구 동산의료원, 경북대병원 및 몇 개 병원과 교회에서 호스피스 운동이 일어났고 호스피스 교육도 실시되고 있습니다.

저는 근무하면서 많은 말기 암환자나 난치의 질병으로 고생하는 불쌍한 영혼들을 많이 봅니다. 그런데 때로는 가족이 없거나 돌보아줄 사람이 없는 가엾은 사람들을 많이 만나는 데 안타깝기 그지 없습니다.

호스피스는 꼭 필요합니다. 이런 일을 이제는 교회가 앞장서서 호스피스 교육을 해서 각 병원마다 간호할 사람이 없는 사람이나 말기 암환자를 위해 돌봄을 해야 할 것입니다.

입술로만 복음을 증거하는 것에 만족하지 말고 간병을 해서 사랑의 돌봄을 하면서 복음을 전하는 그리스도인이 많이 생겨나야 할 것입니다.

임종할 때까지 자기를 돌봐줄 친절한 사람에게 죽어가는 사람이 고마움을 표현하는 방법이 무엇이 있겠습니까? 자기를 돌봐 준 사람의 부탁을 들어주는 것이 아니겠습니까?

그 때 예수님을 믿으면 천국에 갈 수 있다고 전하면 그 말을 받아들이고 예수님을 영접할 것입니다. 그래서 그 죽음은 기쁨의 죽음으로 소망의 죽음으로 맞이할 수 있을 것입니다.

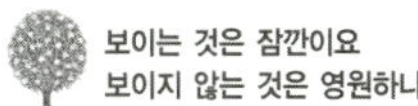

입술로만 복음을 증거하는 것에 만족하지 말고 간병을 해서 사랑의 돌봄을 하면서 복음을 전하는 그리스도인이 많이 생겨나야 할 것입니다.

한 영혼이 구원되는 순간일 것입니다.

질병은 누구나 무서워하고 또한 죽음은 더더욱 모두가 무서워하고 두려워합니다. 이런 사람들에게 사랑을 가지고 나가십시오.

그 사람을 간병하며 온 힘을 기울여서 돌봐주고 사랑하다가 그에게 천국으로 갈 수 있는 길을 제시해 줄 수 있는 호스피스를 많이 하시기 바랍니다.

교회가 앞장서고 그리스도인이 앞장서시기 바랍니다. 이것이야말로 진정한 그리스도인의 행함이 있는 믿음을 보여주는 최고의 경지일 것입니다.

호스피스의 중요성을 깨닫고 이젠 행함으로 전도를 많이 합시다. 말씀으로 복음을 전하는 사람은 만나는 사람마다 하나님의 말씀으로 많이 복음을 전하십시오.

또한 돌봄의 은사를 받은 사람은 호스피스 교육을 받고 호스피스 활동을 열심히 하셔서 죽어가는 사람에게 그 몸을 돌봐주고 한마디 복음을 전하여 그 영혼을 살리는 일을 하십시오. 병원에는 아직도 당신의 따뜻한 손길을 기다리는 말기 환자들이 수없이 많이 있다는 것을 잊지 마십시오.

이웃도 돕고 당신의 삶에도 하나님이 주시는 축복이 충만히 내려지기를 빕니다. 21세기는 실천적 지식의 인도입니다. 환영합니다. 기다립니다. 당신의 사랑의 손길을.

토 론...

■ 호스피스에 대해 얘기해 봅시다.

■ 호스피스를 하실 의향이 있으십니까?

■ 호스피스 교육을 받아 보지 않겠습니까?

가정폭력
Home Violence

　우리 주변에는 폭력을 일으키는 요인들이 많이 있습니다. 그것은 알코올 중독에 대한 음주폭력과 스트레스 풀이로 남에게 폭력을 행하거나 범죄 행위로 고의로 폭력을 행하는 경우가 있습니다. 특히 가정폭력이 많이 일어납니다.

　가정폭력에는 남편이 아내를 구타하는 경우 아버지가 자식을 구타하는 경우, 자식이 아버지를 구타하는 경우 그 형태가 다양합니다.

　가정폭력은 가정의 순수한 행복을 깨뜨리고 파괴하는 비극이라는 사실을 확실하게 알아야 합니다. 폭력은 하나의 공격행위인데 인간의 잔인성과 공격성이 상담 심리학적으로 연구대상이 되어 가정폭력에 대한 많은 통계 사례가 나온 바 있습니다. 이것은 한두 번으로 끝나는 것이 아니라 주기적으로 또는 반복적으로 일어나고 있지만 부부 사이의 문제라는 이유 때문에 타인이 관여하지 않고 때로는 경찰도 큰 힘을 발휘 못할 경우가 많은 것입니다.

인간의 존엄성을 가지고 행복하게 살아가야 할 부인이 지속적으로 남편으로부터 구타를 당하면서도 이혼을 결정하기 전까지는 별 뾰족한 대책이 없는 게 문제입니다. 폭행이 자신의 삶을 통제하면서 살아 온 우리나라의 여성 문화로서는 남편의 폭행을 멈추게 또 없애게 하기 위한 것이 아무것도 없다는 사실입니다.

남자의 습관성 구타, 알코올 중독에 의한 주벽으로 인한 구타, 이런 것은 그 분노와 힘이 사단에 의해서 나오기 때문에 너무 힘이 세서 약한 여성은 속수무책으로 당할 수밖에 없는 것입니다. 계속적으로 당하는 여성의 정신적인 상태는 무기력증과 우울증, 대책없는 삶 속에서 병이 생기고 혼자 있고 싶어하고 전문의나 병원도 한참 후에야 찾게 되는 경우가 있어서 병을 악화시키기도 합니다. 때로는 경찰이 와도 여성은 맞아가면서도 남편이라는 생각 때문에 경찰에 못 넘기고 오히려 경찰을 설득시켜 돌려보내는 경우도 많습니다.

여자의 약한 마음을 이용하여 상습적으로 구타하는 남편도 있고 술 때문에 정신이 없어져서 이것도 저것도 아닌 그냥 주벽이라는 정신병 때문에 일방적으로 이유 없이 구타하는 사람들이 많습니다.

술이 깨어나면 멀쩡하고 멍든 몸을 약을 사 와서 발라주고 왜 그렇게 했는지 전혀 생각이 안 나고 다른 사람처럼 변해 있는 모습 때문에 술 주벽하는 버릇을 고치지 못하고 일방적으로 계속 당하는 것입니다.

지금은 '가정폭력방지법'이라는 법안이 다행히도 통과되어서 여성이나 자녀, 노인학대 등으로 인해 오는 폭력을 조금이나마 보호를 받을 수 있게 되었습니다.

「부산여성전화」의 자료보고서 ‘종교 실태 조사’ 에 의하면 가해자의 종교는 무교가 48.3%, 불교 24.2%, 기독교 14.2%로 나타났으며 피해자는 기독교가 43.3%로 1순위였습니다. 구타형태로는 무차별구타, 갈비뼈의 부서짐, 코뼈 부러짐, 머리 강타, 흉기 찔림, 담뱃불 지짐, 다리, 팔 골절, 이빨 부러짐, 안면 멍 등으로 인한 정신적 후유증도 심각한 수준이었습니다. 여기서 언급한 것은 피해자의 잘못으로 일어나는 구타가 아닌 가해자의 일방적인 나쁜 습관과 술로 인한 정신장애로 일어나는 것들을 언급한 것입니다.

이런 폭력을 행하는 가해자의 태도에는 공통점이 있는데 그것은 다음과 같습니다.(상담선교 연구자료)

1. 질투나 의심이 많고 소유욕이 강하다.

2. 참을성이 없고 폭발한다.

3. 배우자를 비난, 모욕한다.

4. 물건을 던지고 기물파손, 구타, 상처를 입힌다.

5. 배우자의 의사와 상관없이 일방적 부부관계를 요구한다.

6. 어렸을 때 학대를 받거나 아버지께 폭력을 당하고 자랐다.

7. 흉기를 지니고 다닌다.

8. 술, 약물 중독이다.

9. 타인에게는 매력적이고 친절하다.

10. 자녀도 학대한다.

폭력자들을 조사하여 공통분모를 찾아 나열한 사항들입니다. 이런 가정에서 약한 사람이 당해야 하는 무서운 폭력을 방치해선 안 됩니다. 사회적으로 대책을 마련하고 또 교회도 가정을 살펴 문제

해결책에 앞장서야 할 것입니다.

　상담을 해 보면 의외로 이런 가정이 많지만 노출하기가 부끄러워서 그냥 구타당하면서 시름시름 앓고 병에 걸리거나 간신히 살아가는 가정이 많이 있습니다. 미국은 가해자를 격리시키는 보호 명령제도가 실시되고 있습니다. 보호명령은 구타당한 아내가 폭력상황을 피해 집을 떠나지 않고도 자녀와 함께 거주할 수 있도록 구타 남편을 일정한 거리를 두고 격리시키는 방법입니다.

하나님의 성령의 능력으로 성품이 완전히 바뀔 수 있고 또 정신적인 치료도 함께 해서 인격이 온전한 사람으로 변화될 수 있습니다.

　우리나라 같으면 구타당하지 않으려고 여자가 친정으로 가든지 친구 집으로 가든지 아니면 구타당하면서도 계속 같이 사는 등 원시적인 방법으로 스스로 피하는 도리밖에 없습니다. 그러나 미국은 구타하는 가해자를 내어 보내어 격리시키는 방법을 실시하고 있습니다. 참으로 합리적인 방법 같습니다. 가해자가 아무 가책 없이 집 안에서 편안히 지낼 때 피해자는 쫓겨 다녀야 하는 것은 오히려 가정폭력을 더 조장할 뿐입니다.

　가해자는 적당한 거리에 격리시켜 놓고 피해자는 자녀와 안전하게 지내면서 가해자를 위해 기도하고 가해자가 이 정신병적 증세를 고칠 때까지 격리 치료하도록 도와야 합니다.

　치료가 다 된 후에 인격이 존중되고 웃음이 꽃피는 행복한 가정으로 남은 생을 행복하게 살아가야 할 것입니다.

　폭력은 신앙의 단계를 넘어서 치료의 단계로 가야 합니다. 물론 가해자에게는 신앙을 가질 수 있도록 예수님을 전해야 합니다. 그렇게 해야만 하나님의 성령의 능력으로 성품이 완전히 바뀔 수 있고 또 정신적인 치료도 함께 해서 인격이 온전한 사람으로 변화될 수 있습니다.

가정폭력 때문에 깨어지는 많은 가정이 예수 믿고 고침 받아 하나님의 사랑 안에서 사랑의 가정으로 그리고 행복한 보금자리로 회복되어 화평하게 되기를 바랍니다.

토론...

- 가정폭력에 대해서 얘기해 봅시다.
- 당신의 가정은 행복합니까?
- 가정폭력 때문에 도움이 필요합니까?
- 숨기지 말고 치료받아 온전하고 행복한 가정을 이룹시다.

약물 중독

Drug Intoxication

청소년들의 약물남용이 범죄와 직결되고 있어 사회의 심각한 문제로까지 대두되고 있습니다. 약물은 환각작용 및 여러 부작용을 일으키는 것으로 아주 다양한 종류가 있습니다. 약물분류에 따라 본드, 부탄가스, 신나, 아편, 생마약, 대마초, 히로뽕, 타이밍, 아티반, 바리움, 파세돈, 코카인, 세로인, 몰핀 등 수없이 많습니다.

이런 종류들은 진통제인 각성제(타이밍, 나이트, 에스나인, 레그린), 진정제(아티반, 바리움, 세코닌), 진통제(폰날, 세다핀, 누바인) 등의 약품으로 조금씩 사용하는 경우가 있습니다.(상담선교연구 참조)

그런데 일부 대마초, 히로뽕, 본드, 부탄가스, 코카인, 신나 등은 폭력범죄와 관련이 있고 이 때문에 많은 청소년들이 병들어 가고 있습니다.

이런 약물은 중추신경을 흥분시켜 범죄를 일으키게 하는 역할을 하게 됩니다. 또한 가정이 파괴되며 사람이 사람답게 살 수 없게 됩니다.

약물이나 알코올 중독, 담배 등을 끊어야 한다는 것을 인식하면서도 뇌의 감정부위에서 나오는 충동을 못 이겨서 계속적으로 빠지게 되는 것입니다.

사랑하는 청소년 여러분, 사람을 파괴시키는 이런 무서운 약물중독에서 빨리 빠져 나오십시오. 자신의 의지로 힘들면 가족이나 병원의 의사선생님의 도움을 받으십시오.

여러분의 인생이 그렇게 허무하게 끝나서 되겠습니까? 여러분은 하나님께서 창조하신 아름다운 인격체입니다. 약물복용은 자신에게도 자살행위이며 타인에게는 범죄로 피해를 주는 살인행위에 해당됩니다.

여러분의 인생이 그렇게 허무하게 끝나서 되겠습니까? 여러분은 하나님께서 창조하신 아름다운 인격체입니다. 약물복용은 자신에게도 자살행위이며 타인에게는 범죄로 피해를 주는 살인행위에 해당됩니다.

생명은 고귀합니다. 어서 이 무서운 약물중독에서 자유함을 얻으십시오. 그리고 이러한 무서운 범죄가 없어져야 모두가 행복하게 살 수 있습니다.

여러분들의 인생이 존귀하다는 것을 인식하시고 하나님께로 돌아오십시오.

하나님께서 당신을 고쳐 주시고 새롭고 행복한 삶을 안겨주실 것입니다. 예수님 믿고 새로운 인생을 살아가십시오. 좋으신 사랑의 하나님을 만나 보십시오.

그렇게 해서 자신도 사람다운 행복한 삶을 살고 타인에게도 범죄를 일으키지 않도록 해야 합니다. 타인에게 약물을 권하는 등의 범죄행위 역시 살인행위나 다름없습니다. 회개하고 새롭게 되십시오. 80년이란 잠깐의 세월을 왜 그렇게 허무하게 범죄하며 살아야 합니까?

이 땅에 한번 태어난 인생, 좋은 일 하면서 보람되게 살아야 되지 않겠습니까?

다신 한번 생각하시고 새로운 인생길을 선택하십시오. 하나님께로 돌아오기만 하면 모든 죄를 용서하시고 은혜를 주시고 구원받게 해 주십니다.

지체하지 마시고 빨리 돌아오십시오. 약물중독으로 자신도 사람답지 못하며 타인에게도 범죄를 하는 행위에서 벗어나서 새로운 인간의 참뜻을 회복하여 예수님 믿고 죄사함 받아 구원 받으십시오.

무서운 죄악에서 자유함을 받으십시오. 빠르면 빠를수록 축복의 대로가 열릴 것입니다.

하나님의 은혜 안에 들어와서 살 때 여러분의 삶이 복되고 기쁨이 될 것입니다.

"모든 불의, 추악, 탐욕, 악의가 가득한 자요 시기, 살인, 분쟁, 사기, 악독이 가득한 자요, 수군수군하는 자요, 비방하는 자요, 하나님이 미워하시는 자요 능욕하는 자요, 교만한 자요, 자랑하는 자요, 악을 도모하는 자요, 부모를 거역하는 자요 우매한 자요, 배약하는 자요, 무정한 자요 무자비한 자라 저희가 이같은 일을 행하는 자는 사형에 해당하다고 하나님의 정하심을 알고도 자기들만 행할 뿐 아니라 또한 그 일을 행하는 자를 옳다 하느니라"

(롬 1:29~32)

- 약물중독에 대해 얘기해 봅시다.

- 약물에 중독된 직접적 경험이 있습니까? 혹은 간접적 경험이 있습니까?

- 약물중독 해결책에 대한 생각들을 나누어 봅시다.

- 복음이 약물중독을 근본적으로 해결하는 방법이 될 수 있을까요?

영유아가 나라의 미래다

Child is future of the country

    광활하고 넓은 세상에 사람이 없는 것을 상상해 보셨습니까? 하나님께서 아름다운 자연을 주셨는데 그 자연 속에 사람이 있어야 우주의 조화를 이루면서 가장 아름다운 세상이 될 것입니다. 세월이 갈수록 자녀의 소중함을 잊어버린 채 부부만 잘 살면 된다는 이기심과 독신으로 살고 싶다는 세태가 점점 영유아가 없어지는 시대를 부르게 되었습니다.

    세계에서 출산율이 제일 낮은 나라가 바로 한국입니다.

    고령화와 저출산율로 미래가 심각한 이 시대에 '영유아가 나라의 미래입니다' 라며 국가단체가 외치고 있습니다. 이런 국가의 간절한 호소에 국민들 모두가 애국정신을 가지고 귀를 기울여 협조해야지 외면해서는 안 될 것입니다.

    나라가 망하면 나도 없다는 것을 기억해야 합니다. 국가와 43개 교단과 기독교 단체가 하나가 되어 이 나라의 미래를 살리기 위해 노력해야 합니다. 현재 영유아를 위한 세미나와 토론을 통해 영유아 보육 선교사업, 영유아 보육시설 및 저소득층 맞벌이 부부의 영유아를 위한 보육시설과 어린이집 추가 설립 등이 추진되고 있습니다. 그 외에도 영유아 교재발간, 영유아 교육 세미나, 양질의 교육프로그램, 직장곁 보육시설, 1~5세의 언어, 인지, 종교, 영어, 체육, 예능활동의 지원 등 전국적으로 보육활동의 다양한 프로그램을 계획하고 추진하고 있다니 즐거운 소식이 아닐 수 없습니다. 또한 한국 여성협회에서도 여성을 위한, 가정을 위한 좋은 계획안들이 나와서 추진되고 있다니 감사하고 하나님께서도 기뻐하실 것입니다.

아주 구체적이고 좋은 프로그램이 많이 나와서 영유아가 잘 교육받고 잘 자랄 수 있기를 바랍니다.

예수 그리스도께서 주신 사명과 생육하고 번성하라는 하나님이 주신 귀한 축복을 선포하면서 전국 각지에서 '으앙으앙~' 아기 울음소리가 많이 울릴 수 있도록 노력합시다.

저는 개인적으로 아들을 하나 두어 참으로 죄송한 마음입니다. 저는 어린 시절 2년 간 만성골수염이라는 병을 앓은 후 다리가 허약하고 몸이 약해서 아기를 더 가질 수가 없었습니다.

초등 2,3학년은 학교에 가지 못했고 겨우 나은 후 조심조심하며 학교에 다시 나갈 수 있게 되었을 때에는 의사선생님의 진단으로 학교 청소나, 체육시간은 빼고 실내수업만 들었습니다. 그러다가 중고등학교를 졸업하고 서울예대에 가서 연극을 공부하게 되었습니다.

연극을 하다가 다리의 병이 재발되어 학교는 졸업했지만 다리가 퉁퉁 붓는 바람에 연극 활동을 그만 두어야만 했습니다. 병원에서 치료받고 약을 먹으며 회복하는 기간 동안 외부 활동을 못하게 되면서 집안에서 아이들 과외지도를 하게 되었습니다. 아이들을 가르칠 때 저는 미혼이었는데 아이들과 함께 지내는 많은 시간 동안 동심의 세계로 돌아갈 수 있어서 무척 즐거웠습니다.

과외지도를 할 무렵 제 친구가 저의 집에 와서 복음을 전하였는데 처음에는 믿지 않다가 두 번째 권했을 때 여의도 순복음교회에 출석하게 되었습니다. 저는 무슨 일이든 한번 시작하면 성실하게 하는 성격 때문에 열심히 교회에 다녔습니다. 그러던 어느 날 금요철야예배 때 단체로 조용기 목사님의 신유기도 시간에 고침을 받았습니다.

이후에 조용목 목사님의 개인 안수기도를 다시 한번 받은 후 결혼하여 아들 한 명을 낳게 된 것입니다. 얼마나 감사한지 모릅니다.

지금도 일상생활에 큰 지장은 없지만 건강에 좋지 않은 음식은 먹지 않고 다리에 무리가 가지 않도록 조심하고 있습니다.

무엇보다 연기자로서의 꿈은 깨어졌지만 다리의 고통을 통하여 예수님을 믿게 된 것입니다. 저에게 육체적 고통이 전화위복이 되는 축복의 계기가 되었습니다.

항생제를 계속 복용하다가 위가 좋지 않아 약을 다 버린 후 교회 철야예배에서 목사님의 기도와 성령의 불로 낫게 되어 하나님과 목사님께 진심으로 감사드립니다.

이런 저의 건강 때문에 아들 한 명만 낳았는데 아들이 누나가 한 명 있었으면 좋겠다고 하며 조금은 외로워합니다. 저도 딸이 한 명 있으면 좋겠다는 생각이지만 어쩔 수 없죠. 앞으로 며느리가 생기면 딸처럼 잘 대해 주고 싶습니다.

사랑하는 여성 여러분, 건강하시면 예쁜 아기를 많이 낳으시기 바랍니다. 그리고 자녀들을 하나님 말씀으로 양육하고 교훈하여 잘 키워서 이 나라의 기둥이 되고 하나님 나라의 훌륭한 일꾼이 되게 하십시오.

저의 집은 가족이 너무 없어 평일에는 사람이 살지 않는 집처럼 조용합니다. 명절이면 친척들을 만나긴 하지만 직계 가족이 너무 없어 쓸쓸합니다. 그러나 하나님이 함께 하고 계시기 때문에 잘 지내고 있습니다.

자녀가 많은 집은 사람이 사는 것 같아 훈훈하고 보기도 좋습니다.

미혼 청년들은 결혼해서 아름다운 가정을 가지고 자녀들을 많이 낳으시기 바랍니다. 하나님께서는 사람이 독처하는 것이 좋지 않다고 하셨습니다.

젊었을 때는 자녀가 없어도 괜찮은 것 같지만 늙어서 병들어 보십시오. 자녀가 있는 부모는 병실에서 자녀의 간호를 받고 있는데 독거노인들은 돌보아 주는 가족이 아무도 없어 안타깝고 불쌍하기 짝이 없습니다.

아이를 사랑하고 자녀 낳기를 기뻐하십시오. 국가적으로도 아이를 낳아서 잘 기를 수 있는 여건을 마련해주는 제도가 필요합니다, 경제적 문제, 교육비, 여성만 아기를 키워야 하는 것이 아니라 아버지와 함께 키운다는 문화적 풍토가 정착되어야 합니다. 그리고 자식은 키울 때 돈과 노동이 들어가야 한다는 생각이 아니라 하나님께서 주시는 기업이요 선물이요 상급이다라는 개념과 가치관으로 자식을 낳고 길러야겠습니다. "엄마"하고 부르는 자녀의

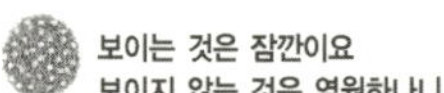

자녀들을 하나님 말씀으로 양육하고 교훈하여 잘 키워서 이 나라의 기둥이 되고 하나님 나라의 훌륭한 일꾼이 되게 하십시오.

소리가 얼마나 듣기 좋은지요. 부모가 한번 되어 보십시오, 되어 봐야 그 느낌과 감격을 알 수 있습니다. 영유아가 나라의 미래이고 위대한 역사의 책임자들입니다. 당신의 자녀가 이 나라의 미래에 밝은 주인공이 될 것입니다.

하나님이 자기 형상 곧 하나님의 형상대로 사람을 창조하시되 남자와 여자를 창조하시고 "하나님이 그들에게 복을 주시며 그들에게 이르시되 생육하고 번성하여 땅에 충만하라"(창 1:22) 말씀하셨습니다.

> "자식은 여호와의 주신 기업이요 태의 열매는 그의 상급이로다"
>
> (시 127:3)

> "의인의 아비는 크게 즐거울 것이요 지혜로운 자식을 낳은 자는 그를 인하여 즐거울 것이니라"(잠 23:24)

토론...

- ■ '영유아가 나라의 미래다'에 대해 얘기해 봅시다.
- ■ 자식 낳기를 꺼려하는 요즘 세태를 해결할 수 있는 좋은 대안들을 나누어 보세요.